李孝式上校是国家独立的最大的功臣，历史和人民都将永远不会忘记他！

——马来西亚首任首相、马来西亚“国父”　东姑阿都拉曼

国家亏欠了敦(公爵)李，敦(公爵)李为国家付出的贡献是无可偿还的。

——马来西亚前首相　马哈迪

百年风华

——李孝式传奇

向梅芳／著

内蒙古出版集团
远方出版社

图书在版编目(CIP)数据

百年风华 : 李孝式传奇/ 向梅芳著. —呼和浩特:远方出版社,2011.9

(百年风华 : 李孝式传奇)

ISBN 978-7-80723-613-9

Ⅰ.①百… Ⅱ.①向… Ⅲ.①李孝式(1901~1988)-生平事迹 Ⅳ.①K833.387=535

中国版本图书馆 CIP 数据核字(2011)第 161899 号

百年风华 : 李孝式传奇

作　　者　向梅芳
责任编辑　云高娃
出版发行　内蒙古出版集团　远方出版社
社　　址　呼和浩特市乌兰察布东路 666 号
电　　话　0471-4919981(发行部)
邮　　编　010010
印　　刷　三河市延风印装厂
开　　本　710×1000　1/16
字　　数　190 千
印　　张　14
版　　次　2011 年 9 月第 1 版
印　　次　2011 年 9 月第 1 次印刷
印　　数　1-10000 册
书　　号　ISBN 978-7-80723-613-9
定　　价　28.80 元

前　言

在人类文明发展史上，华人下南洋是一段不应该被湮没的历史。而在中国近现代最著名的三次人口大迁徙：闯关东、走西口、下南洋中，下南洋又是规模最大、路程最远的一次跨国大迁徙。这次大迁徙不仅改变了成千上万海外求生的“南洋客”的命运，也成就了东南亚各国的繁荣、独立与稳定。如今，中国人的足迹已经遍及全世界，海外华人中最大的一个群体，就是东南亚华人。他们中的绝大部分，就是那些曾经在南洋披荆斩棘的开拓者的后代。“南洋客”的生存及创业经历，他们为祖国的民主革命和抗日战争毁家纾难的种种壮举，足以用“悲壮”来形容，那是所有华裔子孙都不应该忘却的记忆。

作为南洋客杰出代表、华裔典范的马来西亚开国元勋李孝式先生，与父亲李季濂父子两代人，一个追随孙中山，长期在海外为革命筹款，几度与死神擦肩而过；一个年轻时就名动剑桥，在马来亚（马来西亚前身）创业期间为抗日战争毁家纾难，在祖国极端困难时期一举为抗日募得天文数字的赈款，在中国抗日第三战场印缅战场的波诡云谲中几次挽国家于危难。抗战胜利重返马来亚之后，又投身于当时有超过三分之一人口的华侨华人所安身立命的马来亚的民族独立解放运动，以自己卓越的政治智慧和才能，赢得了侨胞和异国友族及其首脑的追随、信任甚至倚重，最终促成了一个国家在纷纭复杂的国内及国际环境中的和平独立……本书以李孝式波澜壮阔的传奇经历，以及他充满遗憾的爱情故事为主线，为世人重现了一段鲜为人知风云激荡的百年历史。内容涉及华人闯南洋的种种命运以及那个时代全部的冷酷与温暖、战争与和平、爱情与命运，有南洋客最底层的民间疾苦的真实书写，也有皇室贵胄政治生活近距离的呈现，从广东最偏远的山区信宜，到风云际会的广州、香港、新加坡，从中国重庆到印度蓝姆伽、缅甸仰光、马来亚雪兰莪、英国伦敦……既是历史的文学呈现，也是一次又一次的心灵之旅。

为了那份执着的追求（代序）

吴赤锋

一摞厚厚的书稿摆上了我的书桌。轻轻地翻了翻，沉甸甸的。

略显疲惫的脸上，掩饰不住她欣喜的神色。两年的风尘仆仆四处采访，两年的夜以继日呕心沥血，如今终于可以舒一口气了。我由衷地为她感到高兴。甚至，莫名地也感到了一种解脱。

事情起源于两年多前的一次闲聊。我没有想到一次平平常常的聊天，会在她心中引发如此强烈的涟漪，点燃如此火热的激情，并近乎痴迷般不知疲倦地为此奋斗了两年。

我认识她的时间已有六七年。前些年，因工作关系我曾多次去茂名。茂名的作协主席晓音是个很有事业心的女作家，在她身边团结了一大批文学青年。每逢我去，晓音都会安排一些文学沙龙，让我与这些青年作家会面、交流。而她，就是其中一员。见过几次之后，渐渐对她有所了解，知道这个性格宁静的小女子名叫向梅芳，是个在当地小有名气的作家。让我惊讶的是，年纪不大的她，已经有了一番颇不寻常的经历。

她本是潇湘女子，生长在风景秀丽的澧水之滨，湘西北山山水水的钟灵毓秀，伴随她度过了整个童年和青少年时期。直到中专毕业的那一天，她忽然觉得自己长大了，外面的世界太精彩，精彩的世界在向她招手。她忽然就决定了，要插上自己的翅膀，到外面的世界去闯荡。收拾起小小的行囊，挥挥手，告别了深情挚爱着她的依依不舍的父母，告别了家乡的老屋、古井、小河、山路和儿时的玩伴，从未离开过家乡一步的她，独自走上了南下的道路。“那一天，我决定去流浪，只为寻找心中的蓝天与海洋……”她唱着《流浪的月亮》，开始了充满憧憬和幻想的漂泊之旅。她没有想到的是，自从走出告别家乡的这一步，便改变了她整个的人生。那一年，她 17 岁。

那是千军万马下广东的年代。广东有奇迹般崛起的经济特区，有蓬蓬勃勃的珠江三角洲城市群，那里是中国改革开放的前沿地带，是一方神奇的热土，汇聚了太多人的梦想和希望。她随着南下打工者的滚滚人流来到了东莞，那是珠三角东部最靠近深圳的城市，那里有凌空倾泻的灼热而灿烂的阳光，有四季常青的树木和终年不败的鲜花，有星罗棋布数不清的工厂、商店和高楼，更有远远超过本地人口多少倍的打工人潮。

她在一个小镇的工厂里成了生产线上的女工，开始了打工的生涯。当时的东莞已经成为世界最大的制造业基地之一，她栖身的小镇早已发展为流光溢彩的新城，其繁华程度远远超过了家乡的县城。伴随着喧闹小镇日新月异的发展变迁的，是无数打工者无言的辛酸。打工，真是个一言难尽的词。打工的日子，充满疲倦、卑微、艰辛、泪水、苦涩和惆怅。几年的打工经历，让她阅尽了人间百态和社会底层的艰辛。在这个追逐鲜花和掌声，盛名和暴利日盛一日的社会里，她深深地感受到了平凡人生存的悲哀和无奈。但是，即便是在那些最困顿不堪的日子里，她也没有被生活所屈服、麻木和迷失。她开始把目光转向从小热爱的文学，开始了文学创作的艰难跋涉。尽管后来她已经成为工厂行政部的文员，不用再在生产线上无休无止地加班，却依然义无反顾地选择了文学之路。

恰在这时，爱神之箭射中了她的心扉。她追随心爱的人，来到了有南方玉都之称的粤西山城信宜。这成了她人生的又一次转折。她从经济繁荣的珠三角一头栽进了相对贫困的粤西山区。一度失去了工作，她不甘成为庸庸碌碌的家中小女人，买来一大堆稿纸与自己朝夕相伴。人生总是有失有得，对自己的选择她无怨无悔。后来她说："如果说写作是因为对文学的追求锲而不舍坚贞不渝，不如说写作是我唯一可以选择可以逃避可以倾诉可以无拘无束的生活方式。"

躲开了尘世的喧嚣，选择了孤独和寂寞。怀着对文学那种近乎苦恋的情结，她一直在多梦的幽谷中默默地耕耘。也曾经历过数不清的挫折、悲哀和失望，她在对文学的执着和走火入魔般的追求中，付出的心血和努力终于有了结晶。她的作品开始频频见诸报刊，也频频开始获奖，她开始引起周围越来越多人的注视。后来，她被当地政府破格吸纳为信宜市文化馆的一名干部。这时她已真正在信宜扎下了根，能说一口流利的粤西白话，成为了地地道道的新广东人。在她心中，信宜已是她的第二故乡。2007 年，在信宜市作家协会换届选举时，她当选为信宜市作协主席。

两年多前的一天，她到广州办事，顺便到我办公室探望，我们海阔天空地闲聊。偶然间，聊到她的创作情况，她叙说了一段时间来在写作中很想突破又不知从何着手的困惑。我建议她不要涉猎太广，不要散文诗歌小说戏剧四面出击，一段时间内应集中精力，选取一个题材心无旁骛重点经营，力求早日拿出自己的代表作品。我给她出了一个题目，为什么广东会成为中国改革开放的前沿，成为中国经济发展最快的地区？除了中央决策和广东人思想解放敢为天下先等重要原因之外，还有一个不可忽略的原因就是广东毗邻港澳、海外侨胞众多。天时地利人和，这是广东独具的优势。港澳同胞基本是广东人，海外侨胞当时有 2200 多万人，其中 90% 是广东人。他们与广东有着血肉相连的密切关系，对外开放早期进来投资的外商，大都是港澳同胞和海外侨胞，是他们对广东的发展做出了不可磨灭的贡献。而广东为什么会有那么多海外侨胞？这就不能不回溯到 100 多年前开始的那场中国近现代著名的人口大迁徙——下南洋和闯西洋。仅仅在清末民初短短数十年间，就有数百万的广东人踏上远涉重洋的漫漫长途。为什么会有那么多的广东人不惜抛妻弃子背井离乡到异国他乡另谋生路？他们在异国他乡经历了怎样的艰难困苦立足谋生创业发展？他们又以怎样的赤子之心始终心怀中华情牵故里爱国爱乡？等等。这里面有多少人间冷暖、多少悲欢离合、多少世事沧桑、多少可歌可泣的人物故事……我对她说，在广东，五邑地区、潮汕地区是著名侨乡，粤西的高州、信宜等地也是著名侨乡，你身在信宜，能不能在这方面找个选题呢？

其实我也就是随便说说，我真的没有想到，她却风风火火地行动起来了。

过了一段时间，她兴奋地打来电话，说已在信宜展开调研，找到了不少了解当年情况的老人，从搜集到的素材看，这个题材太棒了，有太多鲜为人知的东西，其中东南亚著名华侨领袖李孝式的家族，就是从信宜走出去的。她表示要全力投入，认真写好这个题材。又过了一段时间，她给我发来一个电子邮件，内容是前往马来西亚采访的提纲，这是一份详尽而又具体的采访提纲。她准备自费到马来西亚去采访，信宜市侨联相关老同志已协助她联系好了马来西亚的主要采访对象。而此时，她已用大半年的时间，完成了对信宜所有熟悉那段历史的人的采访，已对信宜50多万“南洋客”的来龙去脉有了比较清晰的认知。我知道自费出国采访需要她下多大的决心。她唯一的收入来源就是那份少得令人难以置信的微薄薪金，平日的生活本就拮据，这一来窘迫的日子又将雪上加霜。

去年4月，她登上了飞往马来西亚的航班。当年的“南洋客”要用上20来天才能辗转抵达的“南洋”，她只用了3个多小时就到了。踏上马来西亚的土地，她不禁感慨万端。对她来说，这次马来西亚之行，注定是一段刻骨铭心的经历。十多天的时间里，平均每天采访两个人以上，采访对象有政坛领袖、商界大亨、华人社团、大使馆的文化官员甚至王室成员，也有刚解决温饱仍然每天都要进种植园忙碌的现代种植园主和普通职员。采访的重点，自然是李孝式的长子李剑桥，人称“拿督李”。87岁的拿督李几次会见她，他们聊得很投入。他时不时以重复的方式述说他父亲的辉煌往昔和传奇经历，还有他亲身经历的那些与马来西亚历史息息相关的场景，逃难中的浪漫往事，女强人式的祖母对他特殊的疼爱，两岁起就杳无音讯的亲生母亲，历尽艰辛寻找到重逢时却形同陌路的亲生弟弟，跟父亲无法像平常父子那样沟通的遗憾和隐痛……他还特地派秘书和司机陪同她去李孝式爵士生前居住的“式庐”和他一手创办的马来西亚首间华人银行兴业银行以及锦纶泰等地，拍了很多有历史价值的图片。

在马来西亚的日子里，她每天最早清晨六点钟出发，最迟午夜零点才回旅馆，真正的早出晚归。别人出国是马不停蹄的观光，而她的第一次出国经历，似乎除了采访还是采访，连拍照留念都得见缝插针。虽然辛苦，收获也是不言而喻的。她说：作为一名成长在这些“南洋客”出发地的写作者，我的采访就是要最大可能的收集到最翔实的第一手资料。很多发现，很多感动，很多震撼，都来源于那一长串的采访对象。采访中的那些难忘经历和精彩片段，常常让她热泪盈眶。她回来后我曾问她，马来西亚那么多的风景名胜，真是一处都未去过吗？她轻轻地摇摇头说，因为临时增加了许多采访内容，原来很想去的槟城和马六甲的都取消了。“不过马来西亚的美丽，我是领略了的，虽然只是惊鸿一瞥。最深刻的印象，是一望无际的原野和蓝得清澈的海水，以及无处不在的寺庙和教堂。”

采访归来，她给我发来了两本书的写作大纲，分别是《南洋纪事》和《李孝式传》。我建议她把《李孝式传》作为重中之重。此后，她便进入到了紧张繁忙的创作状态。我不知道她是如何安排时间的。文化馆的日常工作必需完成，作为馆里的创作辅导人员，上面搞戏剧调演，她就得去创作小戏；作为杂志主任编辑，组稿、编稿、出版、发行，都得亲自动手；作为作协主席，作协的活动都要谋划、组织；她还是市人大代表，视察、考察、代表建议、论文，样样不能落下；还有两个读中学的女儿，常常需要分心照顾……就是业余时间，她也无法全部利用。我能想象到，她该保持怎样的勤奋和毅力，付出多大的心血和努力，才能完成如此浩大的创作任务。那些日子里，她常常会提出一些写作中的问题与我探讨，也常常会把一些写得精彩得意的章节，发到我的邮箱，让我分享她创作的烦恼和喜悦。我没有想到的是，仅仅过了半年时间，两部长篇报告文学的初稿，就先后发到了我的电子邮箱，一部是《李孝式传》，另一部是《“高州人”在马来西亚》。她将《南洋纪事》分拆为几部，《“高州人”在马来西亚》是其中一部。她迫不及待地要我抓紧阅读《李孝式传》并提出修改意见。然后，又马不停蹄地开始多方征求意见，反反复复地对书稿进行修改。

此刻摆在我面前的，已经是她几次修改之后的定稿。展开书稿，一段鲜为人知的历史，一个性格鲜明的人物形象，从100多年的风风雨雨中向我们走来。这就是李孝式，出身于广东信宜的名门望族，追随父亲的足迹，从广东走进南洋的李孝式。他是千千万万“南洋客”的典范，是东南亚杰出的华侨领袖，著名的实业家、政治家、银行家和社会活动家，是马来西亚开国元勋。正如书中前言所写的，他与父亲李季廉父子两代人，一个追随孙中山，长期在海外为革命筹款，几度与死神擦肩而过；一个年轻时就名动剑桥，在马来亚创业期间为中国抗日战争毁家纾难，在祖国极端困难时期一举为抗日募得天文数字的筹赈款，在抗日第三战场的波诡云谲中几次挽国家于危难。抗战胜利后重返马来亚，又投身于马来亚的民族独立解放运动，以自己卓越的政治智慧和才能，最终促成了马来亚在纷纭复杂的国内及国际环境中的和平独立……《百年风华——李孝式传奇》以李孝式波澜壮阔的传奇经历，为世人重现了一段风云激荡的百年历史。它讲述的不是李孝式一个人的传奇经历，而是所有海外华人的创业史、奋斗史和爱国史，是所有海外华人移民海外，并为所在国的独立稳定与发展繁荣贡献智慧和力量的历史。

李孝式是个卓越的爱国主义者，具有深厚的民族情感，却不是一个狭隘的民族主义者。他既爱中国，也爱马来西亚，爱所有的人民。我相信，随着这部历史人物传记的面世，一定会有更多的人关注华人下南洋的历史。大到一个民族一个国家，小到一个地方一个人，只有记住历史，才能拥有未来。

说实话，由于这部传记涉及的知识面非常广阔，如果作者对这段风云激荡的百年历史没有足够的把握，对这些纷繁复杂的政治、经济、军事、文化、民族等问题没有一定的认知，想写好这样宏大的题材是会非常吃力的。所幸的是，看完书稿之后，我的所有这些担心和不安全都随风而去了。作者通过自己的努力，很好地完成了写作生涯中最大的挑战，成功地实现了人生的一次艰难跨越。难怪李剑桥老先生看完书稿后，会高兴之情溢于言表，连声夸道“写得很好！写得很好！”

凭心而论，为人物立传，尤其是为那些已经逐渐远去又鲜为人知的人物立传，常常是一件吃力不讨好的事情。大量的史实需要考证，大量尘封已久的真相需要寻找，想要做到尽善尽美是很难的。《百年风华——李孝式传奇》很可能还有一些细节和论点需要斟酌，但毕竟，她让我们看到了一幅崭新的画卷。我钦佩作者的勇气和执着，更钦佩她的勤奋和努力，我相信，在文学的道路上，只要她始终保持着那份执着的追求，就一定能不断带给我们新的惊喜。

（作者系广东省作家协会原党组副书记）

序　二

张火炎

2011 年是辛亥革命胜利一百周年。百年前的今天，中华大地上发生了一场惊天动地的革命，这场革命，最终推翻了统治中国近代长达 270 多年的腐败屈辱的清王朝，结束了中国两千多年的封建君主专制制度，建立了亚洲第一个民主共和国——中华民国，推动了历史的前进。这场革命就是被列宁称为“亚洲的觉醒”的辛亥革命。在远离中国政治中心的信宜，也有不少仁人志士参与了这场伟大的革命。有志记载的就有李怀霜、林云陔、林树巍、李季濂等等。其中，祖籍镇隆大路街的、曾经因为以无偿帮助乡亲下南洋的方式，跟罪恶的“猪仔头”作斗争，而被家乡的父老乡亲誉为“民间英雄”的李季濂，更是一位很早就加入同盟会的“信宜籍爱国侨领”。多年以后，他的儿子李孝式又沿着他的革命足迹，参与了祖国的抗日战争，并作出了非常卓越的贡献……

这对祖籍信宜的父子，一个追随孙中山，长期在海外为革命筹款，甚至几度死里逃生。这些与革命有关的经历，都是很多人所不知道不了解的。他还是最早将橡胶树引种到高雷地区的少数华侨之一，为多年后新中国大范围种植橡胶打破帝国主义的封锁作出了不容忽略的贡献——这些情况虽然有零星的文字记载，也并不为大家所熟知；一个年轻时就名动剑桥，在马来亚创业期间为祖国抗日战争毁家纾难，在抗日第三战场的波诡云谲中几次挽国家于危难，之后又在海外以自己卓越的政治智慧和才能，推动了一个国家的历史进程，“在他的种种努力下，一个国家独立了，在那片土地上拼搏奋斗几十年的同胞拥有了那个国家的公民权，中华文化在中国之外的另一个国家得到了完整的保存和传承。”他同时“赢得几个国家的首脑（马来亚、中国、英国和文莱）倚重，本身就是件不可思议的事情。”他为在当时占当地超过三分之一人口比例的华侨华人所安身立命的马来亚争取独立，为海外几百万的同胞谋取正当权利和生活福利……这些就更是鲜为人知的历史了。他们都是信宜的骄傲，是值得大书特书的历史名人。但一直以来，我们对这种侨乡历史名人缺乏系统的挖掘和推介，现在有本土作家有意识的在这方面开了一个好头，在搜集大量历史资料和实地走访的基础上，创作出了大部头的历史人物传记《百年风华——李孝式传奇》，是值得鼓励和应该支持的。作者请我为书稿写序，我是很乐意的。读了书稿后我感觉主要有三个方面特别能体现这部著作的价值，也是我感受最深刻的。

首先，这部书的主人公李孝式本身就是一个充满人生传奇的历史人物，且不说他是什么国王的同窗，曾经同时被几个国家的首脑倚重，是多个王室的座上宾这些极富传奇色彩的经历吧，仅是主人公的抗战经历就足以让读者掩卷唏嘘。他曾经在中国抗战最艰难的时候，为祖国毁家纾难，一举募集了在当时称得上天文数字的筹赈款；他在中国抗日战争第三战场印缅战场呆了差不多三年的时间，是亲历过中国远征军艰苦卓绝又波诡云谲的抗战现场的人。作者对那段历史的近距离呈现，为世人了解那段鲜为人知的历史提供了一个不容忽略的视角。在第六章《风雨南洋》和第七章《烽火前线》里，有两个特别吸引我的章节：《不仅仅是一千万的抗日捐款》和《在抗日第三战场：印缅前线的波诡云谲》，主人公为了筹款支援祖国抗战，到处向他的英国朋友兜售藏酒的细节，读来那么让人感动。他在烽火前线既要挽国家于危难又要顾全大局的机智和果敢等等，很多场景都让读者动容。仅就为读者提供了解历史的新视角这一点来说，这部书的面世就有它独特的价值了。

其次，主人公在他的居住国马来西亚有一个非常特殊的身份：开国元勋。马来亚（马来西亚前身）的独立申明上，他是唯一一个用中文署名的人，他曾一度主导马来亚与英国的独立谈判。该国独立后，他是首任财政部长，为后来的马来西亚持续的稳定与繁荣作出了积极的贡献。还有他对马来西亚种族和睦的种种探索，也为世界范围内的民族大和谐提供了很好的经验。作者对主人公这些非凡的经历，在最多小章节的第九章《开国元勋》里，进行了详细的记述和艺术的再现，很吸引人。在《财长生涯》的《拒绝为国父买单》的章节里，主人公正直无私的品格也得到了让读者过目难忘的体现。可以这样说，无论从历史的角度，还是文学的角度，这部书，都是一部可读性很强的书。

再次，我相信这部书的出版发行对打造独具信宜地方特色的侨乡文化，具有积极的促进作用。《百年风华——李孝式传奇》讲述的不是李孝式一个人的传奇经历，而是所有海外华人的创业史、奋斗史、爱国史和辛酸史，是信宜籍海外华人移民海外，并为居住国的独立稳定与发展繁荣贡献智慧和力量的历史。他们跟故乡信宜之间有着割舍不断的精神和文化联系，是我们应该给予关注和研究的。因为这些历史和故事，体现的是一种大境界的团结向上、共谋发展和勇于牺牲的大精神，属于信宜先辈的精神。

我相信，随着这部历史人物传记的面世，一定会有更多的人来关注信宜，关注信宜作为一个侨乡的历史，关注华人下南洋的历史。大到一个民族一个国家，小到一个地方一个人，只有记住历史，才能拥有未来。它必将带给我们心灵和精神的洗礼，让我们在先辈大精神的烛照下为过上更美好的生活创造更多的奇迹。

我非常乐意为大家推荐这本书。

是为序。

（作者系中共信宜市委副书记、宣传部长）

序 三

刘显昌

清末国势积弱，民不聊生，大量破产农民走投无路，被迫离乡别井，外出谋生。但国内实业未兴，就业无门。所谓"天无绝人之路"，清政府在洋枪洋炮的威逼下签订的几个不平等条约，唯一的"好处"就是解除了海禁。生计无着的农民，正是因为看到海禁开放才兴起向海外，特别是离中国较近的南洋（马来亚、新加坡、菲律宾、印尼和暹罗等东南亚国家和地区）一带谋生。中国沿海农民下南洋的时候，正好碰上马来亚殖民地政府大兴橡胶、烟草种植业和锡、锌采矿业，需要大批劳动力。种种因素聚在一起，就促成了人类迁徙史上一次持续多年规模空前的跨国大迁徙——华人下南洋。在"下南洋"的中国人中，广东粤西信宜一带的"南洋客"是一个不容忽视的群体。

众所周知，信宜地处山区，并不靠近海洋，却是当时茂名地区乃至广东省下南洋人数最多的一个县，是成千上万南洋客出发的地方。信宜是全国知名的侨乡，全市 130 多万人中就有归侨、侨眷、海外乡亲 50 多万，这其中就有近 40 万人是"南洋客"或者"南洋客"的后代。这是为什么呢？据《信宜县志》记载，20 世纪 20 年代前后，是信宜下南洋谋生人数特别多的时期，而且到达的目的地都是马来亚。而据其他地方的相关资料记载，其他地方比如广东潮汕一带、福建、海南、广西等地下南洋的劳工，到南洋各地比如印尼、泰国、缅甸等地的都有。唯有从信宜出发的"南洋客"都集中在马来亚。这无疑也是一个很值得关注的现象。

信宜籍海外华人甘尚武博士在谈到这个问题时，曾说："当时，信宜人到马来亚，李季濂的锦纶泰帮助很多，也因为他在这边开有锡矿，又有锦纶泰提供种种方便的关系，信宜人下南洋都是到马来亚。”这也许是信宜籍南洋客都集中在马来亚的最直接的原因。甘尚武博士曾经是“南天王”陈济棠的机要秘书，跟李家是姻亲。李季濂一家住在香港的时候，他每年春节都去李家拜年。他的话应该是可信的。此外，在信宜的镇隆旧街，曾经作为粤西人闯南洋的中转站，和广大华侨与祖国、家乡之间联系桥梁的锦纶泰的旧址，如今依然在那里，被李家的亲人保护完好。除了信宜的镇隆，在湛江市区的一条街上也有“锦纶泰”的旧址，多处“锦纶泰”的存在，无疑是另一意义上的佐证。百分之九十以上的信宜籍南洋客，当年都是经由锦纶泰前往南洋谋生的，到达的地方都是马来半岛。

遗憾的是，这一极富地方特色的历史文化现象，我们一直没有给予足够的关注和研究。所幸现在有文学界的同志在这方面做了一个很好的探索，在挖掘和推介侨乡历史名人方面开了一个好头——我市作家向梅芳同志在大量采访，包括境外采访，和搜集翔实历史资料的基础上，创作出了长篇历史人物传记《百年风华——李孝式传奇》。这是值得欣慰的，应该鼓励并且要大力支持。

《百年风华——李孝式传奇》的主人公李孝式，是早期加入同盟会的信宜籍会员，曾追随孙中山先生参与推翻封建帝制，被信宜的党报《信宜新闻》称为“爱国侨领”的李季濂的儿子，是东南亚的著名侨领，是千千万万闯南洋的中国人的杰出代表，是马来西亚的开国元勋。

据老一辈的信宜归侨回忆，李季濂的名字在20世纪20年代的信宜，是家喻户晓的。为了让家乡的父老乡亲下南洋谋生不致遭受欺骗和侮辱，他不顾个人安危与“猪仔头”做针锋相对的斗争，为没有盘缠下南洋的乡亲提供无息贷款和最优惠的船票，以及种种便利与帮助，曾一度被乡亲们奉为“民间英雄”。另据地方志的相关资料记载，李季濂还是最早将橡胶树引种到高雷地区的华侨之一，为多年后新中国大范围种植橡胶打破帝国主义的封锁作出了不容忽略的贡献。他的儿子李孝式，年轻时就名动剑桥，在马来亚创业期间为祖国抗日战争毁家纾难，在中国抗日第三战场的波诡云谲中几次挽国家于危难，之后又在海外以自己卓越的政治智慧和才能，推动了一个国家的历史进程，“在他的种种努力下，一个国家独立了，在那片土地上拼搏奋斗几十年的同胞拥有了那个国家的公民权，中华文化在中国之外的另一个国家得到了完整的保存和传承。”他同时“赢得几个国家的首脑（马来亚、中国、英国和文莱）倚重，本身就是件不可思议的事情。”他为在当时占当地超过三分之一人口比例的华侨华人所安身立命的马来亚争取独立，为海外几百万的同胞谋取正当权利和生活福利……

这对信宜籍的父子都是信宜的骄傲，是值得大书特书的地方历史名人。就挖掘侨乡历史文化这方面来说，这部书的创作和出版发行是非常及时的，而且毫无疑问具有非常深刻而深远的意义和重要价值。因此，作者请我为这本书写序，我是很乐意的。

《百年风华——李孝式传奇》以主人公李孝式充满传奇的人生经历为主线，向世人讲述了一段我们应该记住的历史：祖籍信宜的海外华人下南洋、移居海外的历史，以及南洋客们筚路褴褛远渡重洋只为求生存的、充满艰辛和汗水甚至血泪的创业史、奋斗史，被称为“猪仔”和“亚洲黑奴”的契约华工的辛酸史，祖籍信宜的著名侨领如何领导广大侨胞和友族推动一个国家历史进程的历史。还有南洋客的爱情故事，和海外游子对祖国那种血浓于水的牵挂、支持、不惜牺牲的爱国史等等，在这部长达20万字的传记文学里都有记述，都是真实的呈现和艺术的再现，书中每个章节中都有让人动容的场景，读来让人荡气回肠，掩卷之余又让人唏嘘不已。主人公的传奇经历，以及那些人生经历所负载的精神，本身就是一笔无法量化的精神财富。那不是李孝式一个人的传奇经历，而是整整一代人的历史，是一个时代的历史，是我们不应该忘记却正在被湮没的历史。无论是从历史的角度，还是从文学的角度来读，这本书都是一部很有价值的，值得一读的好书。

愿更多的人读到并且喜欢这本书。

是为序。

（作者系政协广东省信宜市委员会主席）

李孝式

联军上校李孝式

李孝式获得英王乔治六世和伊丽莎白二世颁赐“天英帝国最优秀指挥者”与“爵士”勋衔，图为授勋后的李孝式近影

李孝式与夫人关小舫

年轻时的李孝式跟12岁的儿子剑桥在一起

右上：李季濂与李氏家族的亲人们在湛江锦纶泰前的合影（前排左三为李季濂）

右中：为了褒扬李孝式的贡献，马来西亚政府将首都吉隆坡建市时第一个命名的街道谐街（Jalan Bandar）易名为“敦·李孝式街”（Jalan Tun S.H.LEE），并且由首相亲自宣布这项决定。图为吉隆坡市中心的“敦·李孝式街”（作者摄于2010年4月）

右下：吉隆坡的锦纶泰

左下：信宜镇隆旧街被李立德保护完好的锦纶泰旧址

吉隆坡沦陷后的惨景（图片由雪兰莪中华大会堂提供

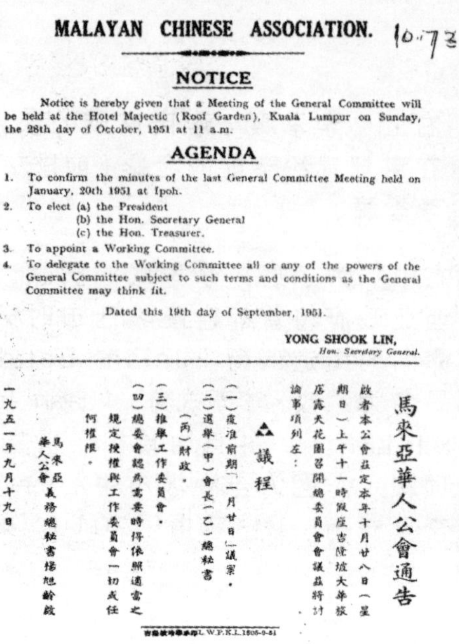

MALAYAN CHINESE ASSOCIATION. 10.73

NOTICE

Notice is hereby given that a Meeting of the General Committee will be held at the Hotel Majectic (Roof Garden), Kuala Lumpur on Sunday, the 28th day of October, 1951 at 11 a.m.

AGENDA

1. To confirm the minutes of the last General Committee Meeting held on January, 20th 1951 at Ipoh.
2. To elect (a) the President
   (b) the Hon. Secretary General
   (c) the Hon. Treasurer.
3. To appoint a Working Committee.
4. To delegate to the Working Committee all or any of the powers of the General Committee subject to such terms and conditions as the General Committee may think fit.

Dated this 19th day of September, 1951.

YONG SHOOK LIN,
Hon. Secretary General.

馬來亞華人公會通告

啟者本公會茲定本年十月廿八日（星期日）上午十一時假座吉隆坡大華旅店露天花園召開總委員會會議茲將討論事項列左：

△議程

（一）確准前期「一月廿日」議案。

（二）選舉（甲）會長（乙）總秘書（丙）財政。

（三）推舉工作委員會。

（四）總委會認為需要時得依照適當之規定授權與工作委員會一切或任何權限。

馬來亞華人公會義務總秘書楊旭齡啟

一九五一年九月十九日

吉隆坡時華承印 L.W.P.K.L.1805-9-51

马华公会成立之初的通告

1942年1月1日，日军脚踏车部队向吉隆坡火车站进发的情景（图片由雪兰莪中华大会堂提供）

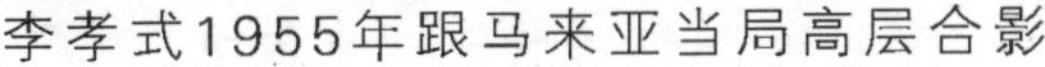

李孝式1955年跟马来亚当局高层合影

1950年李孝式跟自己的剑桥同学、英殖民部大臣格里菲斯合影

财政部长李孝式手提装着马来亚1958年预算案公事包，抵达国会大厦

英女皇访问马来西亚时李孝式携夫人出席宴会

李孝式在兴业银行开业典礼上

兴业银行剪彩那天，李孝式、关小舫夫妇一起打开银行大门

李孝式在兴业银行1976年的春节联欢会上

右上：1985年，原信宜市侨联主席赵定芳在香港拜访李孝式合影 左三站立者为赵老，他是信宜时任领导中唯一跟李孝式合过影的人

左上：李孝式夫人关小舫的生日合影

左下：李孝式全家福 前正中为李孝式夫妇

當年興國父爭取獨立迄今廿五週年
一係一段畢生難忘經歷亦係一種成就

專訪開國元勳
敦李孝式爵士

一本報曾麗娟一

《……式》之三

海外茂名人

李孝式先生（右一）与夫人关小舫相亲相爱，白头到老

议，谁都不弯。

“我很尊敬父亲，直到父亲晚年的时候，我才真正体会他的……样，这并不太迟，他把最好的留给我们，不是他的财富，而是他给……

2010年4月16日●星期五

华团 聚焦 FOCUS

中国2市作家
访关丹高州同乡

哥·打·峇·鲁·中·正·中·学·表·扬·会

黄保俊：资源分配不合理

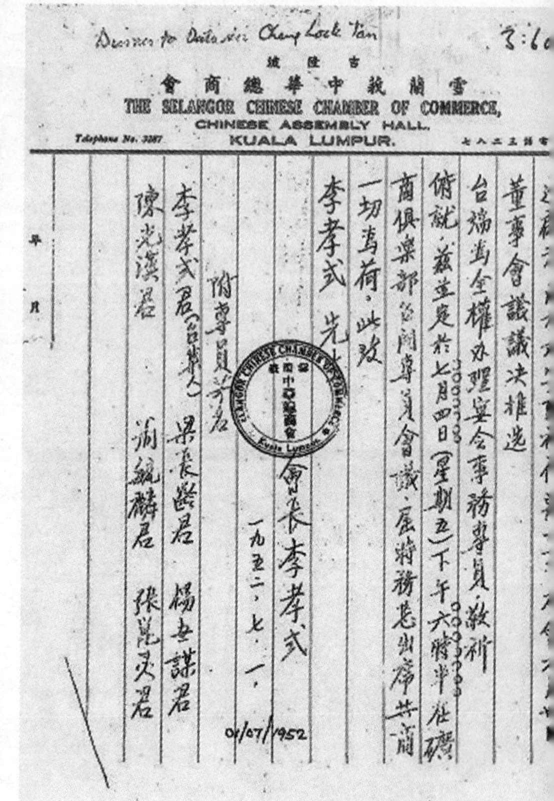

Dinner to Dato Sir Cheng Lock Tan

吉隆坡

雪蘭莪中華總商會

THE SELANGOR CHINESE CHAMBER OF COMMERCE,

CHINESE ASSEMBLY HALL.

Telephone No. 3287　KUALA LUMPUR.

董事會議議决推選
台端為全權办理宴会事務專員，敬祈
俯就，茲並定於七月四日（星期五）下午六時半在礦
商俱樂部召開專員會議，屆時務悉出席共商
一切為荷，此致
李孝式先生
會長李孝式
一九五二，七，一
04/07/1952
附專員芳名
李孝式君（召集人）　梁長齡君　楊金謀君
陳光漢君　關綸麟君　張崑灵君

左上：1983年的《中国报》

左中：《茂名日报》上刊登关于李孝式的文章

左下：2010年4月马来西亚当地报纸对作者采访一行的相关报道

右上：李孝式往来书信

李孝式长子、马来西亚皇室拿督李剑桥先生

马来西亚首家华人银行兴业银行外景

作者与接受采访的马来西亚华人同胞在
雪隆广东会馆的孝式堂合影

艰辛而快乐的写作

作者与李剑桥先生合影

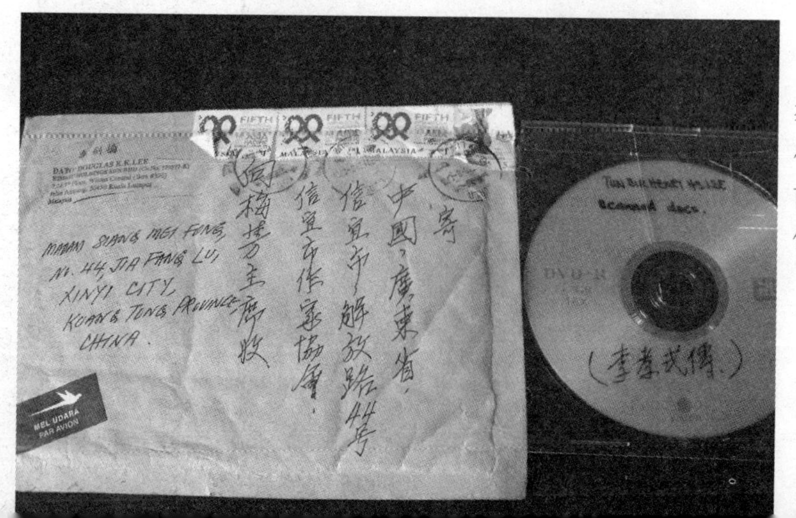

李剑桥先生寄给
作者的李孝式生
前往来书信及文
件电子版资料

左上：华社活动中的李孝式

右上：1987年6月15日，李孝式荣膺马来西亚最高元首委任主管最高勋衔大臣。图为高州总会为他举行的庆祝宴会

右下：李孝式于1988年6月22日与世长辞。图为李孝式的灵车在240人组成的护柩队的护送下经过他生前最喜欢的地方

總會暨各屬會聯賀
敦李孝式爵士榮膺
最高元首陛下特任
主管最高勳銜大臣

▲高州總會董事部贈送牌匾爲賀，敦李孝式爵士與各屬會代表留影。

▲總會青年部副理事長鄒紹清代表理事部贈送錫盤。

▲吡叻高州聯委會主席暨美羅高州會館會長陳木生代表總會及各屬會聯合贈送金盾。

◀森美蘭馬口高州會館會長陳紹賢局紳代表該會贈送銀盤。

目 录

楔 子

第二次世界大战结束后，国际格局发生了重大变化。过去的世界强国被严重削弱，一直以欧洲为政治中心的传统国际关系格局，被以美苏为中心的两极格局所取代。特别是以美元为中心的资本主义世界货币体系的确立，令第一个迈进现代社会的国家、曾经的“大英帝国”成了“无可奈何花落去”的历史。

是的，战争改变了世界，新的国际秩序在大破坏的基础上建立了，许多长期隐患被消除了，世界重新恢复了和平，资本主义国家由财富积累、殖民掠夺改变为平衡本国经济民生，真正步入了文明的发展阶段。尤其不容忽视的是，各殖民地的人民在战争中觉醒了，世界上大多数殖民地国家纷纷争取并获得了独立。

1956 年，第二次中东战争后，英国宣布了“从苏伊士以东撤退”的政策。同一年，被殖民者誉为“黄金半岛”的英属马来亚，华、巫、印三大民族联合在一起文取武争的进行了长达十一年的民族独立解放运动，也发展到了高潮，独立的脚步越来越近了……

5 月 9 日，上午 9 时许，通往吉隆坡机场的机场路路口。

一群华裔青年与马来警察对峙着，渐渐堵塞了路口，更多的青年从各个方向涌过来加入到人群中去，更多的机场保安人员加入到警察队列中来，空气紧张得让人窒息。

机场候机大厅二楼，靠近马路一个非常不起眼的角落，一支黑洞洞的枪口，正对着由机场路进入候机区必经的路口。

来了！八辆铮亮的纯黑色豪华轿车，在两辆警车的引领下，鱼贯驶来了。车队在离相互对峙的人群三米远的地方停了下来。

第六辆车上的主人问：“怎么回事，怎么停下来了？”

司机摇下车窗望了望，答：“前面被堵住了，很多人，好像在集会。”

“集会？”说话的人明显地吃了一惊，摇下车窗看了看，奇怪又严厉地对身旁秘书模样的人说：“你昨天不是说他们已经取消计划了吗？这是怎么回事？”

“我去看看。”旁边的人立即打开车门下了车。

没有人发现，不远处的枪口，也开始了移动，随时准备锁定目标。

而与此同时，前面五辆车的车门都打开了，在全副武装的保镖的护卫下走出来的人，清一色的穆斯林装扮，举手投足都透着尊贵与威严。原来，他们都是这个即将独立的国家的首脑人物，前四位是马来亚各州的最高统治者苏丹，第五位是正在被马来人尊称为“国父”的东姑阿都拉曼，马来亚独立他即是这个国家的首任首相。他们每个人的身边都跟随有一名贴身保镖和一名秘书。第七辆和第八辆车上的人也都下来了，他们两个分别是马来亚三大民族之马来族人和印度族人的代表，都穿着自己民族的特色服装，也都有保镖和秘书跟随。

所有从车上下来的人，都将目光投向从第六辆车上下来的一个矮个子中国人——他无疑是这片土地上另一大族群华族的代表。目光中有怀疑，有责备，也有冷漠和嘲弄，唯一含有同情意味的是那位“准‘国父’;”的目光。然而那张满含同情的脸上，更多的是爱莫能助。只有这个矮个子的中国人一身西装，没有保镖，据说他从不带保镖，只有一名必备的秘书人员，名叫翁毓旒。虽然担任秘书的翁毓旒也穿着西服，但由于他的个子最矮，所以格外的与众不同。不远处的枪口，毫不犹豫地锁定了他，随着他的移动而移动。

矮个子的中国人没有理会那些目光，他径直朝围堵的人群走去。

人群开始躁动起来，冲突似乎一触即发。

就在这时，车队后面突然传来短促的汽车喇叭声！一辆极为普通的吉普车疾驰而来！

躁动的人群立即安静了下来，矮个子的中国人也停下脚步，回头，只见一位清瘦的完全书生模样的中国人从尚未停稳的车上下来，身后跟着四五个华裔青年学生。

矮个子中国人面上疑惑的表情说明，他并不认识这个人。但是，这个人和他的跟随者们奔跑过来的目标显然是他。

而一直锁定矮个子中国人的枪口，也因为这一意外的出现，迟疑地移开了——来人是他们组织内所有人的偶像，他的出现和表现令枪手必须重新请示是否继续执行这次的暗杀计划。

“李孝式先生，我们来晚了！因为路上有警察为你们清道，塞了车……”

“你是……”

“我是林连玉，我们，还有他们，都是来为您送行的。”来人急促说完，跟被称为李孝式的矮个子中国人握了手，才转向人群挥手。那几个青年跑过去，用英语和马来语跟警察和保安交涉，因回应林连玉的挥手而瞬间沸腾的人群，开始自动有序地向两边散开来。

“你就是林连玉先生啊？久仰久仰！”被称为“李孝式”的矮个子中国人意外而感慨地说：“你的号召力很强嘛！我还以为他们是来……向我示威的呢！”

“哪里哪里，我们是来为您壮行的，您看——”林连玉一指已经整齐地列在公路两旁的人群，李孝式惊讶不已地看见，他们早已纷纷亮出了鲜花和写着标语的横幅。

中文标语是：

“欢送李孝式上校！”

“预祝李孝式上校谈判取得圆满成功！”

英文和马来语标语是：

“三大民族，三种文化，一个国家，是我们共同的理想！”

“凡在本邦出生的男女均成为当然公民！”

“外地人在本邦居住满5年者，得申请为公民，免受语言考试的限制。”

“坚决要求列华、巫、印文为官方语文！”

“宪法面前，人人平等！”

“以宪法的名义反对无限制的特权！”

……全世界大概只有他的同胞，才能弄出这么有组织的、别具一格的欢送仪式吧！李孝式摇头苦笑，心中有欣慰，也有苦涩。

“老板，该上车了。”身后的翁毓琉提醒道。其他车上的人都已经上车了。

“上校，一路珍重！”身边的林连玉改用他的军衔称呼他，并友好地伸出双手，李孝式紧紧握住！“我们等待上校凯旋归来！我们目送您进入机场。”林连玉再说。

这是两个完全属于不同阵营的人，第一次也是唯一的一次正面的而且是近距离的接触。这个在后来的岁月中曾经深刻地误会过并且非议过李孝式的，以不屈不挠的斗争精神和非凡的人格魅力，赢得了包括马来亚共产党在内的、所有华裔同胞的尊敬并被奉为“族魂”的教育工作者，对他们第二次赴伦敦进行的独立谈判是如此的充满了期待，他的尊敬与祝福都发自内心！

李孝式知道并且记得，就在两天前，就是眼前这个林连玉，受马来亚全体华社的委托，要带队亲赴英伦，代表民间向英国政府请愿，反对谈判代表团拟定的宪制计划书……最后由他的两个“忘年交”梁宇皋和林苍佑出面劝阻，向林连玉陈述华团代表绝对不能在这个时候节外生枝的利害关系，请他转告华社不要给友族甚至英国人以华人不团结的印象。同时向所有华社代表强调，他既已受命代表华族参与国家的独立谈判，他需要同胞的信任，是信任而不是怀疑！这样，林连玉才公开申明，他“拒绝出征”，并号召华社团结一致静候谈判消息。

不远处的枪口，已经无声无息地消失了。李孝式自始至终都不知道曾经有人想在这个时候除掉他。也许他根本就不在意知不知道，自从在1948年受命移殖新村开始，他已经好几次收到装着子弹的信封，他早已经将生死置之度外。只有真正做到心底无私的人，才能真正无畏！

豪华车队重新启动，在警车的引领和护卫下鱼贯驶入机场。马路两旁是轻轻挥舞的鲜花和横幅，还有真诚的笑脸和充满期待的祝福——它们全都属于这个矮个子的中国人：李孝式。

这不是荣耀，而是真诚的托付！是占这片土地上三分之一以上人口比例的华族同胞的重托！

在他一路走过的波澜起伏的人生旅程中，这样的经历也不是简单的插曲，更不是一场虚惊！

李孝式坐在舷窗边，内心的震动已经无法用言辞来形容。飞机朝着欧洲的方向飞行，他的心却飞回了久远的往昔……

“在想什么呢？”坐在他旁边的准“国父”东姑悄悄地问他。

“我在想……我想起了我的父亲……”李孝式几乎是脱口而出地说。

第一章　父亲的南洋

1.“他们就是亚洲的‘黑奴’”

散落的碗筷,装水用的竹筒,呕吐物,甚至大小便,还有被这一切围困的、蜷成一团的、一个挤着一个被唤作“猪仔”的人,无法用语言来形容的恶臭……

这是呈现在李季濂眼前的、他乘坐的豪华游轮的“统舱”的场景。

统舱就是这艘船最底层的船舱。舱顶与海面平行,全靠抽风输送空气。一般情况下,这个舱是用来装货物或者托运行李的,所以没有厕所。自从有“猪仔头”承包下来运送“猪仔”开始,这个舱的两头才放置了尿桶来代替厕所。为了与其他一二三四等客舱区别开来,这个舱就被称为“统舱”。

这艘船刚刚经历了一场海上风暴,猪仔头定量配给每个猪仔的淡水全洒了。不仅如此,统舱两头被简单隔开的供大小便用的尿桶也滚出来洒了一地。从船驶离码头舱里就开始出现的呕吐物,与屎和尿混在一起,将整个统舱变成了真正的人间地狱。受猪仔头雇佣的“船狗”们(打手或者管工)严阵以待地守在舱门口,随时准备往外运尸体……

李季濂是来为他刚救下的猪仔张天赐取包裹的,舱门一打开,他就被熏得倒退了一步,一转身就不由自主地吐了起来。

就在昨天下午,他在甲板上目睹了一场隆重的海葬:一个猪仔用上船前带的一个冬瓜,解救了整个统舱近两百人的断水危机,自己却因体力不支没能撑过去。为了感谢他的救命之恩,加上猪仔头也认为他的举动替他们挽回了不可估量的损失而同意猪仔们一起到甲板上为他“送行”。死去的猪仔被同意用白布裹尸,被四个活着的“猪仔”抬着,他们身后是黑压压的、蓬头垢面的、即将被运往南洋指定矿场或者橡胶园的全被称为“猪仔”的契约劳工。

猪仔们静默地看着他们的救命恩人被缓缓地扔进海里。

李季濂站在自己一等舱外的栏杆边,同样静默地看着那具被白布裹着的尸体被扔进海里。

“亲爱的,这都是些什么人啊?一个个脏得像怪物。”他的身旁是一对英国夫妇,高贵的夫人指着下面黑压压的人群，问身旁的丈夫。说的是略显生硬的中国话。

"哦，他们就是亚洲的'黑奴'，被他们的同胞叫做'猪仔'的华工……"

亚洲的"黑奴"？李季濂悚然一惊。多么贴切的类比啊。经历了四百多年的非洲黑奴贸易被废止之后，殖民者们将目光转向了劳力资源丰富却就业无门的中国，无数生计无着的农民被欺骗或者强制性当作奴隶一样卖到海外需要劳工的地方，以补充资本主义世界因没有黑奴买卖而紧缺的劳力……这些被称作猪仔的同胞，的确就像是亚洲的"黑奴"。

葬礼过后的当晚，李季濂被甲板上的嘈杂声惊醒，他鬼使神差地摸到了甲板上，借着灯光，他看见四个打手模样的人，正一人拖着一具尸体往甲板边缘走去。就在他愕然之际，忽然从敞开的统舱门口冲出一个瘦弱的身影……

"我受不了啦！我要回家！"那个身影一路狂叫着跳进了海里。整个过程不到三十秒钟。等大家回过神来，海面上已经恢复了平静。

打手们拖着尸体继续往甲板边缘走去，毫不留情地将尸体扔进了海里。当扔到第四具尸体的时候，李季濂忽然意外地发现那具尸体似乎挣扎了一下。

"等一等！"他不由自主地喊道，那个打手停了下来，疑惑地看着奔过来的李季濂。

"这个人没有死！"李季濂一把抓住那具"尸体"。

"他已经三天没有吃东西了！"打手边说边用鼻子嗅了嗅，"身上都有死人的气味了，早扔迟扔都是一样。"

"住口！再怎么着也不能把活人当成死人扔进海里！你们把他抬到我的舱里去，上面的一等舱。"

"先生您没病吧？"打手迟疑着。

"你才有病呢！赶紧把他抬上去，我来照顾他。"

"这……"打手仍然迟疑着，望了望后面另一个管工模样的人，那个人走过来，对李季濂说："你要救他也行啊，先拿一百块大洋过来，他是签了契约的，我们给了他家一百大洋的安家费，正愁没地方补回损失呢……"

你们这帮畜牲！李季濂在心里暗骂一声。想到救人要紧，现在不是讲道理的时候，就说："钱我给你们，先把他抬进我房里去。"

就这样，他救下了这个虚弱的，名叫张天赐的猪仔。

张天赐醒来后的第一件事就是寻找自己原来系在腰间的，已经不见了的红腰带，和在船上一直当枕头用的包裹。

红腰带是福建、潮汕一带下南洋的劳工临出发时，由亲人，一般是妻子或心上人系上的亲手绣制的红色的象征平安吉祥的腰带。很多南洋客人死了，腰带还在，活着的人就凭着腰带上的名字处理逝者的身后事。

为了帮张天赐寻找红腰带和包裹，李季濂一大早就来到了统舱。

"赶紧找人打扫一下吧！这哪是人呆的地方啊？"好不容易缓过气来之后，李季濂对守在门口的人说。

“他们本来就是猪仔,不是人。”

“你是人吗?”李季濂愤怒地反问。“都是爹妈生养的,你是人他们就是人!即使你不是人,他们也是人!因为他们比你多一样东西,那就是人性!是人就应该保有人的尊严,你不要他们要!”李孝式义正言辞地斥责着,引来好多在甲板上观赏海景的上等乘客的注意。

最后,李季濂以卫生安全为由要告到船长那儿去,惊动了躲在头等舱的猪仔头,才不得已派了几个人来,跟少数几个身体强壮的猪仔一起清扫船舱……

李季濂没有找到张天赐的红腰带和包裹。

离开的时候,满腔怨气的打手冲他说:“你救得了他们一时,救得了他们一世吗?你救得了一个猪仔,救得了所有的猪仔吗?还是少假慈悲吧!”

就是这句话让他暗下决心:欧洲和非洲的黑奴贸易早就废除了,他决不让父老乡亲变成“亚洲的黑奴”!

也因为这件事的刺激,让他下定决心要将刚刚发展到新加坡的锦纶泰扩大经营业务,帮助乡亲们下南洋,保证他们往外海外谋生途中少受或者不受欺辱。他要用实际行动来打击猪仔头的盘剥行径……这自然是后话。而他无意中救下的张天赐,后来也成了为国捐躯的抗日英雄。这也是后话。

2. 越做越小的官和革命青年

弃官从商之前,李季濂是罗定知县。再之前是诰授知政大夫,朝廷五品官员。

因为不甘同流合污,官就越做越小。

作为朝廷方面的地方代表,他是最深刻地体会到时弊日重的,而且了解积弊的根源,以及积难重返的现实。清王朝就如一艘行使在波涛汹涌中的千疮百孔的大船,已经随时面临覆没的危险。他深陷其中却无能为力。

鸦片战争后,中国沦为半封建半殖民地国家,帝国主义对中国进行了全面的经济掠夺,通过原料的掠夺和商品的倾销,使中国的小农业和家庭手工业相结合的自然经济受到强烈的冲击,甚至破产。《南京条约》签订后,广东除了朝廷征收的地丁银(土地和人丁税)和征收解往京城或定点的粮食等苛捐杂税之外,还要负担赔款数额三分之二的白银。各级官吏趁机采用捐输、派捐、包捐等名目繁多的手法搜刮民财。“按亩派捐,事同加赋;宽于富户,而苛于平民”(《郭侍郎奏疏》),各个地方官呢,还级级加码,致使大批有地农民卖田卖地,沦为佃农,无地农民雪上加霜,随时面临饿死冻死的悲惨境遇。

作为百姓方面的父母官,他除了尽量减少“派捐”之外,对子民的困苦无能为力。而即使是杯水车薪的减少派捐,也无意中得罪了腐败的同僚。本应兼济天下的他,连独善其身都显得步履维艰。他像落魄文人一样,把官衔当成了书斋,吟诗作对取代了只会加重百姓负担的公务。

甲午战争的失败，朝廷倾力打造并倚重的北洋舰队的全军覆没，粉碎了改良派自强的梦想。特别是当六位希望通过改革使国家走出瓶颈的知识分子被处死之后，李季濂再也无法相信这个日暮西山的王朝，也不再对谁抱任何幻想了。

“朝廷一切政事皆系苟安目前，敷弄了局……大臣偷安旦夕，持禄养交；小臣斗巧钻营，便私阿上。办事认真者，以为固执而不圆通；上书直言者，以为浮躁而不镇静。”他特意记下的戊戌六君子之一的刘光第流传民间的对时局的批评，每每读起都会泫然。

不如闲坐一旁，冷眼旁观江山易主，王朝变姓吧！眼见覆巢之下难有完卵，李季濂一咬牙辞去了官职，结束了信宜镇隆的李家世代为官的光荣历史。

然而，让李季濂又兴奋又害怕的是，世代为朝廷效力的李家居然出了要革朝廷命的革命党！他的妹夫杨永泰，是跟孙中山先生走得很近的革命青年，当时的身份是广州《广南报》的编辑，跟在江西出生的、与李家素无交往的堂叔李怀霜和同乡革命青年林云陔都有交往。林云陔当时正在发起组织南路反清革命活动中心：“新高同志社”，社内青年后来多数参加同盟会。因为林云陔的父亲要送其到广州新式学校读书，林家暂时居住在广州。

仅年长李季濂三岁的李怀霜认识很多人，而且看起来交往都很不错，对晚辈杨永泰更是关怀备至。李家就是在李怀霜的鼓动和杨永泰的牵引下举家迁到广州的，暂时安置在陈氏书院附近的一条巷子里。

刚安顿下来，杨永泰就在征得李怀霜的同意后，带季濂去拜访了一位姓陈的老板，陈老板是信宜怀乡人，据说有亲戚在南洋那边做生意，主要经营丝绸和茶叶，一直想物色一位可靠的、负责在中国这边跟江浙一带厂家全权联络的固定供货商。这个陈老板开有一间茶楼，一直没有帮亲戚找到合适的人选。几个月前结识了陪李怀霜饮早茶的“杨记者”，交谈之下得知彼此是同乡，一来二往的就成了朋友。关于帮南洋华侨商人物色固定供货商的事，李怀霜没放在心上，杨永泰倒是一直记在心里。他当初建议李季濂来广州时就计划过，出于慎重没有提前说而已。

就这样，一点经商经验都没有的李季濂，莫明其妙地成了老板。也许是常年吟诗作对的缘故，商行的地点都还没有选好，他就把名字都想出来了。等到杨永泰在朋友的帮助下租好铺位要他自己取个商号名时，他脱口而出：“就叫锦纶泰吧！丝绸布匹的‘锦纶’，意味平安和乐的‘泰’。”

一听这名字，连一向严谨的李怀霜都笑了，连说季濂是可以干事情的人。

商行租在双门底街（后来的北京路，是由城南直通广州第一码头“天字码头”）的主干道。官员登陆入城皆由此过，是衙署官僚及其随员、家属居住的集中地段，也是全城的繁华商业中心。

李季濂用了近一个月的时间辗转于江苏和浙江等地了解行情，熟悉北方的纺织厂和茶厂，很快就让商行生意步上了正轨。

很快，李季濂就发现堂叔李怀霜不是单纯的教员，妹夫杨永泰也不是单纯的编辑和记者。

这一天,伙计都下班了,李季濂正在商行浏览帐簿,杨永泰突然出现在商铺门口,而且是朝四周观望一阵后才闪身进来。杨永泰告诉他,堂叔那边住的地方太狭窄太嘈杂,想在锦纶泰的仓库里辟一间书房,有空可以过来看看书,写写文章。既然是堂叔的要求,李季濂不便细问,马上亲自动手在仓库靠近后门的地方隔出了一间几个平方的书房,还像模像样的在里面摆上了书架和书桌。刚弄好,堂叔就过来了,后面跟着挑着两藤萝书籍的永泰,连工人都没有请。当晚离开的时候,堂叔从自己带来的书籍中挑了两本杂志给李季濂,都是当时的进步书刊。

书房刚布置好不久,堂叔就开始在里面会见朋友了,相当秘密的。每次来的朋友都不跟其他的人打招呼,打扮得像店里的伙计,扛着纸箱子,像是送货的,匆匆的来匆匆的走。

李季濂将来人的模样都看在眼里,记在心里。既担忧又兴奋。担忧的是"锦纶泰"及往来人员的安全,兴奋的是堂叔给他的那些书中的道理。他隐隐地觉得堂叔在干一些很有意义的事情,而且那些事情里都有他的一份功劳。

有一天,来人走了之后,他忽然拦住准备离开的堂叔,说:"有什么需要我帮忙的,请尽管吩咐,我希望……我希望……"

"希望什么?"

"希望自己也是你们中的一分子……"

"你……不害怕吗?你知道我们是干什么的?我们中很多人都是进了官府甚至朝廷的黑名单的。"李季濂犹豫了。他知道跟朝廷作对的后果。但是,这已经是一个黑暗的无能的行将就木的朝廷了,不值得害怕!

"我愿意接受……考验。"沉思良久,李季濂才斟酌着说。"接受"和"考验"还有"愿意",都是他从那些进步书刊上学来的。

"需要的时候,我会让你帮忙的。"堂叔拍拍他的肩,离开了。

3. 1911年的惊吓

1911年对于世界历史来说都是相当重要的一年。这一年,满族统治中国长达270年之久的腐败屈辱的清王朝,被革命推翻了,在一个东方大国延续了两千多年的封建帝制,被革命结束了。而中国长期的混乱与漫长的革命也从此开始。

这一年对于童年的李孝式来说也极不寻常。

8月的一天夜里,李孝式像往常一样,等母亲房里的灯熄了之后,溜进了父亲的书房。那段时间,他正如痴如醉地研读《孙子兵法》,他被书中讲述的故事和道理深深地吸引了。

时光在他如痴如醉的阅读中悄无声息地溜走,整个世界都安静极了。突然,紧挨书房的院墙外传来一阵异样的嘈杂声和很多人跑步而过的脚步声,还有犬吠声。李孝式本能地吹灭用黑布罩着的油灯,坐在父亲的太师椅上一动也不敢动。声音渐渐远去,他才轻手轻脚的站起来，再也没有心思看书了。他轻轻地打开书房的门，打算就这样回房间休息。没想到一脚踩在一团黑影上，随即感觉到自己的脚被一双手抱住了。

“妈呀——”他只觉毛骨悚然，一下瘫坐在地上。

“嘘——是我……”一个微弱的但格外熟悉的声音传过来，“别出声，把我扶进去，快！”

是父亲！

前一秒钟还瘫软如泥的李孝式一骨碌爬起来。

父亲被子弹擦伤的腿在翻院墙的时候摔破了，流了很多血。特别是去年底在南洋为了掩护孙中山先生在庇能（槟城）的革命演讲，化装成孙中山先生——父亲剃着板寸头穿上中山装的时候特像报纸上的孙先生，当时受过枪伤的手臂，手术后的伤口处，此刻也是一片血迹。

孙中山先生曾先后五次前往南洋庇能（槟城），其中最重要的一次就是1910年。那是孙中山在海外宣传革命道理，正值生死存亡之际，也是他在海外华侨中进行推翻满清政权运动，最为艰苦的时刻。那一年，孙中山发动的一连串的革命活动都受到挫折，且不说之前屡败屡战，连续九次的军事行动都以失败告终，革命阵营普遍弥漫着消极甚至绝望的情绪。仅去年这一年就连遭打击，先是在北京行刺摄政王失败的汪精卫被捕，紧接着广州新军起义失败，党内经济面临前所未有的拮据等等。孙中山自美国东渡，不容于日本政府，只得携家眷避往南洋。之后不但选择南洋作为政治避难之地，同时也以南洋作为革命的大后方，特别是以槟榔屿作为筹集一切资源、领导革命的理想大本营。并将“中国同盟会南洋总机关部”由新加坡移到了槟榔屿。深刻影响中国命运的“庇能会议”就在这一年召开。这次会议的主要任务是策动“广州三、二九之役”，即中国历史书上的“黄花岗起义”，并为该役筹款。

由于汪精卫的被捕，清廷在南洋广布爪牙搜捕孙中山，革命党人为了保证他的安全，对他的行踪采取了严密的保护措施。包括利用当地媒体混淆敌人的视听，利用替身前往革命活动公开的场所等等。李季濂因为长得像孙中山，被特地从广州召到南洋，他的主要任务就是在1910年11月13日庇能会议召开的当天，化装成孙中山的样子在另一个透露给外界的地点露面。以及在12月6日孙中山离开庇能时，先行一步到瑞典咸深水码头，确保孙中山安全上船，顺利离开。

这是随时都会面临生命危险的工作，李季濂离开家的时候连遗嘱都写好了……

这些都是年幼的李孝式无从知晓的，在他幼年的记忆里，只记得那两年，他父亲在家的日子特别少，并且经常出远门。每次出门，甘固真都是红肿着眼睛为丈夫收拾行李。而李季濂回家的日子，是全家人最开心的时光。

这是一段被尘封的历史，直到中国革命结束很多年以后，经历过战争洗礼的李孝式，无意中在一些历史资料里读到“‘庇能会议’不只是槟榔屿的光荣，更是马来西亚在国际上引以为荣的历史事实……如果没有这个会议的召开，近代中国的历史，极有可能要重写……”之类的文字的时候，才明白父亲当年所做的牺牲，是何等的光荣而伟大。父亲一次又一次无名英雄式的“南洋之旅”,曾经充满了怎样的险恶和义无反顾……

庇能会议开得很成功,共筹得革命款项十八万七千二百一十元港币(187,210.00 港币),其中仅一万四千元(14,000.00)在美洲筹得,其余全来自南洋各地的华侨。

2010 年 4 月的一天,李孝式的长子,马来西亚皇室拿督李剑桥先生在跟笔者谈起其祖父的时候,感慨地说,如果祖父不是在庇能会议期间为保护孙中山先生受了伤,才没能参加广州三、二九之役的话,极有可能会成为“黄花岗七十二烈士”之一……

言语之间,流露出不胜唏嘘之感。

小孝式按父亲的指示从书架后面的杂物箱里取出急救药箱,笨拙地为父亲处理伤口,然后眼巴巴地等着父亲跟他解释。但父亲却朝他挥挥手,说:“别让你母亲知道。”

“可是……我也很担心,您这样很危险的,到底是为什么呢?”

“以后会告诉你的,我没事。你放心去睡吧!”

他看得出父亲不打算告诉他,只得不安地离开了。

直到武昌起义胜利的消息传来,直到堂叔公李怀霜和姑丈杨永泰,还有很多叫不出名字的人,一起聚在客厅里向父亲敬酒,称赞父亲是无名英雄为革命立下大功的时候,李孝式才隐约地明白那晚发生的事情。

那天,李季濂跟伙计一起从汉口运回一船茶叶到黄浦码头,准备用原来的船以大米做掩护,运送据说是从德国进口的枪支弹药去汉口,代替那些“汉阳制造”。装好船打发走商号的伙计,准备出发的时候遇到官府巡逻检查,原本以为用钱就可以打发了事的,没成想遇上了一个认真的主儿,李季濂见事情无法玩转便使个眼色给负责开船的革命同志后趁敌人不注意离开了,等到敌人从底仓的大米里发现枪支的时候,李季濂跟那个同志已经分头远远地逃离了码头。幸好那天用的是大米而不是丝绸或者茶叶,也没有留下商号痕迹,否则后果不堪设想!

原来父亲常常往返各地,并不是为了生意奔忙,而是在为革命奔走,冒着生命危险的奔走。年仅十岁的、懵懂的李孝式,对自己的父亲李季濂充满了英雄式的敬仰。

亚洲第一个民主共和国——中华民国的诞生,有他父亲一份以命相许的功劳。

4. 光荣与失落

辛亥革命胜利后,李季濂出任广东省民政厅秘书兼广州市政府顾问,重新以饱满的热情投身新政府的官场。

但是仅三个月,袁世凯就篡夺了临时大总统的职位,辛亥革命的胜利果实落入了旧势力的手中,中国进入了军阀割据混战时期,广东也落入北洋军阀势力范围。

李季濂的偶像李怀霜,一直被袁视为眼中钉,被迫亡命海外。难以有所作为的他重又生出归隐之心。只有具备广东咨议局议员和中华民国临时众议院议员，以及国民党党员多重身份的杨永泰，依然对革命事业充满无限的信心和热情。杨永泰在上海与沈钧儒等人一起组织民主宪法党，还创办《正谊》杂志，又与黄兴等人组织欧事研究会，并任上海《中华新报》主笔，百折不挠地反对袁世凯称帝。

李季濂向妹夫杨永泰表示自己想重新归隐的愿望，杨永泰却极力将他拉进了刚成立不久的广东咨议局。

所谓"咨议局"，是清政府在向全国人民宣布实行"预备立宪"的第二年即1906年，模仿西方立宪制国家的国会在各省设立的。咨议局成立的第一年，议员们在为地方兴利除弊、弹劾官吏、审核政府财政收支等方面，积极参政，提议案，论改革。特别是1910年至1911年间，副议长丘逢甲和古应芬、邹鲁等议员发起禁赌运动，以禁赌整治社会风气和社会治安，与苏大阔等庇赌议员进行了激烈的斗争，最后获得了胜利，并因此在社会上赢得了口碑，为咨议局树立了很不错的形象。除此之外，咨议局还做了一件在当时惊世骇俗的事情，那是1911年11月8日，广东咨议局主持召开了满汉八旗以及绅商各界代表大会，专门讨论广东独立问题。次日，广东各界代表聚集咨议局，庄严宣布广东脱离清政府独立，成立都督府。广东因而和平光复。这两件与咨议局紧密关联的大事件在社会上激起了很大的反响。

不幸的是，李季濂担任广东咨议局议员的时候，咨议局的辉煌已经成为历史了。

那次被摆上桌面的禁赌运动，因为涉及政府财政收入和部分议员个人利益，令清政府设置咨议局的虚伪性暴露了出来。清政府成立咨议局的初衷，只是为了巩固封建统治，因此对咨议局的职权范围有所钳制。表面上，规定咨议局可以议决本省"应兴应革"、"预决算"、"税法及公债"、"单行章程细则之增删修改"、"公断和解自治会之争议"、"收受陈请建议"等事项，但是各项议事主持、采纳和裁夺权都在督抚手中，咨议局实际上有名无实，不过是地方行政长官严密监控下的点缀门面的机关。

再加上新政府的官员良莠不齐，旧时代的官场恶习并没有得到改观。孙中山先生从民国大总统到军政府大元帅，其人格魅力和作为领袖的号召力举世公认，并且有着很先进的执政理念和施政纲领，但是他始终未能掌握一个国家首脑必需要掌握的最根本的东西：兵权。更严重的问题是，手握重兵的都是些军阀作风严重、"人人都想取而代之"的大老粗，而且大多数缺乏长远的目光和进步的思想。

1922年6月15日，与孙中山政见不合的陈炯明叛变革命，孙中山在贴身秘书，也就是李季濂的信宜同乡兼忘年交林树巍的保护下逃离粤秀楼，避居海上。叛军攻破总统府和粤秀楼之后，立即在街上张贴"请孙下野"的布告，驱逐国会议员，残杀革命志士。广州陷入空前混乱和动荡之中。

李季濂就在那场混乱中逃离了广州，只身到了香港。

他是真的厌倦了这种打来打去的"革命"，早年追随孙中山出生入死的热情，已经被在新政府的官场难以作为的现实一点点地消磨掉了——这不是他期待的曾经以命相许的革命的结果。他觉得一盘散沙的中国太需要一位真心革命、可以一统天下的军事强人了。但孙中山却在已经错过了改良的最佳时机之后，总思谋着一边改良一边革命，试图通过一些政治途径来达到军事方面的一致行动，这显然是不现实的。因为军阀们谁都不服谁，谁都认为自己可以当皇帝当总统。在这样的情势下，必得有一位比所有军阀都强硬的人物来进行"四海归一"，手中根本没有军队的孙中山，会成为统一中国的军事强人吗？李季濂深深的彷徨了……

11月，当孙中山在痛定思痛之后，决意着手改组因旧势力盘踞而渐现腐败没落迹象的国民党的时候，李季濂没有回去。

1923年，孙中山在广州第三次建立革命政权，就任大元帅，被任命为金库主任的林云陔，受已担任广东省省长的杨永泰的委托，写信到香港劝李季濂回广州，继续为新政权效力。李季濂也没有回去，只是在回信中坚决地表示，他会继续想办法在经济上支持革命，但不会再担任任何政府职务。

林云陔写信骂他半途而废，是革命的逃兵，他干脆连香港都不呆了。只身到了马来亚……

5. 父亲的南洋

"祖父不喜欢做生意的，只喜欢吟诗作对，大家都称他'季濂公'。锦纶泰的生意都是祖母打理，祖父在辛亥革命后曾担任过两广总督……"

李剑桥先生在回忆自己的童年印象时，总是这样形容他的祖父李季濂。只是笔者一直没有找到李季濂曾任过两广总督的相关佐证。

不过，笔者在采访原信宜侨联主席江起林和其他上了年纪的马来西亚归侨的时候，他们都说，在20世纪20年代前后，李季濂的名字在信宜是家喻户晓的，并且备受乡亲们的尊敬和爱戴。他跟那些"猪仔头"对着干，为没有盘缠下南洋的乡亲提供无息贷款和最优惠的船票，以及住宿服务。很多粤西一带的"南洋客"，都是经他的"锦纶泰"往返南洋。据《信宜县志》记载，那个时期，信宜下南洋的人特别多，而且全部都是到马来亚的。而其他地方下南洋的劳工，到南洋各地比如印尼、泰国、缅甸等地的都有，唯有从信宜出发的"南洋客"都集中在马来亚。

信宜地处山区，并不靠近海洋，却是茂名地区乃至广东省下南洋人数最多的县级市之一，这无疑与李季濂的锡矿和他的锦纶泰有莫大的关系。2010年4月24日，笔者与江起林先生前往拜访现居吉隆坡已年逾96岁的甘尚武博士，甘老两年前出了本书名叫《世纪巨变九十回顾》的自传，笔者就是从那本自传里了解了甘老从陈济棠秘书到执掌大马南顺的几乎称得上波澜壮阔的传奇人生。李家在香港的时候，甘老每年春节都去给他们拜年。他说："当时，信宜人到马来亚，李季濂的锦纶泰帮助很多，也因为他在这边开有锡矿，又有锦纶泰提供种种方便的关系，信宜人下南洋都是到马来亚。"

信宜的党报《信宜新闻》称李季濂为"信宜籍的爱国侨领",言及"信宜能成为全国著名的侨乡,李季濂居功至伟。"并详细地记述了当年中国广东时任华南军区司令员、广东省省长叶剑英,亲率调查组往高雷地区摸底时,在高州找到李季濂引种的几株橡胶树的经过(2007年2月16日《信宜新闻报》之《历史人物》)。

李季濂一直记得去马来亚的时候,在豪华游轮上救下张天赐的情景,记得"统舱"人间地狱般的景象,还有那一具具抛到海里的"猪仔"尸体。现在,张天赐已经是他的得力助手了。他从马来亚回来的第一件事就是专程回广州找到杨永泰,将自己在马来亚的所见所闻、马来亚丰富的自然资源,以及想在那边投资办实业,以支持财政拮据的革命政府的想法告诉他。

此时的杨永泰,已是护法军政府财政部长、广东省省长兼财政厅长。

杨永泰曾被蒋介石称为"当代卧龙",被后人称为"蒋介石身边的诸葛亮",为国民党立下过汗马功劳。若非英年早逝成了国民党派系争斗的刀下冤魂,中国后来的历史很可能要改写……杨1880年生于信宜镇隆大路街,先后毕业于广东高等学堂与北京法政专门学校,毕业后曾任《广南报》编辑。早年追随孙中山投身民主革命,1913年加入国民党。次年4月当选为第一届国会参议员。1914年加入中华革命党。1916年5月任肇庆军务院财政厅厅长,次年10月任大元帅府参议。1918年后任广州军政府财政厅厅长、广东省省长。1927年任南京国民政府军事委员会参议。后在国共内战中向蒋介石提出"三分军事,七分政治"的主张,并因此深得蒋的赏识和倚重,先后担任军委会国民党武昌行营秘书长、四川行营秘书长、国民党候补中央执委。1936年10月25日在汉口码头被CC派暗杀。

在中国国民党历史上,杨永泰遇刺案,是继廖仲恺遇刺后第二起重大谋杀案。

李季濂对追随孙中山的杨永泰是言听计从的,杨追随蒋介石之后才渐渐疏远了。

杨永泰对李季濂要往南洋发展的想法持保留意见,但对他在各地广设锦纶泰并扩展旅业和票号业务,为下南洋谋生的乡亲提供各种便利和服务的做法非常赞赏。

清末国势积弱,民不聊生,大量破产农民走投无路,被迫离乡别井,外出谋生。但国内实业未兴,就业无门。所谓"天无绝人之路",清政府在洋枪洋炮的威逼下签订的几个不平等条约,唯一的"好处"就是解除了海禁。生计无着的农民,正是因为看到海禁开放才兴起向海外求生路的念头。因为大多身无分文兼人地两生,乡亲们只得通过"水客"包办,以"卖猪仔"的形式下南洋(马来亚、新加坡、菲律宾、印尼和暹罗等东南亚国家和地区)谋生。所谓"水客",就是"猪仔头"或其他带黑社会性质的"堂口"物色的,用来欺骗或强抢无业、失业农民成为"猪仔"的中间人。中国沿海农民下南洋的时候,正好碰上马来亚殖民地政府大兴橡胶、烟草种植业和锡、锌采矿业,需要大批劳动力。种种因素聚在一起,就促成了人类迁徙史上一场持续多年规模空前的跨国大迁徙——华人下南洋。

起初,"猪仔头"为吸引大家下南洋都花言巧语许诺,凡是愿意去南洋的,可以给安家费。但事实上这些安家费都被猪仔头私吞了,许多人到马来亚做了多年苦力才把下南洋路上的费用还清。被猪仔头骗去南洋的乡亲,有的一辈子都没有赚够回“唐山”的钱。

张天赐在他的一等舱里醒来之后,他曾问天赐猪仔头是不是给了他家一百块大洋的安家费。张天赐听后大骂“他们都是一群骗子!”告诉他自己是在街上摆地摊时被打晕后装进麻袋里扛到“铁笼子”里的。张天赐说的“铁笼子”就是猪仔头用来专门收容其实是关押猪仔的地方,一般设在猪仔头盘踞的秘密地点,等凑够了可以装满包下的统舱的人数,再集中运到船上去。由于很多下南洋的乡亲到南洋后都杳无音信,很多人已经不相信猪仔头和水客的花言巧语了。这样,猪仔头就干脆干起来了拦路抢劫甚至当街捉人贩卖“猪仔”的罪恶勾当。每个猪仔卖到南洋的橡胶园或锡矿场,可以得到最少一百大洋的报酬。而这一百大洋,全部要由猪仔自己在买家手下干苦力来偿还。这种交易都以契约的方式来保证。猪仔与买家签下的契约,等同于最短三年,最长一辈子的卖身契。契约生效期间,猪仔在干苦力的地方享受着形同奴隶的待遇:不得与外界联系,没有人身自由,发的工钱要先用来分期偿还那其实是被猪仔头吞了的一百大洋“安家费”,之后才用来作为干苦力的生活费。连割橡胶挑矿沙运矿泥的工具,他们都得向老板购买,老板这边的理由是只有自己花了钱的东西才会珍惜爱护。因而劳工的工资永远入不敷出……在那里,劳工们已经完全不是人了,而只是替庄园主或锡矿老板干活赚钱的工具,不用加油不用保养的工具。最好连休息都不要,一天二十四小时干活。

这种惨无人道的盘剥现象,令李季濂非常愤怒。也是促成他在锦纶泰开设旅业和无息贷款,专为下南洋的乡亲服务的最直接原因。他的“横插一手”令猪仔头的生意链渐渐萎缩之后,这种盘剥现象才渐渐消失。

信宜地处粤西云开大山之腹地,穷乡僻壤,人多地少,生计尤为艰难,很多人去南洋谋生的线路大多要经过广州湾(后来的湛江)。广州湾为法租界,出入境手续十分繁琐。李季濂就利用自己的身份和声望,向法殖民当局建议,取消过境限制,让人们自由进出。这个建议被采纳后,大大方便了高州各地(信宜当时隶属高州府)农民过境。除此之外,他还主动与船运公司联系,取得廉价船票,供出入境的乡亲使用。然后又先后在镇隆、东镇及高州、广州湾、吉隆坡等地增设“锦纶泰”旅店,与广州香港和新加坡的连成一线,为往返南洋的乡亲提供沿途服务。对乡亲往来南洋的旅费给予优惠照顾,部分困难交不起旅费的,由锦纶泰无息贷款,到南洋就业后再分期偿还。他虽然自己在南洋也开设有锡矿,但从不以提供路费或就业机会为交换条件,跟乡亲签什么契约。猪仔头不是要因生活所逼下南洋谋生的乡亲签了契约再上船吗?他就公开宣称,凡经锦纶泰下南洋的,借钱不要利息,进矿场或橡胶园之前不用签合同,愿意签才签,不愿意签的可以干零工,所有劳工都是人身自由的。他锡矿的劳工,全部是自由身。凡此种种举动,为那些无法筹集“水脚”(盘缠)的害怕“被卖到南洋”的乡亲提供了便利和可能,受到乡邻的欢迎和好评,通过锦纶泰下南洋谋生创业的“高州人”,特别是信宜人络绎不绝。

渐渐地,锦纶泰成了粤西人闯南洋的中转站,成了广大华侨与祖国、家乡之间联系的桥梁和纽带。善于捕捉商机的李季濂在商行业务原来仅经营丝绸和茶叶的基础上,把家乡的土特产销出去，把外面的日用百货运进来，这样商行的生意更加风生水起了。后来，为了方便侨眷侨属，锦纶泰还兼营起侨汇兑现业务，最终将锦纶泰发展成了集商旅、客运、劳务输出及票号于一体，多行业又自成系统的“跨国公司”了。

李季濂自己呢，也因为竭诚帮助乡亲出洋谋生，渐渐被父老乡亲们视为“民间英雄”。

除了这个贡献之外，李季濂对中国还有另一个特殊贡献——对橡胶树种的引进和试种。

李季濂早在 1917 年受命继续为革命筹措经费，通过老关系重临南洋的时候，就有意想在这边办些实业来支持革命。当时正赶上马来亚殖民当局大张旗鼓地开发橡胶种植，那时候他看好的也是橡胶种植，觉得那些胶园的地理环境与信宜老家的丘陵地带相似，就突发奇想：信宜、茂名的纬度虽然较高（北纬 22 度）但北有云开山脉作屏障，冷空气南下时，经粤北之南岭和粤中之云开大山阻隔，与其它气温和纬度相同的地区相比，还是较温暖的，应该同样适宜橡胶树生长。于是从新加坡运了一批橡胶树苗回广东种植。想着若成功了，家乡种上橡胶，众乡亲就不必漂洋过海的跑到南洋来种橡胶了，政府也可以增加收入。为了这个梦想，他把希望寄托在亲戚兼好友吴柳轩身上。吴柳轩是高州城郊西岸村人，时任高州甲种农业学校（高州农校之前身）校长。吴柳轩将种橡胶的地址选在西岸村西北约两公里的风门坳岭坡，把数株李季濂运回的橡胶苗种上。那个地方人迹罕至，不易受人畜践踏和毁坏。在细心的照料下，竟有三棵橡胶树存活下来。从而创下巴西三叶橡胶树在北纬 22 度成活的新纪录。为后来新中国自力更生发展橡胶种植业打破帝国主义的封锁，提供了有力的参考依据。

在家乡引种橡胶苗虽然成功了，但他觉得橡胶种植周期太长，效益如何也难以预计，就在 1923 年再次南来的时候，把注意力转移到了营利较快的锡矿开采上面了。

李季濂就这样从此结缘南洋，结缘马来亚。直到把自己的儿子也引进了马来亚……

李孝式疲倦地靠在机舱的椅背上，脑子里全是父亲李季濂的故事，眼前浮现出的全是父亲李季濂的身影。

专机机舱内安静极了。代表们都闭着眼靠在椅背上养神。旁边的东姑已经睡着了。

舷窗外，是空濛的云团，那么的苍茫而缥缈。他的目光穿过无垠的长空，越过父亲的背影，完全是无意识的，让记忆的思绪继续往前，再往前……

第二章 童年的迁徙

1. 襁褓中的迁徙:从信宜到广州

1901 年,光绪二十七年,人祸与天灾交替出现。

《辛丑条约》的签订,严重损害了国家的主权,慈禧太后“量中华之物力,结与国之欢心”的丧权辱国的承诺,让清政府完全沦为成了帝国主义统治中国的工具。

这一年,在广东偏远的山区信宜,出现了前所未有的大饥荒。庄稼颗粒无收,街市上随处可见沿街乞讨衣衫褴褛的乞丐,老的小的都是一脸菜色和绝望。插着草标等待被卖的女孩儿被带走的时候,只给家里换来三天的饭钱。

镇隆大路街的李家院门外临时搭建的施粥棚里,已经抬进去第十桶粥了,依然被围得水泄不通。

1 月 9 日,也就是农历十一月十日晚,刚从好不容易从阵痛中消停下来的妻子房门外离开回到书房的李季濂,一坐到太师椅上就忍不住打起瞌睡来。他是累坏了。妻子甘固真是头一胎生产,肚子已经断断续续的疼了三天三夜了。产婆检查后说,一切正常,可能是时辰未到。真是个不消停的东西!还未出世就折腾得全家上下不得安宁。管他是男是女,出来了先赏他一巴掌再说。

李季濂懊恼地想着,迷迷糊糊中忽然听见有人在耳畔说:“生了!老爷!老爷!生了!”睁开眼,原来是管家老李在向他报喜,只差动手摇他了。

“什么老爷生了!没长眼的东西!”

“瞧我都老糊涂了!是太太生了,是个少爷。”

“生啦?”李季濂一跃而起,孩子似的往卧房奔去。

这个孩子就是李季濂的长子李孝式。

李季濂真的一巴掌拍在小东西的屁股上。原本哇哇大哭的李孝式一下子就安静了下来。

那一年,作为一个封建帝国的大清朝,大厦将倾的背影正渐渐远去。

李孝式出生三个月后，李家举家迁往广州。

这次迁徙，与两个人有密切的关系。这两个人都是当时深深影响过中国时局的，这两个人就是李孝式的堂叔公李怀霜和姑父杨永泰。

孝式满月的时候，李葭荣(1910年更名为李怀霜)专程回乡祝贺，还给李季濂带回了他自己做序的吴趼人揭露封建社会的小说《二十年目睹之怪现状》。并问他是否有意去广州发展。

李葭荣也于这一年中试举人第三名，一直致力于文学创作及文化事业。他加入进步文学团体"南社"，写下章回小说《炙蛾灯》等作品，与晚清著名作家吴趼人(笔名"我佛山人")交往甚深。1909年，他与吴趼人、卢伟昌、郭健霄等在上海组织"两广同乡会"并创设"广志高等小学"。孙中山组织中国同盟会不久，李葭荣便加入该会，追随孙中山从事民主革命。1910年3月，他与同盟会员夏重民等邀汉冶萍公司股东粤人陈芷澜出资，在上海租界望平街创办《天铎报》，他任总编辑，更名为李怀霜。《天铎报》开始以商业性报纸的面目出现，不久便积极宣传民主革命，与于右任、宋教仁主办的《民立报》相呼应，成为同盟会在国内的两大喉舌。1911年清政府策划将中国的铁路权出卖给外国人，李怀霜主编的《天铎报》发表了青年文人陈布雷致当时《中国新报》主编杨度的书信，抨击清政府出卖中国经济利益的行径。同年10月10日，武昌起义爆发，各省纷纷响应，帝国主义者却把军舰开进长江，企图干涉这场革命。当时在帝国主义势力很强的上海，许多报刊仍对武昌起义持反对态度，把革命军称作"逆军"。《天铎报》则以《谈鄂》为题，连续发表十篇时事评论，旗帜鲜明地支持武昌起义。这十篇评论连续刊出之后，大长了革命者的志气和信心。刚刚就任中华民国临时大总统的孙中山用英文写出《对外宣言》，派外交总长王宠惠专程从南京带到上海，交由《天铎报》译成中文，次日便在《天铎报》独家首发。除此之外，李怀霜还亲笔撰写了大量时事评论，为辛亥革命大造舆论。袁世凯上台后，李怀霜继续以《天铎报》为阵地，刊登大量宣扬民主革命的文章，与袁世凯窃国的罪行作针锋相对的斗争。1913年3月，宋教仁被暗杀于上海，他又不顾个人安危，写下《宋钝初先生诔并叙》，高度赞扬了宋教仁的业绩，表示自己坚持革命的决心："君骨可朽，吾头可断，此恨不遂泯也。""先生往矣，国命如何？茸茸伊发，历历楚歌。吾种不忘，朽腐其芽。"激愤之情，溢于字里行间。袁世凯对他和《天铎报》的反袁言论又怕又恨，于1913年8月25日下令封禁了《天铎报》，李怀霜被迫亡命海外。1917年，孙中山在广州成立护法军政府，并亲任大元帅。为了从舆论上大力支持孙中山的护法军政府，当年冬，老同盟会员甄亮甫与军政府陆军部次长崔文藻出资创办《珠江日刊》，又是李怀霜出任总编辑，继续为孙中山领导的民主革命出力。在他主持下，《珠江日刊》积极宣传民主，揭露军阀暴行。1918年4月，政学系头目李根源勾结桂系军阀莫荣新，排挤孙中山，囚禁了军政府陆军部长，杀害了陆军部次长崔文藻。李怀霜立即以《珠江日刊》为阵地，公开揭露这一阴谋，并将李根源劫夺地盘、把持税收的劣迹公之于众。李根源、莫荣新恼羞成怒，采取各种恶劣手段打击李怀霜及甄亮甫。甄亮甫见势不妙，秘密潜匿。在这种情况下，李怀霜只好停办《珠江日刊》，并冒着生命危险办好报社财产转让手续。1929年，李怀霜任江西省政府秘书。陈济棠统治广东期间，李怀霜在第一集团军任少将主任秘书，这期间他常为广州《民国日报》撰写评论。1935年，他前往西贡、星洲慰问华侨。在西贡到星洲的途中，他回顾辛亥革命以来二十多年的经历，想到当前的国难，无比感慨，于船上写下《"九一八"四周年纪念日发西贡赴星洲》诗："新恨阗腔访昔游，巫风印俗上心头。敢夸异表云中鹤，未拟同情海上鸥。裂土存孤开国史，结金称叔莨臣谋。廿年前后兴亡话，付与天南一叶洲"……

这就是李孝式的堂叔公李怀霜革命一生的大致情况。他的经历和精神，在一定程度上影响了李家父子的人生抉择。

李怀霜离开不久，一年前全家搬往广州的杨永泰也写信给李季濂，问他可否往广州一聚，看看外面的环境，能不能做些生意什么的，说自己有很多朋友，可以介绍给他认识。收到杨永泰书信的那一天，李季濂彻夜难眠，望着熟睡中的妻子和儿子，心中忽然冒出一个决定：去广州！

他记起妻子曾委婉地跟他商量要卖田了，再呆下去，怕真的要坐吃山空了。所谓树挪死，人挪活。穷则变，变则通，通则久。这样的道理是放之四海而皆准的。就投奔堂叔和妹夫去吧。即使做不到轰轰烈烈，大丈夫最起码要让妻儿家小衣食无忧啊。

他摇醒妻子，兴奋地将这个已作出决定的想法告诉她，连说服她的理由都想好了。没想到原来迷迷糊糊动都懒得动的甘固真一听马上坐了起来，半晌才说："村子里但凡有出路的人都出去了，这地方山多田少的，就算是张、黄两家也不过如此，何况咱们呢？"妻子提到的张黄两家都是信宜有名的地主。

"这么说，你是赞成了，我还怕……"李季濂一把搂过妻子，一下子无比激动起来。从妻子怀孕第五个月开始，直到现在快一年了，他们居然没有亲热过。

妻子有些惊诧地望着满脸潮红的他，娇羞地说："孩子在呢，会弄醒他的……"

"明天起让他跟奶妈一起睡吧……"夫妻俩从未如此尽兴过。

半个月后，他们一家三口，连同奶妈林姨和一个常年跟随左右的伙计小李子一行五人租了辆马车出发了。老管家留在家里看房子，其他人都遣散了，田地都托付给叔伯兄弟打理。

2. 从广州到香港

李孝式五岁的时候，李家的第二个儿子孝武三岁，女主人甘固真第三次怀孕了。甘固真托人从乡下请来了一老一少两个女佣和两个中年男帮工，都是刚刚失去土地的佃农。并将隔壁闲置的房子租了下来。

凡是与家里有关的事情，都是她一力做主，李季濂每隔半个月会将生意上的账目给她过目。在李孝式的印象里，母亲甘固真仿佛从来没有停下来过，家里的下人也从不见闲下来，总是有干不完的活，回不完的事情。而母亲不仅不显疲累，反而更加面色红润、神采奕奕。

不管多忙，甘固真每天都会在清晨和傍晚抽出半个小时教儿子读书写字。督促李孝式读《三字经》、《幼学琼林》和《诗经》等古书，早上教他念的内容，晚上就要会背，早上教他写的字，晚上就要会默写。没有多久，原本冷清寒碜的宅院，就变得富丽堂皇起来。外出香港和新加坡押货的李季濂，回家差点以为走错门口了。

李季濂按照南洋华侨老板的要求，将丝绸和茶叶亲自运到香港和新加坡，因运输不畅在新加坡等了一个多星期，费时花钱不说，还急坏了身怀六甲的甘固真。

李季濂回来后，甘固真立即建议他在香港和新加坡开设“锦纶泰”分号，这样不仅方便货物周转运送，还可以视环境扩大经营，将锦纶泰的名号打出去。

他将夫人的建议告诉李怀霜，李怀霜连说“好主意！难为她一个女人家能想到这一层。”于是由李怀霜亲自出面，跟杨永泰一起动用各种关系将锦纶泰扩展到了香港和新加坡，他这几年来赚的钱几乎全投到开设分号上面了。增开的锦纶泰不仅成了货物的中转站，也无形中帮革命党人开拓了联络通道。锦纶泰也从此越开越多，业务也越来越广，导致最后成为集商行、旅店、票号（汇兑）于一体的，帮助信宜乡亲下南洋谋生的重要通道。

这件事李季濂自己不敢居功，他逢人便说锦纶泰的开枝散叶是夫人甘固真的主意。

因为有了贤内助的协助，李季濂可以更多时间钻研学问和多帮革命党的忙了。而圈子里的很多熟人和朋友都知道并记住了甘固真的名字。

李孝式九岁的时候，开始进入岭南附小读书。

岭南附小即岭南大学附属小学，是岭南大学基督教青年会会员创办的蒙养学塾。蒙养学塾设施完善，学生有一百多人，教员十多人。岭南大学仿照欧美一些学校的管理方法，在中小学生的管理中，将小学和相当于高等小学的中学低年级编入童子军。童子军意在训练儿童之品性，培养其对户外游戏及户外生活的兴趣，养成严守纪律的作风。岭南大学从创办伊始至二十世纪初，经费除学费收入外，皆来自外国教会和海外华侨捐款。

李季濂原本是要为孩子请私塾先生的，是甘固真坚持将儿子送去学校。李孝式的悟性相当高，很多知识老师只需讲授一次就会牢牢记住，每次考试都是满分。其他同学复习的时候他在预习，老师布置预习的时候，他就看从父亲书房里偷出来的古书，包括《论语》和《孟子》，也包括《三国演义》和《西游记》。那是他最无拘无束的岁月。

李孝式进入岭南附小的时候，小时候抱过他的林云陔考进了两广方言学堂，学习外语和科学知识，并在学校加入了同盟会。当时的两广方言学堂，可谓人文荟萃，革命党人邹鲁、朱执信都在学堂任教，著名林业教育家、林业科学家，中国现代高等农林教育的先驱、后来任教华南农业大学的沈鹏飞等。都与林云陔同一时间在该学堂读书。

林云陔来李家拜访的时候，常常眉飞色舞地讲起两广方言学堂的趣事，听得小孝式羡慕不已，缠着父亲说自己也要进方言学堂读书，学外语。李季濂满口答应，说只要他考得上，哪儿都供他去。唯有甘固真对此保持沉默，她对中国的纷乱局势深感不安，不时流露出要往香港发展的打算。

李孝式最终与两广方言学堂失之交臂。1914 年，他以第一名的考试成绩升入广州中学，第二年，在甘固真的强烈建议下，李季濂为儿子联系上了当时最好的接受教育的地方：香港皇仁(一译皇后书院)书院。

皇仁书院(Queen's College)是香港最早的官立中学,也是香港著名的男子中学,以英语为教学语言。皇仁书院前身是创立於1862年的中央书院(The Central School),孙中山曾于此上课。校舍坐落于中环歌赋街,史钊域博士担任首任校长。当时他还兼任学校督察一职,直至1879年3月,香港政府另行设立教育部门管理香港学校为止。皇仁书院的学生来自世界各地,主要研究中国经典。1884年4月26日,时任港督宝云主持了中央书院新校舍的奠基仪式,孙中山当时也曾出席。到了1889年,位于中环鸭巴甸街的新校舍启用,校名更改为维多利亚书院(Victoria College)。新校舍是当时香港最大的校舍。1894年,校名重新更改为皇仁书院,一直沿用至今。当时皇仁书院主要教授算术、文法及常识等科目,为19世纪末的香港所罕见。渐渐的,书院开始展现其优秀的学术及体育成就,广为公众认识。

这样的早期教育和教育规划,对李孝式一生的发展都产生了非常深刻的的影响。

李季濂重新开始将心思用在新政府的官场上的时候,甘固真却将更多的关心放在孩子的学业上。她亲自到香港了解皇仁书院的情况和环境,并在香港九龙的青山一个叫"梁园"的地方买下了一栋房子。

将儿子安顿下来之后,甘固真以老板娘的身份去锦纶泰"视察"了一番才回广州。

刚一进书院,李孝式就喜欢上了这里浓厚的学术氛围。与广州总让人隐隐感到不安全的气氛相比,香港安宁多了。皇仁书院的确是个可以让人"一心只读圣贤书"的地方。

随后仅隔一个多月,甘固真就跟佣人一起搬来了香港,只留下"小李子"一个人在广州照顾李季濂。

1919年,北京学生运动如火如荼,国内暴力革命风起云涌的时候,李孝式在皇仁书院毕业了。这一次,他自己写信给仍在广州的父亲,提出要去英国留学的想法。李季濂回信让夫人做主。

不是他选择逃避乱世,更不是他没有青年的爱国热情,而是年轻的他理不清救国的头绪,放眼世界,没有一个国家的情形跟当时中国的情形相似,也没有一个国家的改良或革命可资借鉴。父亲李季濂冒着不止一次的生命危险,协助孙中山先生完成的辛亥革命,结束了中国长久的帝王统治,也掀开了动荡不安、群雄并起的苦难一页。这样的现实让他看不清方向,也看不到他父亲曾看到的希望。

李孝式觉得自己最需要最应该去做的是求学。甘固真全力支持儿子出国留学的决定。他没有选择当时很多青年选择的日本,而是选择了世界上顶尖的学府:英国剑桥大学。

李孝式并不喜欢英国的霸道,尤其痛恨英国殖民者在进行资本原始积累的过程中,曾经贩卖黑奴的罪恶行径。他向往的是一个没有战争没有掠夺的和谐世界。但英国在经济、文化和科技以及政治体制方面的成就,还有它的影响全世界的文明,却是他由衷向往的。

曾经的改良派们不是呼吁要"师夷之长技以制夷"吗?这样一个强大而且文明与野蛮并重的、经历了革命却依然保有贵族气的资本主义国家,一定有它值得学习的地方。

第三章　剑桥时光

1. 艾伯特王子

在那次意外之前，李孝式并不知道“艾伯特”的真实身份。

他以三个 A 的优异成绩，通过了剑桥大学严格的入学考试。他怀着满腔的热情和满脑子的好奇，以及为未来人生打下牢固基础的愿望，跨进了剑桥大学的校门。

一切是如此的让他目不暇接。随处可见的古城建筑，门廊、墙壁上古朴庄严的塑像和印章，高大的染色玻璃窗像一幅幅瑰丽的画面……这里的一草一木、一物一景都在向这个来自遥远东方的学子昭示：这是一个让任何人都无法无动于衷的地方。

李孝式选择的是三一学院（Trinity College, Cambridge）。三一学院是剑桥大学中规模最大、财力最雄厚、名声最响亮的学院之一，选择报考三一学院的时候，他就详细的了解过这间学院的历史。

三一学院所在的三一街，据说是英国国王亲自命名的。这条街道也是迄今为止，拥有近800年历史的剑桥唯一的一条以学院名字命名的马路。据学院的历史记载，“三一”的名称来自于基督教的“三位一体”。即圣父、圣子、圣灵三者合一，才是基督教的全部。三一学院是英王亨利八世于1546年创建的，其前身是1324年建立的迈克尔学院（Michael house）以及1317年建立的国王学堂。因为有着如此源远流长的历史，今天学院中依然保留着的最古老的建筑，可一直追溯到中世纪时期国王学堂所使用的学院钟楼，直到今天还在为学院报时。

英国的历史学家称三一学院是亨利八世这位骄横一世、跋扈无双的国王一生中做的唯一的一件好事。遗憾的是，学院建设才一个星期，这位了不起的国王就去世了。后来不得不由他的女儿玛丽都铎继承父业，修建了著名的三一教堂。就在这个教堂的前厅，设立有一个名人堂，里面摆放着六尊栩栩如生的石雕像，他们是被誉为“三一之子”的牛顿、培根、巴罗、麦考莱、魏伟尔和丁尼生。三一学院也因为拥有这些著名的毕业生而声名显赫。

李孝式进入学院后，第一个停留的地方就是这个“名人堂”。他长久的伫立在那些雕像面前，心中的敬仰和感慨无以言表。他知道，堪称“三一之子“的精英远不止这些。在近500

年的辉煌历史里，三一学院培养了31位诺贝尔奖获得者，25位奥运会冠军，5位国家元首。著名的毕业生除了这里的六位伟人之外，还有拜伦、怀特海、罗素、维根斯坦等人。

难怪哈佛说：“三一才是这个世界的学院之父。”从三一走出来的哈佛，在创建了著名的哈佛大学时说的这句话，几百年来已成为三一学生的精神力量。

从名人堂出来，经过大门右侧的绿草坪时，他不期然地抬头仰望那棵枝繁叶茂的苹果树。在三一的传说里，就是这棵树上的一个苹果，落在牛顿的头上，启发他发现了万有引力定律。

李孝式屏住呼吸，深深地感受着这里的恢宏和神秘。

这样的学府是不可以超越的，但是他可以让自己脱颖而出。

李孝式在剑桥的求学时光就这样开始了。

整个经济系里就他一个中国人。其他的多来自英国的上层社会，也有几个来自法国和包括印度的英属殖民地的贵族青年。因为自己感觉太特别加上个子矮，他选择坐在最前边靠墙的位置。坐在他另一边的是一个白人同学，个子很高，尤其在他旁边更显得高。在他的印象里，这个同学从不主动跟人打招呼。特别让他注意的是这个同学说话的语速非常缓慢，像是在斟词酌句似的。他留意到那个同学的钢笔上刻着的英文名字拼出来是“艾伯特”（Albert）。

他并不知道这个“艾伯特”的特殊身份。直到那次意外相遇……

有一次在网球场上，艾伯特不小心将球打到场外去了，绿色的网球刚好掉落在路过的李孝式面前。一个正在做跑步运动的印度裔贵族青年与跑过来捡球的艾伯特撞了个满怀。那个印度青年不仅不道歉，反而转身跑到李孝式跟前，满怀深仇大恨似的一脚将网球踢飞到另一边去，然后“哼”了一声掉头就走。一连串的“意外”，让正在一边漫步一边思考问题的李孝式愣在那里。

艾伯特气得涨红了脸，飞快地用英语骂了几句。李孝式只听清“该死的！”几个词。不过同时他也惊讶地发现艾伯特语速一快就口吃，因为艾伯特说“你”（you）的时候，一连说了好几个。

就在艾伯特又急又尴尬的时候，不知从哪里跑过来两名彪形大汉，一下子将李孝式围了起来，还没等他反应过来就被抓到艾伯特面前，“你这个中国猪，向王子殿下道歉！”

“你才是猪！”李孝式想反抗却丝毫动弹不得，原来那两个彪形大汉都是练过功夫的。无法还手只能还口，“你们才是猪，英国猪！蠢猪！笨猪！该死的猪！”李孝式口不择言地用英语骂着，恨不得自己也有一身武功可以狠狠地教训一顿这两个种族歧视倾向严重的奴才。他平生最恨洋人欺负中国人，或者中国人甘受洋人欺负的样子。

“放开他——不是他！”他听见艾伯特一个字一个字地说道，吐字清晰中透着威严。

“是！殿下！”两名彪形大汉放开他，毕恭毕敬地立在一旁。艾伯特朝他们挥挥手，两人转身就走。

“站住！”李孝式说，俩彪形大汉就站定了，李孝式转过头对被称为“殿下”的艾伯特说：

"你不准备让他们道歉吗?!"

"对不起！我代他们向你道歉!"艾伯特绅士地一弯腰，改用华语说："一场误会，请原谅!"那两名彪形大汉也毕恭毕敬的弯腰致歉之后才悄无声息地离开。

刚才的愤怒莫明其妙地消失了，李孝式忽然好奇地问："你是英国王子?"

艾伯特点点头，说："我就坐在你旁边的，不过你只有上课的时候才在，从不见你在教室里自修。"

"我同时选修了法律课程。"

"哦——你是个很勤奋的中国人。"

"过奖了!"

两个人就这样成了朋友。所有的同学中，艾伯特只主动跟他一个人说话。

李孝式也从那时候开始学习打网球。网球运动虽然在十二世纪就从法国传到了英国，但现代网球运动的历史却是从1873年的英国开始的。那年，英国人沃尔特克洛普顿温菲尔德将早期的网球打法加以改进，使之由室内延伸到室外，成为夏天在草坪上进行的一种体育活动，并取名"草地网球"。同时还出版了一本以《草地网球》为题的小册子，对这种活动进行宣传和推广。这也是后来闻名于世的温布尔登网球赛(我们常说的"温网")的起源。而剑桥大学的网球运动，应该就是艾伯特王子引进来的。

有时候，他们会共同讨论一些问题，多半是经济和法律方面的，也谈艺术、人文和社会科学方面的话题。艾伯特的知识其实很渊博，他特别崇拜自己的祖父，也就是英国最辉煌时代的维多利亚女王的丈夫阿尔伯特亲王，对亲王举办划时代的万国博览会(第一届世博会)的创举赞不绝口并引以为荣。

他是有些口吃，但如果他放慢语速一般很难让人觉察得到。这并不影响他的魅力。

在李孝式后来的人生中，这段传奇式的友谊，一直像福音也像魔咒似的影响着他。带给他荣耀与成功，也带给他误解和痛苦……

2. 多伦·格林的出现

李孝式从一本英国杂志上得知，下午六点至七点是长久记忆的最佳时刻。于是每天傍晚他都带着书本到剑河边散步。他需要争分夺秒地加强自己的英文学习，因为到目前为止他还不会用英文进行写作，而将来毕业时的论文是必需要用英文写的。还有……他觉得自己要学的东西实在太多太多了!

剑桥大学所处的剑桥(Cambridge)，是一个拥有10万居民的英格兰小镇，距英国首都伦敦不到100公里。这个国家绝大多数的学院、研究所、图书馆和实验室都在这个镇上，此外还有20多所教堂。剑河穿剑桥镇而过，剑河的英文名是"River Cam"，也译作"康河"。后来同样留学剑桥的中国诗人徐志摩写的"再别康桥"里的"康桥"就是这里。早在公元前43

年，罗马士兵就驻扎在剑河边，后来还在剑河上建起了一座大桥，这样，河名和桥加在一起，就构成了“剑桥”这一地名。

其实，执世界学术牛耳的两大高等学府：剑桥与牛津，有很多相似的地方，其中最相似的是地理特点：它们都守着一条河。牛津的那一条河，很多人都耳熟能详，就是泰晤士河；而剑桥的这一条，就是“剑河”。

剑河碧水蓝天，美丽幽静。两岸绿草茵茵，花树掩映。是掩卷沉思、漫步休闲的好地方。

这几天，李孝式在河边漫步学习的时候，总是看见一个身穿白色衣裙的女子在河对岸踯躅而行，有时候还对着河面发呆，看着装应该是个英国女子。好几次他都离开了，回头再看那女子依然在河那边呆呆地坐着，让人莫名的替她担忧。

剑河的黄昏很美，河畔芳草萋萋，河中水波潋滟，风光绮丽。美丽的风景更加衬托出那个美丽身影的孤独和忧伤。

起初，李孝式并没有想到自己会做些什么的。他的全副身心都用在功课上，他同时选修经济和法律，这两样东西都是中国欠缺的。中国积贫积弱，要强大起来，船坚炮利固然不可或缺，而经济实力的强大才能真正为百姓带来福祉。至于法律，中国几千年来一直是人治，权力就是法，权力最大的就是最大的法。他希望父亲他们努力开创的新社会会是一个法治的社会。

他希望自己所学，将来能有很好的用武之地，能真正造福于人。

所以他的心思都用在对知识的渴求上。他努力不去想对岸的身影。

这一天，他在河畔边散步边思索刚了解到的英国的历史，思索与英国法律制度有关的一些让他越想越深刻的问题。不知不觉中夜幕降临了，正准备往回走的时候不经意地往对岸望去，却见那个白色的身影依然呆坐在河边。

河的两岸都是树林，这么晚了一个女孩子家还呆在这里不是很危险吗？要是遇见坏人怎么办？得提醒她一下。这样想着，他就朝离女孩很近的河里扔去一颗石子，但女孩并没有反应。

过去叫她一下吧。反正自己一个大男人，天黑也不怕。李孝式小跑着走上桥，跑步到女孩身边。

“小姐……”女孩愕然地抬起头，他却一时想不起该说什么，“天都黑了，你怎么还在这里呢？”刚说出口就觉得有些轻浮，于是又说：“需要我帮忙吗？比如……我可以送你回去。”

“你总是这样向异性献殷勤的吗？”女孩毫不领情。

“对不起，是我……我只是担心你……”李孝式一下子红了脸，很怪自己多事。不过借着微弱的天光，他看清了女子长得非常漂亮，轮廓分明却又不失秀丽的五官，冷冰冰的拒人于千里之外。像极了那些英国男生说的“冷美人”。真是美人面前英雄气短。李孝式心里懊恼，却一点都气不起来，他耐心地解释：“我是三一学院的李孝式，英文名叫亨利（Henry），每天都来这河边散步，这几天都看见你，觉得一个女孩子家这么晚了还呆在这里不安全，所以就跑过来提醒你……你住哪儿，我送你回去吧？对了，我该怎么称呼你呢？”李孝式用流利的英语说。除了回答教授的提问,他还从没有一口气说这么长的英语。

“不用。”女孩用英语说了句“谢谢”之后就站起身,头也不回地往另一个方向走了。走了几步又回头说:“我是格顿学院的多伦·格林(Dawn glen),中文‘黎明’的意思。”

李孝式一直目送“黎明”的背影进入女子学院的校区范围很久,才往回走。

那一晚,他第一次失眠了。

3. 最初的成功和鲜为人知的思想

在所有曾经就读于剑桥大学的华人中,李孝式,也许是唯一一个在学习期间就被所有师生都记住了名字的。

每天早上六点到七点和傍晚的六点到七点,是李孝式固定的学习时间。早上在学院的草坪上,傍晚在剑河边。在剑河边的时候,改为由河的另一边换到河的这一边来了。目的是每次准备回去时不必再绕过来提醒还没有回去的多伦。每次他都是等多伦走了之后才离开。仿佛有默契似的,每次多伦都是在他准备回去时离开。这样他们就连打招呼都免了。

就好像两个毫不相干的人,在同一个时间同一个地点度过了一段没有关联的时光。

李孝式也爱运动,每天早上开始例行的学习时光之前,他会沿着三一学院内那条著名的“庭院跑道”慢跑四十分钟,晚上从剑河回学院之后也会沿着跑道健步走四十分钟左右。有时候,他还会全身放松地站在学院大门口,望着亨利八世的雕像傻笑一会儿,以调节紧张的身心。那尊雕像是威严的国王左手托着一个象征王位、顶上带有十字架的金色圆球,右手却举着一根椅子腿。看起来特滑稽。据艾伯特介绍说,亨利八世右手中握的本来是一根象征王权的金色节杖,雕像竣工不久,不知是哪个玩恶作剧的学生,悄悄地爬上去,把节杖抽出来,用现在的这根椅子腿取而代之。也不知道为什么,几百年来,居然一直都没有人去管它。

每每看着这个雕像,想起艾伯特讲述的“精彩”故事,李孝式都会忍俊不禁,一天的紧张情绪自然的就缓解了。

课余时间除了经常陪艾伯特打网球之外,李孝式还喜欢上了打板球。板球(cricket)主要锻炼手眼的协调能力,是集上肢动作控制能力、技巧与力量为一体的综合性运动。比赛项目为团体赛。是一项崇尚体育精神(sportsmanship)和“公平比赛”(fairplay)的运动。每次同学相约打板球,他都会主动加入,并全身心投入。艾伯特王子曾用中国话笑称他“静若处子,动若狡兔。”而李孝式的个人格言则是:认真地学习,投入地玩。所以他无意间就成了校园知名的板球队员。他带领同学代表学院参加剑桥大学与牛津大学联合举办的板球比赛,很轻松地就赢得了第一名。他的英文名字“亨利”从此被大家记住了,大家也知道了在三一学院有个了不起的中国学生。

然而,所有这些美好而难忘的经历,都不过是丰富他在异国求学岁月中的生活而已。他真正让三一学院师生记住的,是他的法律硕士论文:《<大宪章>的伟大:把权力关进了法律的笼子》。

与其它西方大学“宽进严出”不同,剑桥与牛津都是严进严出,入学不易,毕业更难。剑桥大学向来是以考试制度严格而闻名的,而且每科课程都只考一次,没有补考的机会,考试如果未获通过,其结果只有一个:离开剑桥。每个人的考试成绩出来后,都会先贴在大学评议堂外面的公告栏上,这样谁都能知道你考得怎么样。

所有的考试,李孝式都以优异的成绩通过。很多人就是在成绩公告栏上记住他的名字的。但所有的人都记住他的名字却是因为他的毕业论文。

在这篇论文里,李孝式旁征博引,以详尽的史料和深入的思考,以及娴熟的英文写作方式和不容辩驳的词句,肯定并论证了英国的政治模式和法律制度,是目前世界上依然保有君主和贵族传统的国家中最先进最理想的。李孝式认为人类的政治行为和决策,无论多么高尚、多么有价值,若没有适当的制度制约,都会走向其反面,带来意想不到的恶果。他因此得出“对权力进行制约就成了现代国家的一项基本原则”这一大胆的结论,指出权力制衡的方法就是共和。并形象地解释了他理解的“共和”,就是当冲突各方针锋相对时,不是一方压倒另一方,不是互相恶斗,甚至你死我活,而是互相协商、彼此妥协,寻找双方都能接受的平衡点,从而达到和平的目的。他强调权力就是权力,放在任何人任何政党手中都不会改变它的本质,不会因为意识形态的不同就变成天使或者魔鬼,让权力真正为大众服务的唯一途径,就是对权力的制约。他在论文里准确地指出了“共和”一词最早出现的时间,是在中国的西周时期。“据《史记·周本记》记载:西周时的周厉王暴虐无道、骄横放纵。公元前841年,百姓造反,厉王逃跑,后由召公、周公二相共同执政,故号‘共和’。这里的‘共和’其实已经反映出分享管理公共事务的权力(共)、共同协商(和)的古老理想了……”这一极富历史感的例证,毫无疑问增加了论文的厚重感,也显示了他博古通今的卓越才华。

论文由英国的全称“大不列颠及北爱尔兰联合王国”这一名称引伸开去,由此引出《大宪章》出现的历史背景:1215年,英国各种社会危机不断爆发,社会矛盾激化,一些大贵族以英国国王约翰未能保护封臣和王国的利益为由,联合社会其他力量发动大规模的叛乱,并取得了胜利。然而胜利之后的贵族们并没有废掉国王另立新君,而是一起跑到伦敦,逼着国王签署了他们起草的一个文件——那份文件就是流芳百世的《大宪章》。为了增强论文的趣味性,李孝式还特地在文章里引用了自己依稀记得的《大宪章》的一些条款内容,即许多鸡毛蒜皮的“不得这样、不得那样”限制国王权力的条款。他的“引用”,被硕士学位委员会负责审读论文的教授划上了特别的标记。

英国的国王与议会经过一个世纪的反复冲突,最终在17世纪的时候确立了君主立宪制,成功地实现了君主制与宪政的调和,避免了法国式大革命的代价。有了良好稳定的政治制度,工业革命首先在英国发端,奠定了英国执世界牛耳长达百年的基础……论文最后得出的结论是:“《大宪章》,甚至英国的伟大,就是把权力关进了法律的笼子”。这是一个令所有英国人都骄傲的结论。李孝式在自己的毕业论文里振耳发聩地肯定了英国人遇到君王的恶政时,不是起义推翻国王,用“彼可取而代之”的激进方式改造社会,而是与国王谈判、妥协,通过渐进、稳健的社会改革，推进社会进步的做法。

“这个中国来的学生，比英国学生还要了解英国！”论文答辩结束后，学位委员会的教授们聚在一起，讨论毕业生的分数时，这样评价李孝式。最后一致同意把他的毕业论文编进三一学院自己编印的优秀论文选集里，很多英国学生都是在读了他的论文之后，开始认真的关注起自己国家的历史……

其实，这篇论文不仅在学院里引起了强烈的反响，在写作的过程中，李孝式自己的内心里也经历了深刻的反思——他想起了“父亲的革命”。如果当初，中国真的能如梁启超所说的实行“虚君共和”的改良，像当年的英国一样保留一顶王冠，然后在制度上进行渐进式的稳健的改革，而不是进行在当时的情势下注定无法“彻底”的革命，是不是就可以避免使中国社会陷入致命的混乱，可以为百姓减少许多的痛苦和灾难，他的祖国也许完全是另一个样子……他甚至得出了一个让他自己都不敢想象的结论，那就是：即使没有袁世凯、没有黎元洪，辛亥革命后也一定是军阀混战，各据一方称王称霸，会为了一个宝座一种绝对权力，不惜千万人头落地的。革命可以破坏一切，但不能创造一切！在革命者的眼里，英国的革命是不彻底，然而却避免了太多的流血冲突，让英国社会得以以一种相对稳定的方式进步。毕竟，老百姓最需要的是和平，是过平凡的日子。

李孝式被自己的“思想”惊出了一身冷汗。

然而，历史是不可逆的。历史的洪流滚滚向前，已经不是思想的理性所能阻挡或者更改了。一个民族一个时代的命运，也不是几个思想家就能把握的。更不用说是他一介书生的“胡思乱想”了。

不过，他的这一萌芽式的“思想”，在后来的岁月里，却深刻地影响甚至左右了一个国家的前途……现在，他唯一能做的就是祈祷祖国的革命事业能够尽早成功，祖国的人民能够早日脱离苦海……

短暂的“辉煌”之后，李孝式很快让自己沉寂下来，将心思重新放到经济系的学习上。

1922 年，他顺利获得法律硕士学位。也就在这一年的秋天，他被推选为新一届剑桥牛津同学会会长。这一原本乏善可陈的衔头，在他后来的人生经历中发挥了非同一般的影响。

就在学院为那一届硕士毕业生举行的毕业典礼上，他又见到了多伦。

4. 热　恋

那一天，雨过天晴的剑桥显得格外的清新晴朗。

毕业典礼在剑桥大学的评议堂举行，他们学院被排在第一个举行典礼。

这是一个激动人心的时刻。毕业生们很早就集中在三一学院的礼拜堂，大家都穿着黑色的袍子，时间一到，就迈着整齐的步伐往评议堂去。

毕业典礼庄重而肃穆。手执权杖、头戴方巾的院士，簇拥着一位身着红袍、外裹羊毛毡披的主持毕业典礼的副校长,从评议堂右首的一扇门依次进入大殿。仪式由常务副校长主持,简短的致辞后,由校长——英王乔治五世亲自为毕业生颁发证书。

李孝式是第一次见到英国国王,也就是艾伯特王子的父亲,因为当过水手、喜爱赛艇和体育运动而被公众誉为“水手国王”的乔治五世。国王的个子不高,最特别的地方是他的狮子鼻,一双明亮的蓝眼睛衬托着白皙的皮肤。说话的声音很高,但因为中气足而显得深沉坚定。那天他的身份是校长,所以没有国王的仪仗和派头。站在校长也就是国王左方的礼仪官手持名册,用拉丁文念学生的名字。不知道为什么,整个典礼都要用拉丁文进行,害得李孝式除了自己的名字外,一个字也没听懂。

领毕业证的学生都是四个人一组。李孝式与被念到名字的其他三个同学一起,由学院院长牵着手引到校长面前跪下。院长摘下帽子,向校长深施一礼,然后把帽子扣在胸前,朗声念出一段拉丁文,大意为:尊敬的校长及大学,这几位学生的才能和品德都值得授予硕士学位,在此我可以向您和整个大学发誓。院长退到一边后,他们四个同学一齐跪在校长面前,一人握住校长的一个手指等候国王为自己颁发毕业证的庄严瞬间——那可是国王的手指啊!乔治五世威严地注视着他,用拉丁文说着祝福的话:我以我所拥有的权力,以圣父、圣子和圣灵的名义,授予你法律硕士学位……

国王颁完证书就在校方其他领导人的陪同下离开了。艾伯特王子规规矩矩地站在前排,跟所有其他的人一样,恭敬而面无表情地目送国王离开。

好不容易从眩目而繁琐的仪式中醒过神来的李孝式,意外地看见那个每天在剑河畔呆坐的多伦就站在艾伯特王子的旁边。毕业典礼剑桥大学所有的学院都派代表参加的。

多伦时不时侧过头跟艾伯特王子低声交谈着什么,脸上似乎没有了在剑河边的忧郁。

“你好!我们又见面了。”李孝式走过去,绅士地弯腰。

“你好!祝贺你——亨利!”多伦落落大方地伸出手,“请接受我真诚的谢意!”

“你们认识啊?”艾伯特王子意外地问。见两人都点头,才说:“今天真是值得庆贺的日子,走,咱们去喝一杯!”

三个人像老友重逢似的聚在三一街的小酒馆里。原来,多伦是艾伯特的苏格兰表妹,很小的时候父亲就去世了,母亲性格乖戾,前不久改嫁给了一位英格兰老公爵。多伦不喜欢公爵继父,几乎成了无家可归的孤儿。这也是她这段时间总是一个人去剑河边发呆的原因。

与李孝式一起拿到硕士学位文凭的同学都相继离开学校出去工作了,李孝式因为还有经济科没有毕业所以留在了学校。

从此,每天傍晚的学习时光变成了跟多伦一起漫步的时光。

他们有那么多说不完的话题。她向他倾诉在苏格兰度过的童年时光,那样的充满了幸福又充满了忧伤。他跟她说着童年的广州和香港,还有与英国完全不同的学校教育,她对古老的中国充满了好奇和向往。礼拜天他陪她去教堂祈祷,她则陪他去图书馆,去三一学院的莱恩图书馆。莱恩图书馆不仅藏有古埃及的木乃伊和中世纪的圣保罗信徒的书信手稿等一批珍贵的文物,还有苏格拉底等几十尊西方伟大思想家的雕像。那儿是李孝式除了剑河之外最喜欢逗留的地方。每次在图书馆不知不觉就是一整天。他们一起阅读，一起争论，一起……在这里，理智和情感，学习和玩乐，建筑和风景，欢笑和严肃，生活和艺术，这些在别处对立的对应物，在这里都融为了一体。人与书籍互相支持，智慧与情感携手并行，思索也成为一种热情，辩论也因痴迷而显得意味深长。

那是李孝式一生最浪漫的时光。他打球的时候，她为他加油的热情令所有的男生都嫉妒，常常背地里称他为“矮个子的中国人”。

甚至包括艾伯特王子都嫉妒他。

他们很快陷入爱河，不顾一切地走到了一起。

5. 剑桥出生

“亨利，有人找你，在门口。”这天刚下课，李孝式就听见有人在课室门口叫他。跑到学院门口一看，却见多伦提着行李站在那儿。

“你……怎么来了？”李孝式疑惑地问。

“我退学了……”多伦说，一脸的疲惫与憔悴。

她已经怀孕四个多月了。可李孝式还要等三个月才参加经济硕士学位的考试。多伦只得在校外住了下来。李孝式要自己赚钱来负担多伦的生活费，就在学院谋了份勤工俭学的差事，主要工作是帮经济学院整理从未整理过的档案。

三个月后他顺利毕业，由于在学习及工作上的出色表现，意外地被学校推举为经济学院董事。

早在得知多伦怀孕的时候，李孝式就写信给在香港的母亲，告诉母亲自己和多伦的事情，希望家里同意他奉子成婚。但一直没有收到家里的回信。

孩子出生了，是个男孩。李孝式用自己赚的钱为母子俩请了个女佣，没有长辈的照顾和指导，他给儿子就以地为名取名李剑桥。

这是他们的第一个孩子。

也许是这段时光太美好太难忘的原因，也许是为了在严酷而漫长的岁月里纪念生命中永恒的初恋，李孝式后来的所有孩子，取名字都以地为名。

剑桥出生的时候，李孝式收到了来自伦敦白金汉宫的结婚请柬，艾伯特王子终于跟他追求多年的伊丽莎白·鲍斯·莱昂结婚了。

因为已经在准备回香港了，所以他没有去参加艾伯特王子的婚礼。

6. 从剑桥到香港

李孝式虽然年纪轻轻就学贯中西,但毕竟是受中国传统教育启蒙的,骨子里有着很保守的传统意识。孩子都出生了,一家三口没名没分地住在一起总觉得别扭。于是在剑桥出生三个月后,他在未通知家人的情况下就带着母子俩回到了香港。

尽管很意外,也很不悦,母亲甘固真还是表现出了对他们的欢迎态度,抱着三个月大的孙子剑桥爱不释手。

在多伦用自己学会的有限的广东话向母亲问安的时候,李孝式看见母亲开始认真的打量起这个异国儿媳来。母亲拍着怀里的剑桥喃喃地说:"回来了就好,回来了就好……"

李孝式灵机一动地捧过佣人及时送上来的茶塞给多伦,说:"快向阿妈敬一杯茶,这是中国的传统礼节。"

多伦笨手笨脚地接过,小心翼翼地走到母亲身边,因为不知道而且西方也没有给长辈下跪的习惯,所以只是滑稽地弯着腰说:"阿妈,您喝茶。"

"行了行了,你带他们娘俩去休息吧。"母亲将剑桥递给奶妈,接过茶顺手放在桌子上——按照礼节,母亲要喝下茶才表示接受这个媳妇的。但是她没有喝。

"阿妈……"李孝式忐忑不安地望着那杯茶,欲言又止。

"行了……你先带他们去休息吧。我也累了。"母亲温婉地却面无表情地说。

这一婆媳相见的细节,李孝式一辈子都记在脑海里。

"你母亲好像并不喜欢我。"多伦回到房里就说

"别胡说!"

"是真的! 我感觉得到她不喜欢我。"多伦固执地说。

"你又不是嫁给我母亲的。"李孝式安慰地拥抱妻子,"还有,以后你不要说'你母亲',要叫她阿妈。不管什么时候。"

"不过,她喜欢剑桥。要是她会像对你或者剑桥一样的对我就好了!"多伦看着他,眼睛里有他熟悉的忧虑,"我也要像你一样对她毕恭毕敬吗?"

李孝式的心莫名地沉重起来。自己一定要努力工作,承担起一个男人的责任,让母亲刮目相看,直到因为他而接纳多伦。这个心底的决定很长很长一段时间都鼓舞着他。在香港的日子,就从这种期待和隐忧中开始了。

第四章　梦已逝去

1. 远离官场

“那时候，我们家的好几个亲戚都是国民党的政府高官，我姑公是广东省省长兼财政厅长，当时的广州市长是林云陔，这个林云陔也是镇隆老乡，民国时期曾三次出任广州市长。父亲要是那时候进入政府部门工作的话，我们家现在不定什么光景呢……”

李剑桥说的“姑公”就是蒋介石的亲信杨永泰。蒋介石因为在陈炯明叛变，别人都离开广州的时候，从上海跑到广州，在革命最困难的时候与孙中山并肩作战而深得孙中山的信任，并从担任黄埔军校校长一职开始，一步步巩固自己在国民党及其革命政府中的地位。蒋介石 1928 年北伐统一中国之前，国民党政府大本营一直在广州，特别是广西省桂系盘踞华南时，更是权势如洪，作为蒋的亲信，其权势自然也不在话下。

1924 年前后，李孝式的姑丈杨永泰刚由军政府财政厅长调任广东省省长，按当时的情形，从英国学成归来的李孝式要在政府机构内谋个一官半职，甚至得到重用，是轻而易举的事。但是他没有。

“你好，我有事找你们长官，麻烦引见一下好吗?”

“你是谁啊? 有什么事?”

“我是从省政府那边过来的，有要事要见这里的长官。”

“哦……长官带队外出收税去了……”刚才还一边回话一边打哈欠的小职员，一听他是省政府来的，马上恭敬起来，立刻起身去倒了杯水过来。“可能要晚一些才回呢，您先进里面休息一会儿，长官回来我立即通知您。”

“也好，谢谢!”李孝式就进到里间的会客室坐了下来。

从英国回来后，他就忙着投递求职信，然后呆在家里焦灼地等候回音。

母亲忙着按照父亲临走的交代,与几个锦纶泰的掌柜一起着手开拓旅业和汇兑服务,并派小李子回了一趟信宜,招募愿意赴南洋谋生的劳工。

李孝式很想帮忙的,但母亲似乎并不需要也没有打算让他帮忙。他想帮忙也并不是有意振兴家业,而是觉得母亲太辛苦。他是留过洋的,有自己的理想和追求,能学有所用为更多的人、为多灾多难的祖国服务最好。华人在外受欺凌和歧视,他是深有体会的。就连现在一家人安身立命的香港,这么好的港口和贸易中转站,简直就是个宝岛,本可以为国家创造多少财富却拱手让与外国把持……所有这些都不能想,一想就心疼。

所谓国家兴亡,匹夫有责。父亲给母亲的帐簿上,永远有一笔不动款,是定期转给革命政府的。他非常渴望自己所学能为积贫积弱的祖国尽绵薄之力。他将自己的简历投给了广州市政府,等了一个月都不见回音,又重投了一份给广东省政府,同样如石沉大海。

就在他准备转向香港银行界和法律界谋职的时候,家里的工人却拿给他一封母亲从锦纶泰派人送回来的信。拆开一看,居然是盖有广东省政府大印的一封推荐信,推荐他往海南岛税关任职的公函。

李孝式如获至宝,立即揣着那封信起程往海南岛。

李孝式一直等到中午快下班时,才见到几个穿着税官制服的人赶着一辆马车回来,最后面的一个人还牵着一只羊。李孝式满腹狐疑地仔细看了看马车上的东西,居然全是青菜萝卜水果和米面之类的东西,还有些像是地摊上摆卖的东西。

一个帽子戴歪了的人站在台阶上,大声地喝令:"蔬菜送厨房,水果放会议室去,其它的全放进库房。"

不是说出去收税了的吗?怎么弄成采购了?见无人注意到自己,李孝式跟上那个送菜去厨房的人,问:"你们每次去采购都是全部人去的吗?"

"什么采购,这些都是不交税的小贩被充公的东西!"

"充公的东西?小贩?"老天!他们居然用这种方式去向街上的小贩收税,还拿人家的货物充公!这跟明火执仗的抢有什么两样?这是什么样的政府部门?

李孝式忽然觉得自己像个走错了门拜错了神的信徒。

他怀着悲愤的心情离开了海南岛,回到了香港。

他终于理解了父亲李季濂的失落和两度辞官,以及对孙中山先生的殷殷期待和支持!

其实,当时的政府部门收入极其微薄,尤其在未收回广东省的关税主权之前,很多时候连前线士兵的饷银都发不出。据说在进攻博罗的时候,孙中山急需要十万元的款子给广州的桂军,让他们火速赶到博罗增援,结果财政部长廖仲恺跑到香港来向日本人借了十万元的贷款,才解了燃眉之急。军阀们的军队,没有钱粮就不打仗。1923年底,孙中山强力从北洋政府手中收回两广关税主权之后,革命政府的财政虽有改观,但由于各路军阀自行设卡收费的情形并没有得到整治,加上海南岛天高皇帝远,税务机关无法正常收税就不足为怪了。

税务机关无法正常收税,受苦的自然就成了纳税人。李孝式遇见那样的"收税"的情景也就不足为奇了。然而在研习法律和懂得经济规律的他看来,这一切是如此的不可思议,不能容忍!他是绝对不会在这样的政府部门供职的!

后来,李孝式从母亲甘固真的口中得知,推荐自己去海南,是正担任广东省省长的姑丈杨永泰交代秘书办理的。他从此对这个姑丈也疏远了。

他不知道,急于有所作为的杨永泰,本意就是想派个亲信过去,借此整治海南关税的。这不能不说是个遗憾,毕竟,一心想为国效力的李孝式错过了一次为国效力的机会。可是,如果他真的留下来了,就真的能为国效力能有所作为能扭转时局吗?他不知道,也没有谁知道。因为,历史没有如果。

重新回到香港的李孝式,开始将求职的方向转向香港的银行界。求职信刚投出去一个星期,他就收到了一家银行的回音。

他被一家叫"P&Q"的银行聘用了,因出色的英文表达能力被安排在外汇部门工作。

2. 普通职员的升迁之路

也许是专业对口的关系,李孝式在银行工作简直如鱼得水,游刃有余。工作令他很快忘记在国内求职的不快,让他似乎找到了在剑桥大学时的热情。

他每天早上五点半起床,七点从家里出发乘巴士往银行上班,下午五点下班后才回来。每天最早到办公室,最迟离开办公室,有集体活动时,他永远是最准时的一个。

他在银行里只是一名普通职员,专门负责外汇部的窗口业务。因为会说标准的华语(普通话)、地道的广府话和流利的英语,在顾客中的印象非常好。

虽然没有任何行政上的职务,但李孝式却利用一切机会虚心向资深职员请教,了解"P&Q银行"的历史和银行其它方面的业务,还特地去银行的行政部查找复印所有与"P&Q银行"相关的资料。很快地,整个银行的情况他都了然于胸了。别人常常对他看起来有些"多事"的工作作风不理解,但他自己却觉得很自然,认为了解自己服务的公司及业务,是对工作负责任的表现。

从自己掌握的资料得知,这家银行的业务范围主要包括一般贷款、简单外汇买卖、贸易融资等传统业务,对一些高技术含量、高利润的诸如银行衍生产品、结构性融资、租赁、引进投资、收购兼并上市等业务领域均无涉足。除此之外,他还发现一个很特殊的现象:就是这间原本在英国注册的银行,老板也是英国人,但与银行有业务关系的英国人却极少,仅有的零星几个存款的英国籍客户还是高级管理人士的朋友。银行的绝大部分存款及贷款业务,基本上都来自本港华人以及海外华侨。

一天,他的窗口来了一位中年华人,是银行的老客户张先生。张先生要将好几万港币兑换成内地通用的银元。出于职业道德，李孝式不便询问张先生兑换这么多银元的用途。他记得自己的父亲以前为革命党人筹款就是通过银行兑换币种的。他只是很熟练地计算数目、清点好现金，然后热情地协助张先生包装好。张先生说话带着浓厚的北方口音，李孝式就用标准的普通话跟他交流。也许是语言上的亲切感，张先生匆忙道谢的时候随意说了句："哎！我还得赶往邮局，要是可以在这里直接汇过去就好了……"

李孝式终于忍不住好奇地问："您是要汇到内地去的吧？"

"是啊，汇去上海，生意上急需周转的。"说完就急匆匆地走了，李孝式望着张先生的背影，陷入思索："为什么不可以帮这位张先生将款项汇过去呢？"他开始设想让银行直接汇款的种种可能性，直到下班。

为了解决心中的疑团，他又特地去银行的行政部找到了与"P&Q 银行"有业务联系的其他银行的资料来看，渐渐地，一个可行性的汇款方案就在脑海里形成了。

几天后，银行召开每月的工作例会，李孝式在会上将自己的建议说了出来，立即引起经理的注意。散会的时候，经理要求他单独留下来。经理只会说英语，李孝式就用流利的英语回答他的问话。经理问他为什么会有让银行增加汇款业务的想法，他就将那天的经历以及平时工作中的所见所闻说了，还引用了其他诸如花旗、汇丰等大银行的例子，还特别提出可以跟在上海有分号的渣打银行和在香港有分号的内陆银号合作的想法，还提出了可以面向广大华侨专门增设侨汇服务的想法。经理对李孝式对银行界的了解非常惊讶，结束谈话的时候要求李孝式弄一份详细的发展计划给他，上报董事主席。

第二天，刚上班李孝式就将全英文版的方案交到了经理室。

第三天，李孝式就被从窗口调到了经理身边，担任经理的私人助理。

尽管母亲对他的升职如此之快表现得不以为然，但每天共进晚餐时，眼角眉梢流露出的宽慰却是无法掩饰的，对没有拜过祖宗的洋媳妇也不像刚回家时那么生硬了。尤其对孙子剑桥，母亲不管多忙多累，每天都要抱在怀里逗弄一番，那是全家人最快乐的时光。

后来，在种种大环境的影响下，名不见经传的"P&Q 银行"，虽然因为一些自身的改革有所发展，但李孝式提出的增设侨汇服务的建议，始终因为银行高层对华侨的偏见没有得到实现——新中国成立后的中资银行"香港南洋商业银行"的经营理念，倒是与当年李孝式的想法不谋而合，得到了很好的发展。李孝式也敏锐地感觉到，保守而根基薄弱的"P&Q 银行"要在香港金融界占得一席之地是相当困难的事，就极力促成"P&Q 银行"与背景相似的渣打银行合作。渣打银行是一家历史悠久的英国银行，在维多利亚女皇的特许（即"渣打"这个字的英文原义）下于 1853 年建立。在全球拥有 1,400 多家分支机构，遍布世界 56 个国家。与"P&Q 银行"最大的共同点就是客户结构。渣打银行 1858 年在上海成立第一间分行，是最早在中国设立分行的外资银行之一，也是中国历史最悠久的外资银行，并且从未中断过在中国大陆的业务运营。渣打银行在英国成立，自成立伊始一直到现在都极少英国客户，相反香港地区一直是渣打银行的主要市场。

后来,李孝式要遵从父命往马来亚帮手打理锡矿生意,就辞职了。他离开后不久,“P&Q银行”就被渣打银行收购了。

3. 梦已逝去

东西方文化的冲突是无法避免的。在母亲甘固真的眼里,多伦从里到外都是一个异类。

李孝式的家庭是一个极度传统保守的大家庭,讲规矩讲秩序,父母在子女面前有着不容置疑的权威。在香港家里那间古色古香的客厅里,长辈坐着的时候,除非有长辈的特许,否则,晚辈是不能坐的。仅这条规矩就够多伦受的了,因为她即使是抱着剑桥,“亨利的妈妈”——她一直这样称呼甘固真,没有叫她坐她就不能坐。更让她受不了的是,“亨利的妈妈”似乎从来没有正眼看过她,她跟自己说话的时候,因为身高原因不能做到居高临下,就将严厉的目光投向正前方,让多伦觉得即使客厅里只有两个人在,都像隔着千山万水。还有,“亨利的妈妈”那小得不可思议的脚和那支透着说不出颜色的光泽的烟筒——她居然用那样大的家伙咕噜咕噜地抽烟,难看死了,却反对自己抽英国产的细长的薄荷香烟,还用“轻佻”等带污辱性的字眼来形容她抽烟的样子!“亨利的妈妈”的脚和烟筒,总让她想到“畸形”甚至“不卫生”的等让人不舒服的单词。

多伦穿惯了束胸砸腰的衣裙和苏格兰裙子,特别不喜欢看“亨利的妈妈”和女佣穿的看不出样式的衣服。可是,一次家里来了客人,亨利的姑爹甘兼万(甘尚武的父亲)携夫人孩子来家里拜年,来的女宾都穿着传统喜庆的衣服,“亨利的妈妈”居然让女佣给她送来了颜色鲜艳但在她眼里丑极了的衣服,硬是等她换上了才离开……

“我实在受不了了!”她对疲惫的李孝式嚷着。

回应她的是沉默,或者“请你忍耐些,你早就知道中国与英国是完全不同的……”

“可是,亲爱的,你的母亲是在歧视我,你知道吗?她一点都不尊重我的感受和习惯!”多伦一肚子的委屈和不满,只有在她的亨利面前才能得到发泄。

然而,再厚的砖,磨得多了也会变薄。

面对妻子与这个家的格格不入,李孝式陷入深深的苦闷之中。

天下无不是的父母,他永远不可能也不可以指责自己的母亲,他只能委婉地请求母亲多包容多伦。母亲却明察秋毫地对他说:“我是为她好,她要想在这里呆下去就得先变成这里的人。否则,就算我不管她,祖宗也不会认她的!”

祖宗不认——这个理由曾经拆散了多少纯真美丽的异国情缘!

剑桥一岁半的时候,多伦又怀孕了。不知道是真的水土不服,还是因为长期的压抑或者孕期反应,二度怀孕的多伦脾气非常暴躁,动不动就歇斯底里地冲李孝式吼。

李孝式白天忙工作已经透支了所有的精力和耐心,回到家里最需要的是安静和放松。他知道自己欠多伦的,却对她的困境无能为力。他可以给她足够的时间让她一点一点的适应这里,变成一个中国式的至少可以融入这个家的女人,哪怕要一生一世。

可是,他真的很累。于是难得空闲的时候他就躲进自己的书房里。有时候,多伦会蛮横地踢开他的书房门,莫明其妙地冲他吼:"你在躲我是吗? 躲在这里你就不用假装爱我了是吗?"然后会哭着跑出去。

当他渐渐明白自己躲在书房,会让多伦更加孤独无助就又回到房间并尽量多时间呆在房间里的时候,多伦却开始沉默了。

第二个儿子出生三个月后,多伦带着孩子离开了家。只给他留下一封短短的信,表明自己离开这个中国家庭的决心。

多伦带走的他们的第二个孩子叫香江——用孩子的出生地取名,是他和多伦之间曾经的默契。

许多年以后,笔者在马来西亚采访已经87岁高龄的马来西亚皇室拿督李剑桥先生的时候,他一直说不上来自己对亲生母亲的印象,母亲离开的时候他只有两岁。父亲只给他一张母亲的照片,照片上的母亲是一个非常美丽的苏格兰女子。

采访李剑桥,都是在他那间古色古香的办公室里。曾经有一个时刻,他一直背着我翻找东西,询问之下才知道,他是在为我找他亲生母亲的照片。结果找了很久都没有找到。他告诉我,我们去外地采访的那几天他明明找出来了的。

"也许是我跟她还没有缘分见面吧。"我安慰他。

令人伤感的沉默之后,李剑桥忽然说:"她是个非常美丽的苏格兰女子。"然后翻开手边的英汉字典,给我解释他母亲的名字……

"你父亲找过你母亲吗?"我问。

"不知道,没听他说过。听祖母说,母亲离开后,父亲大病了一场,然后就离开香港到了马来亚……"

李剑桥从此再没有见过母亲,至于与亲生弟弟李香江的重逢,那已经是许多年后的事情了。他一直跟着他的祖母甘固真长大,在香港度过孤单的童年。他在李孝式就读过的皇仁书院读书,回到家里,甘固真又用教过李孝式的方式方法为他补习"古老书"的知识……

"先生,请问您要点什么? 先生——"一句陌生的询问打断李孝式的思绪。他有些茫然地抬起眼睛,依稀看见是专机上的女服务员在为大家分发食品和饮料。他的眼睛有些模糊,半晌才发现是因为眼里早已满含泪水。心口有些隐隐作痛,每一次想起多伦,想起与剑桥有关的往事,他都会心疼。

“先生,您需要帮忙吗?”服务员关切地问他。他摇摇头,为自己的失态感到抱歉,说:“谢谢,请给我一杯不加糖的白咖啡……”

咖啡的苦,缓解了他心里的苦。但他真正想要的却是更清晰的回忆,只有回忆让他觉得温馨,让他可以留住那些不愿忘记的故人故事。也只有回忆,才能让他紧紧地抓住自己曾经想抓住的一切,包括多伦。

咖啡的确让他更加精神起来,思绪也更清晰了。最初的马来亚,像黑白电影里的慢镜头一般,不期而至,如同马来亚雨季里的雨,不容抗拒地淹没了他……

第五章　结缘马来亚

1. 度假的意外收获

李孝式从来没有见过如此大的雨，像是天给破了个洞水从上面往下倒似的，雨点不是落下来而是砸下来的，在地上砸出一个一个的坑，那些坑瞬间连成一片汪洋。

他不想立即去见他的父亲，他住在火车站的铁路旅馆。窗外肆意的雨仿佛在迎合他的心情一般，雨为他隔绝一切，他想就这样躲在雨中的一隅，不思不想，任时光飞逝。

天地如此苍茫无垠，却容不下他和多伦的幸福。他们曾经那么相爱，她却结束得如此决绝。连心爱的女人都留不住的男人还能干什么呢？自己真是无能……

多伦携幼子离开后，李孝式莫明其妙地病了一场。从未休假的他向公司申请了超过半个月的长假，在家休养，跟谁都不说话。就在休假的时候他收到了父亲李季濂从马来亚寄来的书信，要求他来马来亚帮忙。李季濂一个人在异国他乡创业，由于要经常跟英国殖民地当局打交道，而他身边的人英文多不熟练，很多事情都办不下来急需帮手。

从未到过的马来亚，迎接李孝式的是一场漫天漫地的雨。

李孝式整天整天地呆在铁路旅馆的房间里，雨停了依然足不出户也不与任何人联系。直到有一天，他的房间门被意外地敲响。

站在门口的是一个陌生男人，样貌和打扮不像华人也不像英国人。

陌生男人用英语对他说自己是一名经纪，住在这个旅馆，留意他有几天了，有意卖座锡矿给他，问他有无兴趣。

李孝式懒懒的本不想理会，是陌生男人对马来亚充满吸引力的介绍打动了他，觉得自己总不能一直呆在旅馆里，就抱着出去走走的想法随男子到了一座被半途废弃的锡矿场。凭他过去从书本上对马来亚资源环境的了解，他看出了这个锡矿的矿层厚而且易开采，开采价值非常不错，就跟男子聊了起来。

对方要卖6万马币，李孝式横刀一砍，居然以3万元成交了。他就带着买下锡矿的文书去吉隆坡见自己的父亲。

“你来了就好……你来了就好!”经历过大风大浪的李季濂,见到自己的儿子居然一迭声地说,那情景就像他是救星似的,令李孝式意外莫名。

李季濂立即放下手头的工作,跟儿子一起到机场附近考察刚买下的锡矿,言语之间让李孝式觉出,他父亲对他以3万元就买下来那个锡矿感觉非常不可思议。

2010年4月25日,马来西亚的一个相当于中国县级市的地方乌鲁雪兰莪,进行国会议员的补选投票,我们一行:江起林、叶梦明和我,在经历了一连串近三个小时的塞车之后,到达了新古毛高州会馆。会长拿督黎德坤先生见缝插针地为我们安排了一个座谈会,会上,我充满激情地向在座的十多位马来西亚华人同胞讲述了写《南洋纪事》系列长篇的初衷,和对他们积极支持提供相关资料信息的期望。

之后,我还没有坐下来就听见有人说:“李孝式爵士太值得写了,我们国家对他的亏欠太多了!他不仅是我们‘高州人’的骄傲,同时也是所有海外华人的骄傲,值得大书特书的事迹太多了……”

“大家都是赤手空拳下南洋来谋生的,只有他,是带着钱过来投资的。所有的‘南洋客’中,他是唯一的一个投资商。”

……因为大家都要赶在五点钟之前去投票,我们的座谈会只进行了半个小时,半个小时里,大家说的全是李孝式。

只是,没有一个人知道他当年来马来亚是何等的偶然和无奈,是怎样的带着一颗破碎的心来到这里……别人看到的永远只是表面的风光或者传奇,内里的伤痛以及付出的艰辛,永远只有当事人自己明了。

这一意外的收获,让他从此与这块土地结下了不解之缘。

2. 黄金半岛上的泰有锡矿

1926年代,能在英国殖民统治下的马来亚拥有自己的锡矿,除了英国人之外,都是些极有根基或者极有渊源的华裔资本家,而且少之又少。加上殖民当局为了垄断这块黄金半岛上的橡胶和锡,他们需要的只是廉价的劳工,而不是想来分一杯羹的老板,尤其是他们一向看不起的中国人。在他们的眼里,中国来的华工都是老老实实地挖锡米,或者割橡胶的奴隶。

所以,像李孝式这样的“新客”,是断然与锡矿主无缘的。

当时在马来亚颇负盛名的华裔商人陆佑、张郁才,抑或更早的叶观来等,都是被卖猪仔过来,从最底层的劳工做起的。李季濂能一来就经营一个小小的锡矿全凭侥幸,是捡了一个英国人因为招不到矿工而扔掉的小锡矿来干的。因为不熟悉英国的法律及其国民的习惯,差点弄到打官司,结果赚的钱差不多全赔给了那个杀回头的英裔锡矿主,直到拿到了转让的皇家文书才了结——这也是父亲急于让从英国学成归来的李孝式来马来亚帮忙的主要原因。

因此,当李孝式对他父亲说,自己在火车站花三万块钱买了个锡矿的时候,他明显地感觉到了李季濂的意外和欣慰,他甚至敏感地发现自己的父亲眼睛都红了。李孝式很后悔自己居然在火车站呆了那么久,他应该早一些来见自己的父亲。望着父亲李季濂因为过于操劳而显得苍老的面容,李孝式蓦地感觉到自己要真正承担责任的时候到了。

他要做的第一件事,是为这个正在经营的锡矿办好注册手续。在此之前,李季濂为这事已经跑了十多次矿务局,申请却一直没有被批准,具体是什么原因他也说不出个所以然来。

李孝式拿着已有的资料直奔矿务局,面对清一色的白人官员,用流利的英语理直气壮地质问:"这份注册申请书为什么一直没有批准?"

一边说一边将因频繁折叠已有些破损的资料放在最前面的办公桌上。

矿务局的英裔职员还是第一次面对一进门就兴师问罪、而且英文说得这么流利的中国人,一时间都没有反应过来。

好半天,那位秘书模样的人才仔细看了看那份文件之后说:"不是叫你们换成承包合同书的吗?怎么还拿这个来?"

"我们不是承包,是注册。泰有锡矿是我们自己的。"李孝式边说边出示另一份盖有矿务局大印的那份他父亲赔了很多钱才弄到的转让合同,"这是购买合同书。"

那个人又仔细看了看才说:"可是,我们开具给华人的都是承包合同书,对于资本雄厚的华商,我们才给予注册。你们这个锡矿一点资产证明都没有……你还是换成承包合同书之后再来吧!"

"政府有专门针对华人的、注册矿场一定要资产证明的法律规定吗?"

"这……"英裔职员意外地沉吟了一会才说:"相关的法律规定倒是没有。"

"那你就照章办事吧。"李孝式笃定地说,他了解英国人最引以自豪的就是敬畏法律、"照章办事"。"政府应该对在这块土地上投资办实业的人一视同仁,这样才有助于繁荣稳定,请吧……"

李季濂与内弟甘兼万折腾了不下十次的注册申请,就这样批下来了。马来亚有了第一个由"新客"开发的锡矿:泰有锡矿。

望着父亲如释重负的样子,李孝式比拿到剑桥大学的硕士文凭还要欣慰。

他对这块丛林密布,几乎遍地黄金的土地,产生了浓厚的兴趣。难怪大家都称这里为"马来半岛"呢,他查了一下资料,马来语"马来"就是黄金的意思,马来半岛即是黄金半岛。

他对父亲说他想好好地考察一番。李季濂说他自己已经全面考察过了,而且收集了相当多的资料,都放在办公室等他来整理,他直接去上班就行了。

李孝式固执地说他一定要自己去走一走,亲身感受一下这里的环境。然后立即发电报给香港的公司,请求延长假期。

必需充分了解自己所处的环境，对于年轻的李孝式来说，几乎是一种与生俱来的本能。

得到他父亲的同意和资金支持之后，李孝式就带着一大包与马来亚的自然地理以及资源环境有关的资料，一个人驾着车上路了。他循着父亲标注的地图一路前行……

这是一个有着极其丰饶的天然财富的国度，简直就是个天然宝库。这里除了被殖民统治外，没有战火没有纷争，有的只是待开发的丛林，和专心致志求生存求发展的人们。

李孝式每到一处他父亲在资料里提及的地方，都会停下来逗留一天或者两天，用自己的眼睛和感觉印证那些资料提供的信息。

他走的铁路沿线，是建于1885年的马来亚第一条铁路，也是这个国家目前为止唯一的一条铁路。他深深的喜欢上了这里！

他从马六甲海峡折回到吉隆坡的时候，已经是一个月以后了。他用自己的亲身经历印证了古人说的"读万卷书不如行万里路"的至理名言，并深刻体会到个中滋味。

与广袤的大地山川相比，人是如此的渺小，根本微不足道。

李孝式仿佛一夜之间变成了另外一个人。

回到家里，他意外的看见母亲甘固真和儿子剑桥都在。甘固真是来看望丈夫的，当然更重要的是来"考察"李季濂的创业环境，看是否可以做长远的打算。她还带来了"P&Q银行"催李孝式回去上班的电报。这个时候，香港离他已经很遥远了。他寄回了一封辞职信。

李孝式以崭新的姿态开始了与以往完全不同的生活。

没有谁管他，生活却比以前更规律。

李季濂将家安在这个叫吉隆坡的小镇中心，这个后来成为整个马来亚中心城市的地方，现在还只就是个寂静的小镇。他们的家在克慕汀路，是一栋朴素但不失规模的两层楼。李孝式每天早上五点半准时起床，六点半到楼下作为私人办公室的书房，读书看报或者翻阅资料，当然更多的时候是整理锡矿的相关文件、生产计划等。八点钟准时驾车出发往沙叻秀毗邻飞机场附近的泰有锡矿2号矿场，晚上六点才回家，每晚十一点准时睡觉。

"泰有锡矿"这个名字是李季濂依据"锦纶泰"命的名，"泰"就是"锦纶泰"，连在一起即是"锦纶泰有"的意思，有将李家事业延续并让其生生不息的美好愿望在里面。

1号矿场在雪兰莪，李季濂自己在那打理。这两个地方都是雪兰莪州锡矿集中的地区。

李孝式到锡矿正式上班的第一件工作，就是全面的了解自己的锡矿，从挖锡米的最底层角落，到矿沙装船的码头殖民地官员的办公室，再到完全由英国人控制的炼锡厂，他都一丝不苟的走了一遭。为了真正认识锡这种银白色的软金属，他甚至亲自进入到矿洞挖矿沙，与工人一起淘洗，与工人一起在工棚里吃饭。锡矿的每一道工序，每一个工人，每一件设备，他都了然于胸。

3. 儿子是红娘

家里只有一个原先照顾李季濂的男工人，甘固真到来后就包揽了厨房事务。每天，她和剑桥都要等李孝式和李季濂都回家了才吃饭。4 岁的剑桥已经可以跟邻居的孩子一起玩耍了。白天她只需做包括工人在内三个人的饭，早上季濂和孝式分别去矿上之后，她就带剑桥到附近玩。有时候，剑桥跟小伙伴们玩得太入迷了不肯回家，她就自己先回家做饭，做好了饭再去叫剑桥回家。不过很多时候，她做好饭，剑桥已经被邻家的小姐送回来了。

邻家的小姐姓关，关小姐的父亲关远是远近闻名的建筑商人，听说还是名建筑设计师，连马来亚的皇宫都是他设计的。关家与李家只隔了一户人家，关家有个 5 岁的小儿子，剑桥最喜欢跟他一起玩。两个小家伙一起玩的时候，关小姐就在一旁负责看顾。那位小姐甘固真远远见到过，每天都捧着一本书，在离两个小孩不远的地方读，挺安静的一个女孩子，生得漂亮，有大家闺秀的风范。因为对方总是远远的坐在一边看书，甘固真一直没有打上招呼。

这一天是周末，甘固真要给一家人加菜，一个人忙着就忘了去叫剑桥。李季濂回来见晚饭都还没有好就进书房去了。

关小姐牵着剑桥的手一直将他送到家门口，刚好遇见回家的李孝式。出于礼貌，他停下来跟对方打招呼，抚摸着小剑桥的头却看着关小姐问“是这位姐姐送你回来的吧？”关小姐羞涩地点头，“太晚了，太太又忙，我就送他回来了。”

“哦……我该怎么称呼你呢？”

“姐姐姓关，叫采莲。”小剑桥乖巧地代答，“我说得对吧，关姐姐？”

“对，小剑桥真聪明。”关小姐也怜爱地摸了一下剑桥的脸，“姐姐要回去了，剑桥再见！”

“关姐姐再见！”

关采莲已经走远了，李孝式还呆在那里。直到剑桥拖着他的手进屋才回过神来。多伦之后，他已经很久没有这么留意过异性了。他以为自己的初恋已经耗尽了一生的耐心和情感，内心深处再不会因为任何人兴起波澜。

“奶奶，我们回来了！”剑桥一进门就喊。

“又是关姐姐送你回来的吧？”听见声音迎出来的甘固真问，看见孝式又说：“你替我谢谢人家没有？”

“对了，爸爸刚才忘了说谢谢呢！”剑桥忽然想起来似的说。

李孝式这才想起自己真的忘了说谢谢了！真是失礼！“刚才太突然了……下次见到再补吧……”李孝式不好意思的说。这种失礼的事情于他还是第一次出现，可能是工作太忙了吧。吃饭的时候他想。可是一直到睡觉前，他的脑海里居然还浮现出那个女孩子的身影，她娇羞的那一点头，还有她融进夜色中的我见犹怜的背影……

他觉得很意外，是自己的心没有死还是沉寂的心又在复活呢？这是一个与多伦截然不同甚至完全相反的女子，如果把多伦比做“夏花”，这位关小姐就是“秋叶”。

他强迫自己不去想这些。毕竟，自己已经年轻过并且犯过年轻时的错误了，大丈夫要先立业然后才成家的，他不能再放任自己。

然而，甘固真却留了个心眼。她再也不去叫剑桥回家了。

于是几乎每天，李孝式都会在自己的家门口遇见关采莲，每一次他都注意到关采莲手里拿着一本书，每一次他都要对她说谢谢……关采莲依然会羞涩，不过已比初见时显得落落大方了。

“我当时只有几岁，那时候是住在金马律附近的克慕汀路，就在现在镒记咖啡茶店斜对面，我的家和杜藩（马来西亚对‘敦’之夫人的尊称）关小舫（关采莲的大名）的住家只相隔一间。我常常在大街上跟邻居的小朋友玩耍，杜藩只有一位兄弟，每次玩耍后，都是杜藩带我回家。她常常遇见从矿场回家的父亲，杜藩年轻时是个美丽的少女。”

1998年雨季的一天，李剑桥在接受《南洋商报》的记者李丽萍为写《大家族系列之高州第一爵士》而进行的采访的时候，这样回忆父亲与继母关小舫相遇的往事，在他的记忆里，那是他父亲最甜蜜的一段时光。

“我介绍他们俩认识，杜藩常常拿着书本经过我家，他们认识不久就相爱了。”

亲生母亲带给父亲的伤痛和遗憾，随着关小舫的出现，正一点一点的淡化……

这样“相遇”了一个月后，甘固真背着父子俩去关家提亲了，回来后才告诉李季濂，两方的父母都同意了才告诉李孝式。

典型的中国式的联姻方式。

甘固真并没有回避他儿子的过去，她对李孝式说，只要他在父母之命媒妁之言的规矩下成了家，他再去找回剑桥的母亲都没有关系，只要她愿意回来，李家就认她！

李孝式无话可说。

李家为长子李孝式举行了隆重的婚礼，邀请名单都是甘固真在征求了李季濂的意见后，跟在吉隆坡商界根基深厚的亲家关远亲自商定的。一直与李季濂一起为生意辗转各地的李孝式的五舅爹甘兼万为他们主婚，婚礼上衣香鬓影宾客云集，来的都是以华侨为主的名媛巨贾及各界知名人士，还有好几位英国殖民地当局的官员和社团领袖。有什么比这样的聚会更适宜联络乡情和友情、巩固或延展人脉关系的呢？

当爱情远去之后，李孝式找不到理由拒绝这样的联姻。更何况他的结婚证上署名“关小舫”的新娘，是如此的艳压群芳，在最大限度上满足了一个男人的虚荣心。他唯一能做的，就是在这个以自己为主角的社交场合尽力展示自己的魅力和风度，为将来的事业发展巩固社会基础。

1927 年的春天,李孝式的第三个儿子,他与关小舫的第一个孩子出生了。没有征求任何人的意见,李孝式给他取名吉隆。并且在满月酒上郑重申明,以后的孩子都以地名命名。

甘固真亲自伺候媳妇坐完月子,然后又张罗给家里多请了一名工人,将这里的一切都安排妥当才带着剑桥离开。

他们在香港的家,以及香港和中国内陆的生意都需要她,还有剑桥也到了上学的年龄……种种原因促成她必须回香港,与奔波半生的丈夫两地分居。

第六章　风雨南洋

1."他们只认商界领袖"

"你还是去找你们的华人商会吧。"

"这应该是矿务局才有权批准的啊。"

"我是在告诉你解决事情的办法,是在给你帮助!"

"谢谢!可是……"李孝式还是第一次遇到如此棘手的问题,他父亲花了几万块钱托朋友从德国购进的三部过滤矿沙的机器居然不能使用,不是机器的问题,是弄不到使用许可证。

英国政府对工业生产有许多严格的规定,那些规定在他们统治的殖民地一样要执行:所有的机械在购进之前,就要将其制造原理及图纸上报给殖民部的专门部门,审核符合标准后再批准购回,购回后要由专门部门试用通过后才发给该机器的使用许可证。没有使用许可证的机械是绝对不能投入生产使用的!而购买之前没有得到批准的,机器买回来连试用的资格都没有。其先后程序也不可以"颠倒",否则即触犯了英国法律,后果是相当严重的:轻则对当事人处以罚款和监禁,对受牵连的官员给予处分甚至撤销职务,重则永远吊销营业执照甚至被驱逐,对撤职的官员永不续用。在英国,是没有人敢以身试法的。

这样做的目的是为了从源头上防止安全事故发生,这样先进文明又严谨的做法,也只有在英国这样的先进国家才行得通。这样的法律规定,李孝式当然是举双手赞成并支持的。

但是,他的父亲李季濂在购进那三台机器的时候,并不了解这些规定。李孝式自己呢,虽然了解英国是个法律制度极为严谨的国家,有着任何人都照章办事的良好习惯,只是具体到工商管理,他也还是第一次真正领教制度严明的牢不可破!他完全理解办事员的好意,这个办事员吉米前不久代替其长官参加过他的婚礼,见识过华侨界的繁华才对他礼遇有加的。吉米的意思是,让他通过华人商会的领袖人物或知名人士的关系,向德国机器生产厂家弄到机器生产构造图和原理说明,然后再以华社组织的名义跟矿务局交涉……

"殖民部向来都会看你们商会领袖的面子,你赶紧去试试吧!OK?"吉米无奈地摊开双手，李孝式只得离开了。只是，他的父亲并未加入任何华人社团，吉隆坡也没有华人商会之类的组织。李孝式不得已找到了刚成立不久的雪兰莪中华大会堂的总务兼代会长、在婚礼上见过、同样经营锡矿的富商张郁才，专程拜访开门见山说明来意，并当场拿出购买机器的票据。

张郁才不愧是有口皆碑的商界领袖，当即答应全力帮忙。张郁才以雪华堂的名义，按李孝式提供的厂家地址寄去了一份夹带有票据复印件的公函。德国那边很快寄来了相关的图纸资料。随后，张郁才又亲自出面前往矿务总局进行交涉……

机器很快进入试用。令李孝式焦头烂额的事情，终于得到了圆满解决。他也亲身体验到了在异国他乡同胞情谊的珍贵，还有华社存在的重要性和必要性。他想起了他的五舅爹甘兼万说起过的另一个华侨橡胶园主陈永昌讲过的一句话："在英国人眼里，华侨都是劳工，是没有任何地位的，他们只认商界领袖。"陈永昌的胶园注册的时候，也是通过当地的华人会馆出面才办成。

不过让他意外的是，他居然在矿务总局遇到了自己剑桥大学的同学詹姆斯。詹姆斯是吉隆坡卫生局首席委员，卫生局是殖民部专门成立的行政部门，代表市政府行使管理权力。詹姆斯因为回国休假错过了他的婚礼，之前他并不知道结婚的是李孝式，他一直记得几年前李孝式就已经跟多伦生活在一起。

"你的妻子不是多伦吗？你怎么又结婚了？多伦呢？"詹姆斯口无遮拦地问。

"她……"李孝式尴尬地不知如何作答，幸好同行的张郁才及时转移了大家的注意力。

詹姆斯善解人意地没有继续追问，等到他们办完事离开的时候才说："好几个同学都在这边呢，都是英国政府委派过来的。准确地说都是被咱们的同学格里菲斯委派过来的。"

"格里菲斯？他……"

"格里菲斯是大英帝国的殖民部大臣呢，当年还是你的助手，剑桥牛津同学会你是会长他是副会长之一。想起来了吗？"

"哦……想起来了。他是殖民部大臣？"。

"是啊，什么时候有空大家去喝一杯？"

"这太好了！下个礼拜吧。我安排好了再电话联络。"

这之后不久，李孝式就在张郁才的影响下开始关注起殖民地政府和华人社团来……

英国殖民地政府为了巩固自己在马来半岛的统治，除了委派自己的驻扎官或行政专员之外，还以保留各个苏丹原来的权力和出入的礼仪，以及保证各个苏丹的优厚的经济收入，来笼络当地原来的贵族为其殖民统治服务。当然保留的权力是极其有限的，伊斯兰教以外的行政事务统归英殖民当局总驻扎官或最高行政专员掌管。为了维护当地经济社会的稳定，殖民当局还保留了原有的部落、乡村等行政机构，并任用其原有的官员为次级地方官员。当地的语言和文化也都得以保留和传承。

这也是英国对殖民地的统治方式与法国、葡萄牙、西班牙、德意志帝国和比利时等殖民国家不同的地方。法、葡、西等国，都采取直接统治的方式，尽力将殖民地在政治和经济上与宗主国结为一体，大力灌输宗主国的文化与生活方式，以便同化尽可能多的非洲人，或者至少也要使被统治民族对统治民族产生密切的认同感。当地的社会制度和风俗习惯几乎得不到保存，当地语言在教育系统中很少应用。这些政策的主要目的，就是要使殖民地国家的受教育阶层（通常是当地的上等富有阶层）感到自己的命运与宗主国休戚相关，并摈弃土著生活方式。英国在北美独立之后的殖民政策则采取"间接统治"的方式，设法令殖民地在政治上与经济上达到自立。而这种统治方法无疑更加有利于长久保持对殖民地的控制，并使其即使在独立之后仍愿意与英国保持政治和经济上的联系——这一点在后来的历史进程中得到了证实。这是后话。

为了了解自己正在安身立命的国家历史和现状，李孝式在完成对锡矿的完全掌握之后，开始涉猎与殖民主义有关的知识领域。他的求知欲望与"知己知彼"的习惯几乎都是与生俱来的。李孝式专程去马来亚国家图书馆找到了一本卡尔·马克思1853年出版的《不列颠在印度统治的未来结果》，这本书提出殖民地及殖民主义有"双重使命"：即破坏性使命和建设性使命的观点，居然与他自己的观察和了解不谋而合。

马克思认为，殖民地的"破坏性使命"主要表现在对殖民地传统社会经济结构的破坏上，由于宗主国的政治、经济情况与各个殖民地的历史情况、殖民对象、自然生态条件和社会集团的不同，殖民地所受的影响在质量上有很大的差别。比如，由于殖民，西属美洲殖民地和英属印度殖民地传统经济结构的瓦解和破坏是巨大的。但在热带非洲，除占极少面积（法属西非为8%，撒哈拉以南非洲为5%）的经济作物种植地区外，殖民地的绝大多数地区都保持了原始的农业社会结构。

而殖民地的"建设性使命"，即积极意义，通常表现在宗主国通过向殖民地输出资本、技术，进行建设，为其提供了现代化的港口、道路等基础设施，让殖民地的商品经济也得到发展，城市化步伐加快，在殖民地区兴建铁路、公路、医院和学校，把原本落后的殖民地地区带入了市场经济领域，比较典型的例子如香港。

对于香港，李孝式是深有体会的。这与狭义的爱国主义没有任何关系，即使是在香港生活的曾经的"大清国民"，也远比在清政府的统治下文明自由得多，这是不容置疑的事实。

以他对马来亚的观察和体会，他认为英国对马来亚影响是界于"建设性"与"破坏性"之间的，由于马来亚土著高层的保守和落后，英国对这里的影响，建设性还要大于破坏性。特别是他知道殖民地当局的行政官员多是跟自己一样年轻的名校毕业生之后，他更加肯定了这一点。马来亚的土著贵族官员，怎么能与接受过当今世界最先进教育的知识贵族相比呢？

而英国殖民地政府显然还留意到了一个不容忽视的事实：就是"英属马来亚"是除中国以外，世界上华人人口占当地总人口比例最高的国家（地区），全地区总人口五百多万，华人约占了百分之四十五以上。这一绝对不容忽视的庞大群体的稳定，对整个马来亚的稳定至关重要。

于是，殖民地当局的橄榄枝毫不犹豫地伸向了马来亚上层华侨。他们开始不断地网罗华侨精英分子，最有效的手段是委任有影响力的华侨华人一官半职。

李家盛况空前的婚礼过后，几位参加过婚礼的殖民地官员就及时向当局报告了他的情况。“机器事件”发生后不久，殖民地当局终于派来了正式使者，詹姆斯带着驻扎官邀请他加入卫生局的亲笔信来见他。李孝式婉拒了，他说他来马来亚的目的只是赚钱，协助父亲实现实业救国的理想，对这里的政治不感兴趣。詹姆斯似乎早就知道会被拒绝，同样表明自己的态度说，自己虽然是奉命而来，却是另外有事相商:他们想在吉隆坡搞个校友聚会，李孝式是当年的同学会会长，难得大家相聚马来亚，希望他能应邀参加，最好由他以会长的名义牵头，这样就更纯粹也更有意义。李孝式同样以事务繁忙婉拒了。他才不想出这样的风头，到头来落个殖民地统治者走狗的骂名。

“你上次答应过的，忘了还有格里菲斯也希望……?”詹姆斯提起他在矿务总局办事时的“约定”和在英国殖民部的老同学格里菲斯，试图改变他的决定。

“以后再说吧，我现在真的很忙。代我问候大家，有机会我一定一一拜访!”

詹姆斯只好失望地回去了。

李孝式觉得很对不起老同学，他其实是很珍惜友谊的，但他太了解华侨群体对“帝国主义”的敌对心理，自己在这块土地上根基未稳，他不想冒险。

然而，随后发生的一件事却破坏了他低调做人的打算。

在遥远的伦敦，刚刚度过健康危机、以“超然于党派政治之外，国家事务放手让首相和内阁去办”的处事方式闻名遐尔的乔治五世，为了表示他对组成大英帝国的所有领地的臣民的关心，派了刚确定王储身份的艾伯特王子，访问新加坡和马来亚等英属海峡殖民地。

当局盛情邀请李孝式以牛津剑桥同学会会长的身份，随马来亚总督前往新加坡迎接。在新加坡机场，他被安排站在新加坡总督托马斯爵士和夫人的左边。久违的艾伯特王子在殖民部大臣也是他们共同的同学格里菲斯的陪同下，满面春风的第一个把手伸给他。这还不算，王储居然拒绝乘坐总督署的专车，温和地坚持要坐李孝式的那辆被家里人称为“老爷车”的很一般的私家车……

这两个不同凡响的细节，在王储离开后很快就风一样的传开了。李孝式的名字一夜之间传遍了马来亚和新加坡，很多华侨都引以为荣，并纷纷邀请他出任社团顾问甚至名誉领袖。

连远在中国国内考察的父亲，都写信来询问他是否真有其事，还建议他接受殖民地当局的邀请，接受相关行政官员的委任，以便更好地为当地华侨争取权益和利益。

就这样，当詹姆斯再次以同学身份并且带着格里菲斯的问候来拜访他的时候，他主动提出搞个同学聚会的建议，并立即付诸实施了。之后不久，李孝式就被委为卫生局委员。同时受张郁才、陈永军、朱嘉炳、张昆灵、黄伯才、陈济谋等华侨精英的委托，筹组雪兰莪中华总商会。这时候的李孝式年仅二十九岁，是当局最年轻的华裔官员，也是侨界最年轻的后起之秀。

总有那么多未知而必须知道的领域等待他去探索，并在探索中实践。

为了筹组雪兰莪中华总商会，李孝式几乎找回了所有与会馆有关的资料来做参考。他由此翻开了一部漫长的仅属于华人的“会馆史”……

有不少人都说，有海水的地方就有华人足迹，而有华人的地方便有会馆组织。这既生动地勾划出华裔先辈的开拓性格，也说明了乡团组织对他们在异乡求生存求发展的重要性和普遍性。

几个世纪以来，海外移民有如海上浮萍，孤身漂洋，相逢异地。无论是“金山客”聚集的地球另一边的美洲大陆，还是“南洋客”落脚的东南亚各国，都有会馆。

基于种种原因南迁的马来亚华侨，下南洋之初既没有获得本国政府的保护和当地土酋的协助，殖民地政府和土著政权也不可能主动施予他们福利政策。在人地生疏的异地难免会惴惴不安，再加上中国当时的封建朝廷视他们如弃民，华侨只得自寻庇护，和衷共济，自力更生。为了顺应时势的需要，会馆应运而生。

槟城的广东暨汀洲会馆、槟城嘉应会馆均创立于1801年，马六甲惠州会馆创立于1805年，马六甲宁阳会馆创立于1828年，吡叻广东会馆创立于1868年，太平的广东会馆创立于1887年，都有一、二百年的历史了。雪兰莪、吉隆坡也都应该有属于“高州人”或者广东人的会馆，还要有聚集华商为华侨商业社会发展服务的商会组织。

李孝式召集雪兰莪和吉隆坡所有在当局有注册的华侨社团负责人，商讨筹组雪兰莪中华总商会事宜，同时写信给在中国广西的父亲李季濂，希望他能赶回来指导。并在拟定的董事名单中写上自己父亲的名字，打算推选李季濂来担任总商会会长。总商会成立后再请他牵头成立雪隆广东会馆、高州总会……他的脑海里浮现出许多与自己的父亲、与锦纶泰和泰有锡矿的未来有关的美好场景，他怎么也想不到，这一切仅仅是一些美丽的想象……

2. 有多少爱可以重来

1935年雨季里的一天，李孝式正在矿务办公室专心致志地处理事务，突然被一阵急促的敲门声惊扰。进来的是锦纶泰的掌柜，一身泥一身水，喘着粗气从怀里掏出一封发到锦纶泰的电报。掌柜告诉他，电报一共有两封，一封发给他家里，一封发给矿上。寄给他家里的掌柜已派人送去了。李孝式急忙拆开，上面只有非常潦草的一行字：“父病危，速回。母字”

刚看完电报，办公桌上的电话就响了，是妻子关小舫，告诉他她马上帮他收拾行李，两人在路上会合。

李孝式顾不上收拾就立刻开车冲进雨里，半途遇上雇车赶来的关小舫，她给他送来了路上的换洗衣服和其它必备品。关小舫收到的电报跟他收到的完全一样。

一路上谁都没有说话，他们冒着几乎看不见路的大雨，赶往马六甲。老天有眼，他刚好赶上了马六甲往香港的轮船。什么都来不及交代，关小舫说请他放心，她会处理好这边的一切。

曾经追随孙中山先生革命的李季濂，一直没有放弃报效祖国的理想。孙中山逝世后，国民党的很多元老人物都遭到排挤打击甚至迫害,李季濂曾一度失望,流连于祖国的山山水水以平复自己水火交融的心。

1931年,李季濂终于选择了在广西南丹创办"利物锡矿公司"。为什么选择广西,李季濂是有自己敏锐的眼光和打算的。最主要的因素,除了广西离自己的家乡信宜较近之外,更关键的是广西相对要比广东的环境好。

当时的中国,有两个模范省,一个是山西省,另一个就是广西省。

1929年蒋桂战争,桂系战败;第二年桂系加盟冯阎,与蒋展开中原大战,再败于蒋。于是桂系领导人痛定思痛,卧薪尝胆,励精图治,以求东山再起。自1931年起,广西当局提出"建设广西,复兴中国"政策。由国民党著名将领白崇禧留守,埋头实施广西建设。白崇禧和广西省主席一起,平时身穿一套"广西灰"的制服,腰扎武装带,头戴灰布军帽,脚蹬布鞋,打着绑腿,经常就这样一身装扮去广西民团干部学校演讲。他在演讲中说说:"我们要建设广西,复兴中国,先要巩固下层基础,要巩固下层基础……广西的各项建设,都从下层做起,把一千三百多万的民众,严密组织与训练起来,如身之使臂,臂之使指,在政治上从封建的政治逐渐走向民主化的政治,在军事上能以民团的力量维持全省的治安……"

广西,也因为有着这一段民国期间自治的经验,在后来成为新中国村民自治的策源地。

广西也以这种对孙中山提出的"三民主义"的切实的实践,吸引了壮志未酬的李季濂。李季濂选址南丹的锡矿公司,筹建方案上报当时的广西省政府的时候,受到了热烈的欢迎和大力协助。特别是军人出身的白崇禧,在接见李季濂和甘兼万的时候还亲切地称李季濂为"季濂公"。在探矿和公司筹备期间,李季濂曾坠马受伤,但他矢志不渝,伤未养好又投入紧张的工作。经过几年的不懈努力,终于建成初具规模的大型矿场,产品源源不断地经柳州、梧州水运出口,与大洋彼岸李孝式主理的泰有锡矿遥相呼应。

1935年初,李季濂在内弟甘兼万和女婿梁粤翘的协助下,在广西龙州探明一个水银矿场。为了对广西在乱世之中的蓬勃发展尽自己的绵薄之力,李季濂将这个发现直接报告给了广西省政府,全权交由政府开采,以协助解决就业及财政。省政府对李季濂的一片热诚和贡献给予了高度的赞扬和礼遇。也就是在这个初冬的一天,李季濂与甘兼万和梁粤翘前往大矿场召开公司董事会议,会后还顺道访问了白崇禧将军和省政府长官。就在从南宁往梧州的途中,因为天雨路滑他们乘坐的车遇上车祸,坐在司机旁边的李季濂深受重伤……

李季濂在南宁医治的时候,白崇禧将军曾带领广西政府全体长官前往医院探望病情。由于条件所限,南宁院方建议将李季濂送往香港救治。白崇禧将军又亲自安排自己的军用车一路护送至香港。

李孝式回到香港久别的家,从部队请假回来的他的弟弟李孝威,一五一十的跟他说起他们父亲的光荣经历。李孝威是军人出身,燕塘军校第13期部科毕业,现在是158师上尉参谋,师长是刘栋材。

由于李季濂多处受伤又有严重脑震荡,加上年事已高,终于医治无效。于1936年7月3日在香港去世。

李季濂留下的遗物里，有三本保存完好的书：孙中山著的《孙文学说》、《实业计划》和《建国方略》。书中有多处他的亲笔批注。

李季濂终其一生，都在以默默的行动追随着这位伟大的中国革命的先行者。面对这位英雄父亲的执着和付出，作为儿子的李孝式默然无语。怀想自己童年时在父亲的书房里，为受伤的父亲清理伤口的情景，仿佛就在昨天……原来，父亲定格在自己心目中的形象，是如此的伟大，令他一辈子都高山仰止！他曾经无数次勾画的，与自己的父亲一起在异国的土地上建立商业王国的美好情景，终于只能成为一个永远的遗憾了。

一直在前方指引他的明灯，灭了。

生命是如此的脆弱，有多少爱可以重来？

一切都不可以重来。

从此以后，他必须要一个人面对一切。

吊唁的人们来了又去，没有谁看得到李孝式深深的茫然。过去那些初生牛犊不怕虎的傲然，都是因为身前身后有着一位伟大的父亲在支撑。没有谁能体会他心底的茫然……

弟弟孝威要按时赶回部队。李孝式与 13 岁的儿子剑桥一起，以李家长子长孙的身份，一路护送李季濂的灵柩从香港回到广东信宜的镇隆家乡。那是他平生唯一的一次回到故乡……

三个月后，满身风尘一脸憔悴的李孝式回到了马来亚。迎接他的是一场世纪巨变……

3.“只要有‘抗日’的字眼都不行！”

1937 年 7 月 23 日，中国爆发全面抗日战争半个月后，在吉隆坡最高档次的“黄金半岛”大酒店最豪华的贵宾厅里，一场高规格的宴会刚刚结束。厅内弥漫着浓浓的曲终人散后的残留气息。

今晚的宴会，是李孝式以泰有锡矿的名义举办的，公开的目的是为了欢迎新任警长、他的剑桥校友佩拉克到任。

此时此刻，贵宾厅的休息区里只剩下他跟佩拉克两人了。李孝式熟练地点燃了一支来自古巴的雪茄，递给佩拉克之后才小心地问：“事情真的一点旋转的余地都没有了？”

佩拉克摇摇头，“你们的要求与英国政府的外交政策不相符，英国受战争的伤害太深，对现在的英国政府来说，财政和经济的危险，才是国家必须对待的最严重、最急迫的危险，其它一切都必须让位，必须等待。当然更重要的是，英国已经厌倦了战争。”

“可是……这是纯粹的民间行为，我们会将活动限定在华侨范围内。”

“只要有‘抗日’的字眼都不行！”

“你是说……只要不出现‘抗日’两个字就可以？”李孝式敏锐地抓住佩拉克的英文用词，几乎是急切地问。

“你……你是不是自己想到什么其他的方法了?”佩拉克盯了李孝式一眼,这个矮个子的中国人,向来是钻空子的好手。

“其实我们的目的也不是为了给战争推波助澜,而是为了那些可怜的难民、伤兵……”这样说着,李孝式脑子里的念头已经柳暗花明了……

从香港回来后,李孝式在悲恸中完成了雪兰莪中华总商会的成立,还没有完全缓过神来,他从未好好亲近过的祖国就爆发了全面的抗日战争。虽然早在1931年“九一八”事件发生的时候,他就敏锐地感觉到这一天迟早会到来,但真正到来的时候,还是让他有些措手不及。他没有想到这么快,就要重蹈父亲的脚印。

战争的消息传来,他最先想到的就是刚回到部队的弟弟李孝威,上次回香港,听母亲说镇隆家乡的亲戚给孝威介绍了一个对象,两家正在考虑让孩子们自己见个面。孝威应该还没有见到他的准女朋友吧?想到这个李孝式的心就揪起来了。中国自清末开始老被人家欺负,在国际上的地位太低,连带中国人在海外都被外国人看不起。侵略者打到家门口去了,作为海外的游子岂有袖手旁观之理!所以,李孝式最先想到的是怎么帮上祖国的忙。最初他是想参照“全欧华侨抗日救国联合会”,在吉隆坡成立一个“马来亚华侨抗日救国联合会”的,结果在民政事务局通不过。鉴于环境复杂,他就没有兴师动众地去协调,准备找个时间私下里找殖民地当局的相关官员通融一下,精通法律的他知道,组织要合法,才能名正言顺地放手开展工作。刚好碰上在剑桥大学读书时低他一届的校友佩拉克升任警长,就借庆贺之机找他了解内情、商量对策。原来英国政府因为英国在第一次世界大战中遭受重创,国内普遍存在厌战情绪。为了迎合民众渴望和平的心理,尽快在经济上恢复元气,维持英国在欧洲的霸主地位,英国统治当局对全世界宣称“一切战争都是错误的,任何国家以任何方式诉诸武力都违背人类精神上的和谐与理智”,呼吁“拒绝支持或效力于任何付诸武力的政府所从事的战争。”于是就有了佩拉克的“只要有‘抗日’的字眼都不行”的回答。

现在,李孝式已经想好了可以更换的字眼了,他需要更清晰地理清思路。

“你一定要干的话,只可以从筹赈难民方面着手。”佩拉克打断他的思路,“不过,作为朋友,我真的不赞成你那么干,好好做你的生意吧,中国太贫弱了,需要干实业的人,你可以通过干实业来支持你的国家,不要太多地搀合到战争中去,那是野心家和狂人的事。”

“对了,就成立一个华侨筹赈祖国伤兵难民联合会”李孝式激动地说,他根本没有听清楚佩拉克对他的劝告,转过头才看见老朋友正担忧地望着他。

“亨利,你让我担忧……我不会支持你的!”

“亲爱的佩拉克,没有谁会喜欢战争!可是当有人用刺刀逼着你时,你只会选择退却吗?我只能选择不逃避,我对我的祖国和亲人有责任,换成了你,也会像我一样的!”

佩拉克无言以对。“愿上帝保佑你——亨利!”分手的时候,佩拉克由衷地说。

李孝式刚回到家里,妻子关小舫就告诉他说母亲打电话来了,说剑桥要来马来亚,已经出发了,让他派人去新加坡接船。

“让母亲也过来吧,那边已经不安全了,让母亲将生意交给几个掌柜打理,可动用的资金都转存到花旗银行去,安排好了就过来,我这边走不开,无法回去……”见妻子欲言又止的样子,疑惑地问:“你怎么了? 是不是出什么事了?”

“阿妈说剑桥病了……”

“病了? 什么病? 病得重吗?”

“中西医都看了……就是无端端的发热发冷……不过,妈说剑桥的抵抗力强……”

“明天就叫林管家去新加坡,在码头守着,接到了及时报个信。”李孝式打断妻子吞吞吐吐的话说。真是一波未平一波又起! 国事未了家事又至! “你先睡吧,我还要打个电话。”

李孝式说着就转身去了书房。他连夜拨通了新加坡陈嘉庚家里的电话,跟他商讨成立筹赈会的事……

“在香港九龙有个叫青山的地方,青山上有个梁园,我和祖母就住在那里。日本人打进中国之后不久,中山大学就搬到了香港,我当时就在中大的华侨班读书。在那里读了一年就生病了,学校联络不到父亲就联络祖母,是祖母亲自去学校把我接回家,在路上就不省人事了。”李剑桥在回忆自己来马来亚的经过时这样跟笔者说起当时的情景。

“我的病让祖母急坏了,祖母一个女人家,缠着三寸金莲的小脚四处奔波,要打理广州和香港的生意,还要带着我到处找医生看病,中医西医都找,还要为在内地战场上的叔叔担心,我记得祖母将我送上船的时候都哭了,那时候我还未满 14 岁,就要一个人漂洋过海投奔父亲。现在想起来都觉得有些不堪回首……”说起祖母,年迈的李剑桥不胜唏嘘。

李剑桥的病稍微有所控制后,甘固真就将他一个人送上了往新加坡的船。四天半到新加坡,刚下船就见到父亲派的人,在码头举着写着他名字的牌子在等他。到了吉隆坡,父亲带着他去看当时有名的苏开门医生,给他吃一种据说是世界上最贵的西药,折腾了好一段时间,发冷发热的症状才消失。病好后,父亲就送他进了吉隆坡美以美学校。李剑桥也是从那时候开始才接受英文教育,他是所有的兄弟姐妹中唯一一个在美以美学校读过书的孩子,也是李孝式唯一一个接受过中文教育的孩子。

4. 不仅仅是一千万的抗日捐款

8 月 13 日,李孝式应陈嘉庚之邀前往新加坡,会见侨领李俊成、叶玉堆、周献瑞、陈延谦、李光前、陈六使等人,共同商议成立筹赈会事宜。

同一天,在遥远的祖国,历时 3 个月之久的惨烈无比的“淞沪抗战”爆发了。

8 月 14 日,经过长达一个多月的协商和酝酿,新加坡召开侨民大会,大会成立了“马来亚新加坡筹赈祖国伤兵难民大会委员会”(简称“新加坡筹赈会”),陈嘉庚被推举为主席。会上,李孝式紧随陈嘉庚,签下了每月捐献两千元国币(中国国民政府通用货币)的“常日捐”筹赈协议。当场签下月捐两千的“常日捐”协议的仅他与陈嘉庚两人。其余选择“常日捐”的侨领都纷纷认捐一千到一千五不等,绝大部分选择的是“节约捐”。李孝式临时想到一个问题,顾不上是否轻率就在会上提出建议:为了进一步统一该地区华侨抗日救国活动的领导、规划和行动,应该建立一个“通讯处”。陈嘉庚不愧为成功的商人和侨界领袖,能真正做到从谏如流,立即当众宣布设立“马来亚各区华侨筹赈会通讯处”,作为领导华侨支援抗战的日常办事机构,负责统筹该地区华侨救国工作,并亲自任通讯处主任。整个新加坡的筹赈救灾行动迅速开展起来……

从不习惯激进的李孝式,连夜赶回吉隆坡,以刚成立的雪兰莪中华总商会为基础,率先成立了雪兰莪筹赈分会。紧接着,马来半岛各州槟榔屿、马六甲、彭亨、柔佛、吉打、玻璃市、丁加奴等州也分别成立了各州筹赈会。再接着,东南亚各殖民地国家的华侨,也纷纷成立了筹赈会。

李孝式一口气捐出了六个锡矿和吉隆坡与新加坡两地锦纶泰所有能动资金。在他的号召与带动下,同在吉隆坡创业的侨商陈永,一周内便捐款五十万国币。他的妻子关小舫背着他,跟一群进步华侨教师一起,响应宋庆龄在香港倡导的“一碗饭”运动,去到各个学校联络老师和学生,开展“捐献一个面包”活动,组织进行各种义卖,为雪兰莪筹赈分会筹募义款。他的儿子李剑桥在学校发起的捐款活动中,捐掉了自己所有的零花钱,并向他这个做父亲的学习,向学校表示他每个月都省下两元零花钱捐给学校设立的筹赈点……

他设立在商会门口的捐款箱里,每天清款时都是满满的,全是一元一角的散币甚至硬币。那些在他的锡矿场每天只挣几角钱薪水的工人,纷纷把预备送到锦纶泰去寄回“唐山”(南洋客们对祖国家乡的称呼)的积蓄,通通捐了出来……国家兴亡,匹夫有责。面对那些捧着血汗钱来到捐款箱前,或者他的办公室的最底层的劳动者,李孝式的心被深深地震撼着。他如此真切地感受到了民众的力量,体会到了海外游子对祖国血浓于水的拳拳之心。有着这样子民的祖国,是不可能被亡国灭种的!

雪兰莪筹赈分会,为“新加坡华侨筹赈祖国伤兵难民委员会”筹得义款总共超过一千万元。

这笔钱在当时是天文数字。李孝式的名字以一种无比光辉的形象再次进入公众的视野。而他,看见的是自己的父亲李季濂远去的背影。他仿佛看见当年的父亲,也是这样为孙中山先生领导的革命筹资。尽管他不曾亲历多年前的场景,但他的心真的看见了。

为了加强东南亚地区华侨筹赈会的领导,统一协调行动,李孝式向陈嘉庚建议召开南洋华侨筹赈代表大会,成立一个覆盖南洋各地的筹赈总会。经各地华侨领袖协商,南洋华侨筹赈代表大会于 1938 年 10 月在新加坡召开,参加的有英属马来亚、荷属东印度、菲律宾、暹罗、砂捞越、安南、缅甸、北婆罗洲、香港等地区代表 160 多人。大会通过决议,选举产生“南洋华侨筹赈祖国难民委员会总会”(简称南洋华侨筹赈总会),成立 21 人的常务委员会,其中以李孝式为首的常委委员中,马来亚占 16 人,是南洋华侨筹赈总会的主力。陈嘉庚当选为总会常务委员会主席,委员会办事机构与通讯处设在一起。在南洋华侨筹赈总会的领导下，马来亚华侨万众一心，迅速掀起如火如荼的全民抗日救亡运动。

华侨捐款，是抗战期间中国国民政府财政收入的重要补充，是国家外汇收入的主要来源。据中国国民政府军政部长何应钦的报告，1939 年军费支出 18 亿元，同年华侨捐款和侨汇达 11 亿元。向外国购买武器和军需物资，要用外汇，华侨捐献作用之大是不言而喻的。除了捐钱，华侨还捐赠物资，绝大多数是衣物、粮食、药品、医疗器材，也有飞机、坦克、汽车等武器装备。

从 1937 年下半年起，这些物资源源不断运到中国国内。

李孝式除了全力为筹赈会筹款之外，还率先发起抵制日货运动。最初的起因，是他以商人的敏锐目光发现日本货在马来亚很受欢迎，日本货在马来亚市场几乎无孔不入。对于一个购买力很低的社会来说，相对便宜的日本货无疑是受欢迎的。然而，大家都用日本货，无疑就增加了日本的财力和国力，增加了日本侵略中国的实力。这是断断不能容忍的！他拿出在剑桥大学写毕业论文的激情，一气呵成地写下了简短而极富感染力的呼吁华侨抵制日本货的演讲稿，放下生意和公务，到公共场所进行演讲。刚开始的时候，这种抗日类的活动常常受到警察的干扰和阻止，后来李孝式跟佩拉克打了招呼，从经济的角度解释说抵制日货是为了保护本土商品和英国的货物进口，弄得佩拉克无话可说。最后只得听之任之，以不发生流血冲突为底线。于是，在李孝式的带动下，马来亚抵制日货的运动如火如荼地开展起来了，并连带影响到了日本在马来亚的企业生产……

马来亚新加坡各地的种种抗日运动，有力地支援了祖国艰苦卓绝的抗日战争。

除了工商界的积极支援，马来亚文化界也不甘落后。1938 年开始，中国文化艺术工作者纷纷到马来亚开展文艺宣传活动，鼓励动员华侨支援祖国抗日战争。胡愈之、徐悲鸿、郁达夫先后到达马来亚，积极投身华侨抗日大潮中。特别是徐悲鸿，一到达新加坡就立即勤奋地进行油画创作，多次举办个人画展，以他在世界美术界的崇高声望，为支援祖国抗战义卖献金。

徐悲鸿在得知李孝式筹款千万元的义举之后，特地画了一幅巨型水墨画《破晓公鸡》，签名赠送给他。祖国文艺界的朋友在雪兰莪开展宣传抗日的演出活动期间，李孝式无论多忙都携妻儿前往观看，捐款。他觉得自己生命的全部意义，就在那一次又一次的捐款筹赈等支援祖国抗战的活动中得到体现和升华了……

如果可以的话，他随时愿意为自己不曾好好亲近过的祖国献出一切，包括生命。

“1936 年，他组织雪兰莪中华总会，任会长达 16 年之久。1937 年中日战争爆发，陈嘉庚在新加坡主持华侨筹赈总会，筹义款支援中国抗日，他在雪兰莪组成筹赈分会，筹义款 1 千万元。这笔钱在当年是天文数字……”1998 年 10 月 26 日的《南洋商报》这样追述李孝式当年的筹赈义举。

《南洋商报》是陈嘉庚于 1923 年创办的，抗战前就在华侨社会中颇有名气。抗战一开始，《南洋商报》就以其固有的爱国传统和热忱，大量刊登抗战的消息和评论，对海外华侨的舆论有着极大的导向作用。周恩来曾推荐胡愈之出任编辑主任。在抗战时期,《南洋商报》重点宣传不分党派、不分老幼、不分智愚,以全国为重、以团结为重的思想,深得国内人民和海外侨胞的拥护,被公认为南洋华侨报群之首。

另外,根据李剑桥在亲自执笔的英文版《敦·李孝式爵士》里提供的信息,据日本历史教授哈拉(Hara)的说法:"抗日战争时期,敦·李孝式在南洋华侨筹赈会中是个举足轻重的人物。"

而关于李孝式发起组织的筹赈分会,为祖国抗战一举筹得超过一千万义款的事情,在民间一直众说纷纭,一说是一千万美金,一说是国币,也有说是马币零吉。对此,李剑桥也无从确认,他只记得自己当年在学校捐的都是零吉,同学们捐的也都是马来亚通用的货币。由此不难推知,李孝式筹得的一千万最大可能是马币。当时,马币与国币的汇率差不多是1:10,如此,则相当于一个亿国币了。那对主要因财政拮据而显得艰苦卓绝的中国抗日战争来说,的确是笔天文数字。也有人说,当时马来半岛的商业活动,都以美金为做生意的货币单位……

不管是美金也好,马币抑或国币也罢,筹赈会汇给祖国的每一分钱,都是南洋华侨的爱国热血和赤子之心!更何况,李孝式在抗日战争中对祖国的贡献,远远不止是那一千万的筹赈款呢!

5. 矿工"四眼仔"与"南侨机工队"

"你的车呢?你父亲给你的车,怎么几天都不见你开车了?"这一天下班,李孝式坐着矿上运矿沙的大卡车回家,刚刚过来马来亚不久的甘固真奇怪地问他。

"卖了。"

"卖了?卖给谁了?为什么要卖?那可是你父亲最心爱的东西……"

"卖给一个英国朋友……卖车的钱捐给筹赈会了。"

一听说是捐给筹赈会了,甘固真就不说话了。就在前一天,她看到陪自己出去买东西的儿媳采莲脖子上光光的什么都没戴,就问她怎么不戴首饰,采莲告诉她,孝式发起捐款的时候,她带头将所有的首饰都捐出去了,连结婚戒指都捐了。孝式说等抗战胜利了,再给她买新的……

她还有什么话好说呢?要是季濂还在的话,也不会怪他的儿子,相反只会觉得欣慰的。他们李家,走到哪儿都算对得起国家对得起祖宗了。

李孝式卖掉自己心爱的车,是为了支援即将远赴祖国前线的"南侨机工队"。

南洋华侨对祖国抗日的支援,除了一次次的捐款捐物之外,还直接组织人员回国参战。特别值得大书特书的就是"南侨机工队"。滇缅公路刚完成不久,就要投入使用负起为抗日战争“输血”的重要责任。而祖国由于长期的积贫积弱，极度缺乏经验丰富的司机和修理卡车的技术人员，中国政府向陈嘉庚提出要求，希望能代为召集一些具有强烈爱国心的司机和修理员回国服务。陈嘉庚随即于1939年2月8日发表了《南侨总会第六号通告》，号召华侨中的年轻司机和技工回国服务，与祖国同胞并肩抗战。这个通告很快就传遍了东南亚各地，并且一呼百应。前往报名回国服务的东南亚华侨司机和修理工总共超过3000多人，他们被称为“南侨机工归国服务团”。从1939年2月到1939年8月，南侨技工先后分为九批前往祖国。所有回国服务的南侨机工，都在昆明的潘家湾汽车训练学校进行两个月的军事和政治培训，学习地理、政治、军事、防空等课程。泰有锡矿那个被李季濂从猪仔头手里救回来的张天赐，就是3千多名南侨机工中的一个。

那天，李孝式刚在5号锡矿开完职工动员大会，回到设在1号锡矿厂的办公室，被工友们戏称为“四眼仔”的、李季濂生前在锡矿的得力助手，现在主要负责机械淘洗锡米的张天赐就找了上来。

“老板，我想参加机工队，您帮我报个名吧?”

“你……”李孝式上下打量了这个因为戴着眼镜极不像矿工的张天赐一番，这个小伙子高瘦高瘦的身子骨实在太单薄了，他正打算把他弄到身边做文书工作呢。听老锡工说这个张天赐刚来南洋时是没有戴眼镜的，后来可能是因为水土不服身子骨又单薄的原因，发了一场高烧后眼睛就莫名其妙的近视了。他的那幅眼镜还是自己的父亲李季濂亲自带他去配的。“那可是在九曲十八弯一点安全保障都没有的滇缅公路上、在枪林弹雨中跑运输的，你知道有多危险吗？不是仅凭一腔热血就能行的，得有过硬的身体和本领，你行吗?!”

“我知道那是很危险的。”为了证明自己知道危险，张天赐数家珍似的说开了，“滇缅公路全长1200公里，途中有两座海拔从500公尺到3000公尺的大山和两条大河，且需穿过10多个小镇，道路路面凸凹不平，随时会遇上日军飞机轰炸……”

“既然知道你还报名，也不看看自己单薄得跟扁担似的!”李孝式严厉地打断这个年轻人。抵抗侵略固然神圣，可他最讨厌做无谓的牺牲!

“老板……我已经下决心要回去了，请您成全!”

“我不准你回去！有这份心固然值得肯定，但是，我不会让我的工人去做无谓的牺牲!要报国，途径多的是!”李孝式站起身，预备下逐客令。没想到眼前这个年轻人居然一下子跪在自己面前……

“老板——我一定要回去，我要回去找我哥哥……”

“你哥哥？没听说过你有个哥哥啊，只听说你有条一直没有找到的红腰带。”李孝式想起了他父亲说起过的在船上救下张天赐的经过，很奇怪自己怎么会一直记得张天赐丢失的红腰带。以为年轻人想趁这个机会回国去见赠送红腰带的心上人，却不知又跑出个哥哥出来。

“我们从广州分开后就没有音讯了，听说他去了上海，参了军。他不知道我来了南洋……我母亲临去的时候一再交待我们两兄弟要互相帮衬彼此扶持，永远不要像她跟父亲一样天各一方……”张天赐说着就情不自禁地哭了起来。

“你别哭嘛！快起来，到底怎么回事，好好跟我说说，看我能不能帮你。”

就这样，李孝式听到了老一代南洋客的辛酸史：张天赐的父亲在1910年被卖猪仔带下南洋，在海上遇上风浪，猪仔船上人多，船身颠簸的过程中，很多人都没有挺过去。天赐的父亲在快到达新加坡的时候被扔进了海里。其死讯还是侥幸活下来的同乡在革命党人的帮助下写信回去的时候，将他的红腰带连同侨批一起寄了回去才知道的。张天赐父亲下南洋的时候，哥哥五岁，他三岁。从此张母拖着兄弟俩艰难度日，帮人洗衣服，在街上摆地摊，甚至女扮男装去拉黄包车，带着两个孩子乞讨，什么可以糊口的活都干过。1926年，广州战乱连连，张母在一次背着两兄弟上街摆摊做生意的途中，被军阀混战的流弹击中……临去的时候，张母抓着两兄弟的手，嘱咐他们再穷也不要下南洋，不要去当兵，要平平安安的过日子不要让张家断了后。可是张母一走，做哥哥的就嚷着要去当兵。苦劝不住，天赐就送哥哥上了北上的火车，自己则留在广州老家，靠母亲做苦工时供自己跟师傅学会的修理的技术过日子。有一天在街上摆修理摊的时候被抓了猪仔，在船上差点被当作死人扔到海里去的时候，遇上了好心的“季濂公”……

“我要去找我哥哥，也许只有在战场上才能遇见他，也许……他在前线——他一定上了前线了，我梦见过他！他在前线想家的时候，我会觉得自己离他近一些，即使写了信也能收到看到……我敢保证，这次报名的机工中，没有谁的修理技术比我过硬！我应该把自己的技术用在最需要最有意义的地方，不然这辈子都会不安生的！”小伙子坚定地说。

小伙子说的后一点倒是真的，这个年轻人的修理技术和驾驶技术真的是一流的，泰有锡矿6个分矿里那些从德国进口的机械全靠他维修保养，每次下雨天出货，司机都要捎上“四眼仔”。的确，只有像他这样的机工，才有足够的能力征服那些完全靠人工修建的极为原始的盘山公路吧。

李孝式找不到理由继续劝阻，毕竟现在正是祖国亟需用人之际。“明天，我组织大家专门为你饯行！”

次日，李孝式在1号矿场的空地上为“四眼仔”举行盛大的饯行会。他将家里珍藏的英国红酒拿了出来，招待为了攒钱寄回家里连米酒都舍不得喝的矿工。大家都只是象征性的喝一点，纷纷建议老板将这么好的酒拿去义卖，卖给喝得起这种酒的上等人。还有什么样的情感，比这种对祖国和亲人的牵挂和一片赤诚更纯朴更令人心酸的呢？李孝式惭愧地接受了建议，当场将那些他平时都舍不得喝的酒收了起来，然后大家以茶代酒，为“四眼仔”壮行。

“打完了仗就回来，我原来正打算提拔你做我的秘书呢。”李孝式对激动不已的“四眼仔”说，“找到你哥了就写封信过来，寄到任何一间锦纶泰都可以转到我手上的……”

“赶跑了日本鬼子还要回到这里来，在老板这里赚够了娶媳妇的钱再回去。”

“听说滇缅公路全是盘山山路，四眼仔这么瘦一定要注意安全！”

“四眼仔你把自己养壮点再去吧！打仗可不是闹着完的。”

“对呀，你这么瘦，千万别跟鬼子硬拼……”

工友们七嘴八舌地嘱咐着,个个眼里都满含热泪,有不舍,更多的是担忧。那样的场景,李孝式只有小时候在他父亲书房里读到的文艺作品里才见过。

按照报名的先后顺序,四眼仔张天赐被安排在第二批回国。

四眼仔要跟南侨技工队办事处来接人的车走了,大家默默地跟着他,一直送他到车门前。“不管在哪儿,得空的时候记得联络,把这里当成后方……”临上车的时候,李孝式紧握着小伙子的手,郑重地叮嘱。

“放心吧!我一定回来,我还没有报答季濂公的救命之恩呢!我还要做老板的秘书,跟着老板一起发达……”

四眼仔再也没有回来。直到战争结束也没有回来,连音讯都没有!他在距离昆明不到一百公里的山间公路上,为了掩护跟在后面的车队,把车开进了日军飞机的轰炸区……

据李孝式所知,“南侨机工队”在中方的统计数字多达 3200 名,在一次次艰难险恶的长途运输中,战死、生病和失踪的超过 1 千人。滇缅公路被封锁后,他们有人北上延安,参加了中国共产党的抗日部队,有人西赴印度,在联军的后勤部服务或接受特殊训练后被派往泰国、缅甸和越南等地,从事侦察敌情工作。战后,能够回到自己出生地的南侨机工仅剩 1700 余人。

南侨机工们不仅为祖国奉献了他们年轻宝贵的生命,而且为海外同胞赢得了崇高的声誉。

自从“四眼仔”走后,李孝式几乎将所有的精力都用在为南侨机工队提供资金和物资供应上面,尽一切力量免除这批热血青年的后顾之忧。他真的将家里的酒都拿出来卖了,一听到当局有会议或者活动就打电话给熟悉的当事人,向他们推销自己的藏酒。弄得他的那些英国同学都以为他筹款筹得破产了,穷疯了。那些卖酒的钱,他一分不少地全部捐给了筹赈会。

得知“四眼仔”张天赐还没有回到祖国就牺牲的消息后,他的心,疼得整夜整夜的睡不着。他没有把消息在矿上公布。

直到战争结束,他一手组建的雪兰莪筹赈会,为牺牲的南侨机工队烈士建立“华侨机工回国抗战殉难纪念碑”的时候,才向那些幸存的矿工郑重宣布 5 号锡矿矿工张天赐为国捐躯的消息……同样经过战争洗礼的他为张天赐写的祭文:“祸生陡变,寒身丧谷,为国牺牲,谁不敬服”被镌刻在纪念碑上。

“华侨机工回国抗战殉难纪念碑”的碑文,沉痛地叙述了南侨机工被派送回国支援滇缅运输的经过:“抗战八年,沐风栉雨,备尝艰辛,幸获最后胜利,完成光荣任务,生者固受奖南归,死者则名留史迹。此种爱国精神,至为可风。爰为之铭曰:机工技术,驾轻就熟;机工勤劬,风尘仆仆。机工任务,滇缅往返,不畏天险,褒斜绾谷,祸生陡变,寒身丧谷,为国牺牲,谁不敬服。自来殉国,必有记录,勒诸丰碑,良志芳躅”。

他相信,无论时代如何变迁,历史如何演变,他的祖国永远都不会忘记这块纪念碑上无数个张天赐的名字!

张天赐和他的战友们的英魂,永垂不朽!

是的,他们的确是一群不应该也从没有被遗忘的英雄!

中国人民永远不会忘却南侨机工的丰功伟绩,在南侨机工回国抗战50周年的1989年5月,中国云南省人民政府为表彰南侨机工爱国爱民的历史功勋,勉励后人,特地竖起了“南洋华侨机工抗日纪念碑”。碑文庄重地写道:“……南侨机工沐雨栉风,披星戴月,历尽千难万险,确保了这条抗日生命线的畅通,被誉为‘粉碎敌人封锁战略的急先锋’。在执行任务中,一千多人因战火、车祸和疫疠为国捐躯……以自己的生命、鲜血和汗水,在华侨爱国史上谱写出可歌可泣的壮丽篇章,也在中国人民抗日战争史和世界人民反法西斯战争史上建立了不可磨灭的功勋……”

第七章　烽火前线

1. 天上掉下个“总司令”

“老板公,有紧急电话,说是参政司的……”12 月 10 日上午,李孝式刚刚将最小的儿子裕隆抱上车,家里唯一留下的工人,管家林爱就追了出来。

电话是雪兰莪参政司打来的,通知他立即前往民防总部开会!

李孝式只好将家人交给司机,交待司机一定要将一家老小送上船,并且要在码头上等船开了才可以离开。然后,他急忙赶往会议地点……

李孝式和那些成千上万的南洋华侨们,为祖国的抗日战争捐款都捐穷了,祖国的抗日战争却似乎越打越艰难了。

每天回到家,母亲都会问:“有孝威的消息了吗?”

他已经写过好几封信往重庆,询问父亲的好友、在国民政府核心部门服务的梁宇皋。战争爆发前,梁宇皋曾多次来信邀请他回国为祖国服务,说他这样的人才正是国家需要的。他还没有拿定主意战争就爆发了,他们就失去了联系。他所有询问在前线的弟弟李孝威情况的信件,都如石沉大海。

他不知道,在遥远的重庆,在他等待梁宇皋的回信的时候,梁宇皋也在找他,而且是奉重庆最高当局的密令找他……

“要不,我亲自回去看看吧? 我在行政院和军部都有熟悉的朋友,兴许能打听到弟弟的消息,彼此有个照应也未可知。”李孝式对母亲的忧心感同身受,他也很想回祖国去看个究竟,甚至渴望直接去到前线沙场杀敌。

“你不能回去!”妻子第一个激烈反对,“到处都兵荒马乱的,你要是怎么着了,天就要塌了……”妻子说着就哭了起来,弄得他更加心烦意乱。

“我就是问问有没有威仔的消息,你不要乱想,咱家已有一个在前线了,你这个在后方的也操尽了心,你一直在以另一种方式报国! 这片天就靠你撑着呢! 不止是一大家子,那么多的矿工、伙计都指望着你,你可要好好的留在这,该干什么干什么,千万别起回去的念头! 要回等仗打完了大家一起回!”母亲也激烈反对,生怕他真的要走一样说了一大堆的道理。

“我听说好多海峡华人都去了英国,有的华侨也去了印度,听说日本人要打到这边来呢……”妻子嗫嚅着说,着实吓了李孝式一跳!

“这种消息你是从哪听来的?可别乱讲,会扰乱人心的!”李孝式严厉地打断妻子,然而他自己心里早就存着的一种非常不好的预感,却没有来由的更加强烈了!

妻子马上缄口不言了。这个柔弱的女子,为了每个月都给筹赈会省出他认领的两千元的“常日捐”,连家里的佣人都辞退了,每天自己买菜做饭。像样的衣物都捐到妇女会了,一个曾经在上流社会以美丽优雅闻名的贵夫人,穿得像胶园里的女工,让他看着都心疼。

“你交待锦纶泰的伙计仔细找找,看有没有孝威的来信。”母亲提醒他,“以前在香港的时候,他写的家信都是寄到锦纶泰的。”

“对了,我明天就去问……”

然而,还没有等到锦纶泰的回音,日本人的炮声就传过来了!

1941 年 12 月 8 日,日本偷袭珍珠港的同一天,凌晨,南侵日军强行在马来半岛的吉兰丹港口北沙湾成功登陆。李孝式多日的预感变成了现实。

早在 1929 年的 10 月,美国纽约华尔街证券交易所出现抛售股票的狂潮开始,他就从经济学的角度预见到了世界性的经济危机,而且,那场危机势必会引发世界局势的变化。果不其然,战争随之而来,先是欧洲,接着是亚洲……

从中国抗日战争全面爆发开始,他就开始密切注意国内及国际局势。参政司有的报纸,他的办室都有。1938 年 9 月 29 日,英国首相张伯伦在半个月内第三次飞往德国,同达拉第、希特勒、墨索里尼一起,在慕尼黑举行英、法、德、意四国首脑会议。报纸上说会议从 29 日 12 时 45 分开始,开到次日凌晨 1 时半,四国正式签署了将位于欧洲中心的捷克斯洛伐克的苏台德区割让给德国的《慕尼黑协定》。迫于英法两国的压力,第一次世界大战之后,在英法两国保护下恢复主权,而且与法国签订有互助条约的捷克斯洛伐克,在德国限定的 6 小时内接受了《慕尼黑协定》。同日,英德两国还签署了一项共同宣言,表明决心用协商办法处理两国关系的一切问题,“永远不再投入彼此间的战争”。

《慕尼黑协定》的签订,加强了纳粹德国的经济和军事实力,助长了德、日、意法西斯的侵略气焰。而英国则以对侵略行为的妥协获得了暂时的和平。《慕尼黑协定》签订后,自慕尼黑返回伦敦的英国首相张伯伦,在机场上挥舞着协定得意地宣称:“我带来了整整一代人的和平!”

然而现在,现实却粉碎了妥协者的幻想,相反完全印证了张伯伦的反对者温斯顿·丘吉尔的话:“《慕尼黑协定》是西方民主国家向纳粹武力威胁的‘彻底投降’、‘是英国未经战争而遭到的一次可耻的失败’”。第二次世界大战正式爆发了。

他想起了南洋华侨支持祖国抗战的种种活动在马来亚处处被排斥,许多同胞仅仅因为言辞激进就被两手空空的驱逐出境的情景,想起了自己为申请成立马来亚华侨抗日联合会处处碰壁,好友佩拉克对自己说凡是有抗日的字眼都不行的话……还有 1940 年 7 月,英国为了拉拢日本以保护自己在远东的利益,不顾中国的利益同日本正式签订封锁滇缅路三个月的协定等等,英国政府以不断的妥协,不断的牺牲弱国的利益来换取一厢情愿的“和平”的行径,这么快就自食其果了!不准华侨抗日的马来亚殖民地当局,现在要自己全力抗日了!

其实,日本于1940年强迫法国维希政府允许日军驻扎越南,获得了一条南进的跳板开始,其后又挑拨暹罗和越南战争,于1941年3月借调解暹越战争的机会,和暹罗订立一个协定,把势力进一步伸展到了暹罗。那个时候,李孝式就看清了日本南进的野心。只有依然沉浸在大英帝国旧梦里的英国当局,才傻乎乎地等到日本主战派东条英机内阁成立,通过天皇御前会议向美、英、荷开战的决定时,才如梦初醒。

12月7日,日军在马来半岛北部哥打巴鲁和泰南的北大年(Patani)和宋卡(Singora)登陆。次日凌晨,日军在联合舰队司令山本五十六指挥下,闪电式偷袭美国在太平洋最大的海空军基地夏威夷群岛的珍珠港。同一时间,由寺内寿一指挥的日本南方军40余万人,分兵数路进攻香港、马来亚、菲律宾、印度尼西亚和缅甸。美、英才被迫对日宣战……

虽然早有预感,李孝式还是跟无数居住在马来亚的人们一样,在睡梦中被战争的炮声惊醒。他的第一个反应就是将年迈的母亲和年幼的孩子们送往安全的地方。马来亚的华侨太多了,日本人是肯定不会放过支持抗日的华侨的!所以,马来亚是不能安心居住的了。中国也回不去,即便回得去也没有一处是可以让老人和孩子安居的地方,英国又太远,而且连伦敦英国王宫都正在遭受战火袭击……只有去印度了。

然而一切都是如此的来不及!还没有将家人送出家门口,十万火急的电话就打进了家里。

李孝式匆忙赶到会议地点时,总部门前已经聚集了很多人。殖民地政府的官员和几乎所有华侨会馆的代表,甚至还有一些学校的校长都到了。

会议刚开始就宣布了一项石破天惊的、尤其令李孝式自己始料不及的任命:受马来亚总司令部委托,政府决定任命李孝式为吉隆坡防空总司令。同时决定在民防部之外成立独立的空防部,直接受远东军总司令波樊空军元帅和总司令白思华中将领导。参政司负责上报的机构编制已获司令总部批准,着令他立即组织训练防空指导员和士兵。

听到这个会议宣布的时候,李孝式心底涌过瞬间的茫然:他连从军的经历都不曾有过,怎么能带兵打仗呢?这不是赶鸭子上架吗?然而茫然只是瞬间的,会场热烈的掌声打断了他的茫然。一直在“非法的”环境中支持祖国抗日的华侨们,终于可以名正言顺地跟鬼子真刀真枪地干了!而且还有了自己的领导!怎能不兴奋呢?看着同胞们一个个摩拳擦掌的情景,李孝式在心里暗下决心:一定要用自己手中的武器,让嚣张的、人鬼共愤的小日本从哪来回哪去!将他们全赶进海里!赶回日本!

会议随后颁布了成立民防部医药辅助队等战时机构的命令,并进行了相关的部署。然后传达了来自设在新加坡的马来亚总司令部的指示,以及对战时的吉隆坡进行了相关部署。最后以刚成立的空防部为主,对马来亚当前的局势进行了分析和讨论……

司令部突然决定成立吉隆坡空防部,是为了亡羊补牢。

日军先遣部队在泰国的宋卡、北大年和马来亚的哥打巴鲁登陆成功之后,迅速占领当地机场和克拉地峡,随后兵分三路南下。英军由于司令官之间意见分歧,丧失作战先机而首战失利,节节败退。目前只寄望能凭借马来亚的地理优势比如隘路、河流等阻滞或延缓日军的进攻,以争取时间加强南部防御。日军轮番轰炸新加坡及关丹等英军基地和机场,重创英空军力量。战斗一打响,英国远东舰队旗舰"威尔士亲王"号和战列巡洋舰"反击"号即北上迎战日本海军,最终却因缺少空中掩护于12月10日凌晨在关丹东南海域被击沉。日军以迅雷不及掩耳之势夺得制海、制空权,从而保障了他们海上输送士兵及物资任务的顺利完成。

威尔斯太子号是英国当时最精锐的主力舰之一,被英国人自豪地称为"不沉之舰"。反击号是战斗巡洋舰,速度和威尔斯太子号相同,也是英国重要的战舰之一。这两只战舰配合起来,据说可以当一个舰队使用。所以"威尔士亲王"号和"反击"号的陨落,不啻于给了英军以致命的打击!其结果对于军心士气的影响,比两艘主力舰本身的损失要严重得多。

空防部的主要任务,就是应战日军入侵吉隆坡时极有可能的空中轰炸,积极配合民防部,掩护、协助正面抵抗日军的英国军。

李孝式将生意上的事,匆忙委托给一直在彭亨州经营木材的弟弟孝武和妹妹汝惠代为打理,就到空防部走马上任了。

民防部原有一支全部由英国人组成的"国民抵抗军",由于这支部队素以消极抵抗而出名,李孝式不想让其影响华侨士气,所以,他做的第一件事就是招兵买马,成立全新的防空部队。华侨方面自然是一呼百应,来报名的人都是一脸掩饰不住的兴奋。李孝式着令锡矿的管工和办公室的秘书对各个锡矿的矿工进行登记造册,公开宣称,凡现有的泰有锡矿的工人,无论战前战后,只要泰有锡矿存在,他们永远是锡矿的工人。这样一来,很多锡矿工人都踊跃报名参军了。

"那个'四眼仔',怎么把日本鬼子赶到南洋来了?"很多报名的矿工互相打趣着,不期然地就说起了两年前随南侨机工队回国参战的工友"四眼仔"。他们并不知道四眼仔已经牺牲了……

每每听到这些,想到这些,李孝式的心底就会油然生出无限的勇气和力量。

短短三天的时间,空防部就招募了三千多人,华人、马来人和印度族人都有。

战局瞬息万变,战机转瞬即逝。从小在父亲的书房里读过《孙子兵法》的李孝式,虽然连从军经历都没有,然而一切进行得有条不紊。他将防空部办事机关设在自己租赁的"大本营"雪兰莪中华大会堂,他发起组建的雪兰莪中华总商会、雪兰莪锡矿总会、雪兰莪筹赈会等机构的办事处,都设在这里。他将雪兰莪中华大会堂的礼堂辟为防空指导员的训练场地和救护室,请来了英国的空军和陆军教练对士兵和指导员进行特殊训练……

据李孝式的八叔李如泉的儿子李汝礼回忆,他们家曾经收到两张李孝式一身英国戎装的照片。那张照片就是他接受任命那天,记者为他拍的。李汝礼无意中从父亲的旧书里翻出来的，找到后就偷偷地藏起来了。土改的时候，父亲怕招惹是非曾经想找出来销毁，结果因为他的隐藏而得以保存下来。李孝式在他从不曾回过的家乡被打成"头号华侨工商资本家兼地主"的非常时期，李汝礼时刻将那张照片带在身边，随时准备"偷渡"出国，以那张照片作为"信物"去投奔"在外国当大官的堂哥"李孝式……

战争一开始，逃难就开始了。

李孝式领导华西巫印共三千多人艰苦抗日的时候，17 岁的长子剑桥已经带着年幼的弟弟妹妹，与其祖母和继母一起随着马来亚的难民大军奔波在了逃亡的路上……

2. 沦陷和逃亡

死尸，瓦砾，破车、弹坑和炸弹碎片。正在燃烧中的油池，屋宇，以及其他建筑物，把火焰和黑烟喷上天空，织成了一层浓黑的云，遮住了太阳。到处都是从前线撤回，向市区涌进的英军，和潮水般涌向码头的难民。

李孝式机警地混在难民队伍中，随处可见一小队一小队撤下来的英军和日军飞机投下的劝降书。那些劝降书全用英文书写，署着山下的名字，有的装在木匣里面，有的直接撒落下来。在新加坡的码头等候渡轮时，李孝式跟很多难民一样捡起散落的劝降书来看，只见上面写着："我从武士道的立场，劝告新加坡的英军立即投降。你们英军官兵的妻儿，正在焦急的等待丈夫和父亲的归家。我希望你们英军官兵将士站在英帝国传统的光荣立场，接受我们关于和平的劝告。你们投降之后，将享受军人和战友的待遇……"

扔掉传单，他更费力地往前挤着，他一定要挤上难民船。

在日军对他这个"总司令"进行大规模的搜捕中，他已经记不清有多少次死里逃生了！他曾想方设法跟其它华侨抗日军联络，打算带部队转入敌后继续抗日的。直到大街小巷几乎在一个小时内全贴满了悬赏六万美金捉拿他的通缉令，才终于被迫选择逃亡。也是在那样的时刻他才明白，日军对他这个华侨身份的防空总司令有多么的恨之入骨！

逃离吉隆坡之前，他曾跟佩拉克秘密会面。佩拉克让他去印度一个叫蓝姆伽的地方，他们的剑桥同学吉米在那里任盟军联络官，吉米在三一学院里就崇拜李孝式，把他的毕业论文奉为经典，并因为李孝式的"大宪章的伟大"那篇文章，开始热衷于研究自己国家的历史。佩拉克说他去到那里才可以继续从事抗日工作，并一再告诫他千万别落在日本人手里，说只要是华侨，落在日本人手里除了被折磨致死，就是变成汉奸，不会有第三种可能——这个道理他自己当然更明白。

所以，他一定要挤上往印度的难民船……

不知是日军的消息灵通，要给他们不屑一顾的"吉隆坡防空总司令"一个下马威，还是真的要报复支援中国抗日的华侨，日军轰炸吉隆坡的第一颗炸弹，就扔在李孝式的锡矿边。

那是1942年的1月9日，在瓜拉雪兰莪登陆的日本机动部队和日本中央部队取得联络后，开始向吉隆坡进攻。日军地面部队向吉隆坡进攻的时候，其空军进行了密集的火力掩护。时刻处于备战状态的李孝式和他的战友们，清晰地听见吉隆坡最初的轰炸声，是从机场附近泰有锡矿的2号锡矿处传来的。

这个时候，李孝式组建的防空军，特殊训练的项目还没有最后完成。满以为可以放手大干一场，给日军以迎头痛击的抗日华侨们，被日本飞机无区别的轰炸轰傻了眼，那些从空中垂直落下的炮弹，密集得跟雨点似的，他们精心布置的地对空火力根本发挥不了作用……然而，战士们没有被吓倒。日军的轰炸一停下来，李孝式就身先士卒地爬上极其危险的高地或楼顶，用隐蔽在那些地方的高射炮对敌机进行猛烈的反击，硬是打落了两架敌机。尽管为此牺牲了好几名战士，他自己也受了伤，但却非常有效地打击了疯狂的日军嚣张的气焰，令日军的空中打击一度中断。但是，日军的飞机很快卷土重来，而且火力更加密集了。在日军强大的空中打击下，身负重伤的李孝式被身边的战士“抢”了下来，在高地继续反击的战士一个个被炮火吞没，牺牲了……李孝式实在不忍心眼看着被仇恨烧红了眼的同胞战友作无谓的牺牲，不得已强令部下从过于暴露的高地转入地面，伺机反扑……

因为在惊涛骇浪的哥打巴鲁海岸成功登陆，而被誉为“马来之虎”的日本陆军大将山下奉文，率领日军主力沿马来半岛由北向南迅速推进，在海军配合下于12月31日占领了关丹。

英军在仕林河开掘战壕，而且用铁丝网围绕，以为这是开战以来最好的一条战线，可是日军又发动一个侧翼的包围。日本的海上机动部队同时由邦咯岛出发，于1942年1月4日在瓜拉雪兰莪附近登陆，5日，日军中央部队抵达仕林河北部约10英里。英日两军在勿南河一带进行坦克战，战斗结果英方失利。7日，日军继续攻击仕林河阵地。在仕林河前线抵抗日军的英军唯恐后路断绝，只好再撤退。这次的撤退，一口气由霹雳州南部的仕林河退至森美兰与柔佛交接处的金马士（Gemas）。初时曾有人预料吉隆坡以北的天险丹绒马林（Tg Malim）可以久守，结果只经过小范围的接触，高傲却疲软的英军就选择了放弃。

11日，日军脚踏车部队在其空军的火力掩护下向吉隆坡火车站进发，李孝式的防空军与日军发生了极其惨烈的遭遇战……

在日军密集的空中火力打击下，他们精心布置的地对空火力难以发挥作用。李孝式急中生智地命令部队全部潜入隐蔽地点对地面上的日军进行伏击，之后就发生了惨烈的巷战。那些骑着脚踏车进城的日本兵都是身经百战的，很多甚至在中国战场上经历过惨烈的近身搏斗，而且都是武士道精神的信徒，都是已经被战争扭曲了人性的凶残的杀人工具。李孝式的防空军却连一个月的紧急训练都没有完成，在疯狂的日本兵面前，战士们尽管勇猛无比，最后还是被迫处于劣势。一千多防空战士参与的惨烈巷战，牺牲了尽一半才终于阻止了日军脚踏车部队的前进。就在李孝式鼓舞士气决定破釜沉舟拼死一战，在日军和友军面前打出华侨的血性和尊严的时候，却接到英军总司令部下达给他的撤退命令！而且几乎就在同一时间，他的通讯员也接到前方传来的英军撤退的消息，更多的日军被牵引到他们这边来了……军令难违，而且大敌压境，又后无援军，在这样的情势下，如果大家要拼死保卫吉隆坡，不是白白送死吗？他不能让自己的同胞做这样几乎毫无意义的牺牲！保存抗日的有生力量，比在这样毫无胜算的战况下打出血性和尊严更重要！那些平日里高高在上目空一切、号称全世界装备最精良的、曾经是他们坚实依靠的大英帝国的军队，怎么会如此的不堪一击?！英国在李孝式的心里一直是“先进”和“强大”的代名词，是这块土地上几百万不同种族的人民的保护神。现在，英军一触即溃的失败刹那间令李孝式认清了帝国主义纸老虎本质。一种大厦将倾的不祥预感笼罩了他。

李孝式仰天长啸，终于含泪下令活着的防空军战士分散撤退。

下令撤退之前，他集中剩下的精干力量，以防空总司令的名义郑重地下达了两条指令：一、任何空防军战士都不许做日军的俘虏，可以逃亡，但不可以投降；二、撤退后留在马来亚的士兵要设法与华侨抗日军取得联系，继续开展敌后抗战。他引用自己多年的观察和分析，强调马来亚战争是全世界反法西斯战争的一部分，尽管他们已经失去了英军的保护，但是日军最终免不了失败的命运，历史上的侵略者从来都没有好下场！鼓励大家不管何时何地都要忍耐、要坚持，要等到马来亚光复的那一天！他对跟随自己还不到一个月的战友说：“历史告诉我们，正义的战争一定会战胜非正义的战争。法西斯的下场必定是可悲的！日本一定会失败，而且他们的失败将不仅仅是日军的耻辱，将会是那个国家整个民族的耻辱！”他的“预言”，给了在枪林弹雨中幸存下来的战士们极大的信心和勇气，重新鼓起了大家昂扬的斗志。

他们刚历尽艰辛地撤出吉隆坡，吉隆坡的大街小巷就贴满了日军悬赏捉拿“吉隆坡防空总司令李孝式”的通缉令……

随着他们的最后撤出，吉隆坡沦陷了。

报复心极强的日军第一时间占据了李孝式刚入住不久的被后人称为“豪宅”的“式庐”，同时悬赏六万美金“买”他的人头。原本打算转入敌后的李孝式，敏锐地感觉到英军大势已去之后，马来亚的局势必将急转直下，他在日军的搜捕下理智地选择了逃亡。

果然，日军攻陷吉隆坡后，更加势如破竹。

吉隆坡、霹雳、雪兰莪、森美兰、马六甲这几个州都是马来亚的精华所在，人口占全马人口的三分之一以上，在短时间内都陆续沦陷在了日军的铁蹄下。

27 日，英军指挥官帕西瓦尔接到美国、英国、荷兰、澳大利亚联合司令部司令阿奇博尔德·珀西瓦尔·韦维尔的批准，命令部队越过柔佛海峡撤退到新加坡。

31 日，最后一批盟军军队离开马来亚。在不到两个月的时间里，马来亚战役以大英帝国 10 万人的军队被 3 万日军彻底打败及撤出马来半岛结束。

总撤退是在 2 月 3 日开始的，英军全部退往新加坡。新加坡就像一块大磁石，近 10 万撤退的英军是铁屑。英军撤到哪，日军就攻到哪。

2 月 12 日，日军推进到新加坡市郊……

日军飞机在新加坡的上空不间断地空投宣传单，除了英文的，还有马来文的。在马来文传单里，日军列举马来亚的某项物资原价多少，英军驻防马来亚之后便上涨若干，最后说日军占领马来亚以后,大家可以享用廉价的东西。这种宣传对性格依赖的马来人很有效。据说,这也是导致很少有马来土著起来抗日的原因之一。马来亚的抗日战争,几乎只是10万英军在抵御日军,500多万的人民中有221万的马来人,几乎完全站在旁观的位置。在英国的殖民统治下,他们根本没有充分的机会认识世界的政治,自始至终看不清日本法西斯的真面目。这无疑是历史的悲哀。这样的悲哀也导致马来亚的抗日战争,最后就变成了华侨的抗日战争。所以,后来很多的华人历史学家在总结马来亚之战惨败的原因时,将其主要归于英国外交政策和殖民地政策的错误。

2月14日是华人旧历的除夕。这一天,日军占领了新加坡沿岸海军基地。在日军重重包围下,8万英军守军斗志低落。

邱吉尔在太平洋大战发生半个月后的一天,曾在华盛顿对记者宣布:"新加坡要坚守到联军能在远东采取攻势,它是要坚守到最后的。"可是,除夕的新加坡,大炮声、炸弹声,机关枪声,步枪声,奏成了恐怖的交响乐,代替了往年的爆竹声。这时的新加坡已经没有了所谓空袭警报,也可以说终日都在空袭警报中……

李孝式终于挤上了目的地标志是缅甸的难民船,然而船却没有要开走的意思。船上有90多名妇女孩子和5名男子,都是华裔,只有船长是英格兰人。他告诉船上的人必须马上离开,因为日本人很快就攻进城了。可是苏格兰船长不同意,坚持要等到上司的命令才驾船离开码头。

除了船长,船上所有的人都相信李孝式说的话。原本闹哄哄的船舱霎时静了下来,人们屏息静气地看着李孝式跟船长僵持不下……渐渐地,人群躁动起来。开始有人高喊让船长滚下去,让中国人当船长。李孝式在屡次要求苏格兰船长开船而不能的情况下,取出了藏在腰间的枪,抵住船长的头,命令船长即刻开船,否则枪毙他。难民始知他的身份,对新加坡即将失陷的命运更加确信不疑,也更加急切地异口同声催促船长开船。苏格兰船长终于无法继续坚持,开船离开。

第二天,也就是1942年2月15日,珀西瓦尔率部投降——这是英军历史上最大规模的一次投降,是丘吉尔说的英军遭受的"有史以来最大的耻辱"。

新加坡,就这样沦陷了。

至此,英人莱佛士于1819年从柔佛王国取得的新加坡,完全落入日本法西斯掌中。日军以伤亡约万人的代价占领了马来半岛。白人与亚洲人的关系从此改变,西方支配亚洲的时代划上了句号。

李孝式这一船人,在海上漂泊了整整21天,才抵达印度孟买。

这一船人原本都是准备经过缅甸回祖国的,在缅甸的仰光,有一条铁路直通中国重庆。香港沦陷后,只有那条路可以回到祖国。尽管祖国正在战乱中,然而,当马来亚烽烟四起的时候,他们唯一的选择还是祖国。即便是死,也要死在自己的土地上。半路上,他们通过船上的无线电得知仰光已经沦陷了,只好转往印度……

李孝式下船后就直奔难民询问处,查知一个月前,母亲和妻子带着一大家子乘船抵达的那一部分马来亚难民，都已经去了加尔各答。于是他又立即赶回码头。

加尔各答(Calcutta)，属孟加拉省，位于印度东北的沿海地带，是著名的港口城市，也是印度最大的"英国城市"之一。

他几经辗转，终于在加尔各答最北部一个叫"穆沙瑞"(MUSSORIE)的与中国西藏交界的地方找到了家人。劫后余生，一家人分外珍惜战乱中的团聚时光。然而，战争年代的男人，是不能永远躲在难民中的！更何况亲历惨烈的战争之后，他更加认清侵略者的罪恶面目，更加痛恨日本法西斯了！日本一天不投降，世界就一天不得安宁！他要去前线！因此，短暂的团聚后，李孝式来不及好好的安顿家人，就按照佩拉克的指点启程往蓝姆伽了。

据李剑桥先生的回忆，他的父亲李孝式离开后，他们一家人在印度的穆沙瑞住了两年半的时间。慕沙瑞海拔大约7000英尺，是格尔瓦喜马拉雅山脉的一个分水岭，那个地方每年都因为大雪要封闭三个月，封闭期间，山脚的街市整个都是空的。后来，他的祖母甘固真觉得住在那里不是长久之计，就又搬回了孟买。

这样，李剑桥才得以在避难中入读孟买大学，学的是那个时代最稀缺的专业:无线电技术。李剑桥也在孟买大学遭遇了生命中的初恋，女朋友是一位印度布商的女儿，每天去学校都要从他家门前经过，每天都主动邀请剑桥坐她的顺风车去学校。令李剑桥特别意外的是，这个女孩子每天开的车都不同，连续三个礼拜中居然没有开过同一辆车。终于有一天，他忍不住好奇地问她究竟有多少辆车。孩子回答说她一共有22部车……原来爱上自己的是位印度巨商的独生女！

那是一段逃难中的浪漫往事，是李剑桥一生最甜蜜最难忘的时光。

然而上帝总是吝啬的，越是美丽的越会充满遗憾。一对有情人终没有能成为眷属。战争结束后，先一步回马来亚安排妥当的父亲，严词勒令祖母和母亲都已离开后依然滞留在孟买的李剑桥，回家帮忙打理生意——那时候的父亲已经要一心扑在为马来亚争取独立，为同胞争取权利的政治上了。李剑桥将自己在孟买交了女朋友的事情向父亲坦言相告，期望得到父亲的理解帮助。一向开明的李孝式并没有责怪他，只在信里说了一句话:"你养得起就娶回来。"

李剑桥拿着他父亲的那封书信，像捧着尚方宝剑一样找到女朋友，让女朋友跟他回马来亚。可是女朋友的家人却"一致对外"，强烈反对。原因是印度人实行种姓内婚，且必须由父母包办，都选择疏亲之间通婚，谁都不能脱离自己的族群……

李剑桥黯然离开了孟买，两个人从此没有再联系。他只是听说自己的初恋女友终身未婚。

不过，在这里特别值得一提的是，李剑桥生命中的"真命女子"王清金，也是他在孟买认识的。

那时候，孟买的华人难民营每个月都举行一次聚会，目的是互通消息和加强联谊，以备在非常时期互相扶持，共度时艰。就是在那样的一次聚会中，两个人偶然相遇。1947年7月

4 日，两人在吉隆坡的圣母玛利亚教堂举行了婚礼。

“我一直记得我们的结婚纪念日，7 月 4 日，美国独立的日子，从那一天开始我失去了独立。”李剑桥说。曾经有人风传李剑桥一共有十九个女朋友，跟他结婚的是他的第二十位女友。对此，他总是一笑置之。因为只有他自己知道，他对感情是真诚的。

3. 远赴重庆：最高当局下达秘密指令

李孝式是到了蓝姆伽见到同学吉米之后，才知道梁宇皋找他的。

“这里有一封重庆给你的信，猜测是为了保证你的安全才没有用电文，我刚准备转到新加坡总部去……”吉米一见到他就说，并当即从随身的公文夹里取出一封信交给他。

信是他父亲的朋友，当然现在也是他的朋友梁宇皋写来的，信里的内容让李孝式吓了一跳。大意是：政府意欲在马来亚物色一名了解英国并擅长与英国人沟通的华侨，担任盟军对英方的特使，行政院在南洋华侨的筹赈名单中挑出了陈嘉庚和“在马来亚一举筹募超过千万义款的李孝式”，并对两个人进行了详细的了解——行政院曾专门派人找他的同乡兼父子两人的好友梁宇皋了解他的情况，然后将两人的情况与其他渠道推荐的几位候选人的情况整理成文件上报给最高当局，最高当局最后挑中了他！行政院最初是准备以密电的形式通过军方联络他的，考虑到日本间谍无孔不入的严峻形势，为了保证他的安全最后选择最原始的书信方式，而且通过梁宇皋以私人方式联络，联络到之后随时都可以赴重庆……

这个梁宇皋，比他年长十三岁，是新加坡同盟会成员，非常敬重他的父亲李季濂。他刚到马来亚的时候，梁宇皋给过他很多协助。李季濂回国发展实业的时候，梁宇皋曾结伴同行，并从此留在中国。李季濂遭遇车祸在香港留医期间，梁曾专程从重庆赶赴香港探望。梁宇皋 1932 年的时候就已经是中华铁道部第一任行政专员，1937 年投笔从戎，担任部队的联络官，官阶是少将。李孝式 1937 年底在吉隆坡接到梁宇皋的最后一封信的时候，梁宇皋是英军及驻缅美军的重庆联络官，在常驻重庆的美军顾问团工作。

刚好有从昆明空运接受特殊训练的士兵的专机要返回云南，吉米赶紧安排他随机回国。并给他弄了份盟军军部签发的特别通行证，以备他在赴重庆途中应急之用。

重庆，曾经令他多少次魂牵梦萦。

日军大轰炸之后，宋氏三姐妹捐弃前嫌，携手抗日，在废墟里慰问伤兵和平民的感人报道，曾经让他在遥远的异国夜不能寐！

日军的无差别轰炸，原是想激起民众对政府的不满。没想到，此举激起的却是对日军的仇恨。正是这种仇恨，将军民更紧密地团结在了一起。

重庆大轰炸给重庆带来巨大灾难，重庆人民的英勇反抗，不仅对中国抗日战争的胜利起着重要作用，也扩大了中国抗战在国际上的影响，大大提高了重庆和中国在国际上的地位。重庆由一个僻处内陆腹地的中等城市，一跃成为与伦敦、莫斯科、华盛顿三大城市相提并论的国际名城。

如今,他就要与这个英雄的城市血肉相连、生死与共了。

的确,李孝式是做了长留重庆,直到抗日胜利,甚至直到建立新中国的打算的。

飞机只能将他带到昆明。余下的旅程一路辗转流离,简直就像炼狱之旅,其间的经历苦不堪言。从云南到四川的战时公路千回百转、步步惊魂。沿途很多地方都已被战争破坏得支离破碎、满目疮痍,随处可见的弹坑和被炮火毁坏的建筑物、骨瘦如柴、面目全非的乞丐、被遗弃的孤儿。有村庄的地方大都十室九空,种种惨景比起战后的吉隆坡有过之而无不及!

一路历尽千辛万苦,终于到达目的地。

他在"黄山别墅区"的美军顾问团驻地见到了梁宇皋。

这里绿树掩映、风光迤逦、宁静安详,与一路所见的混乱凋敝相比,简直就是天上人间。

简单的接风洗尘之后,梁宇皋带他去面谒总统。

在那间豪华得让他有些惊讶的总统办公室里,他见到了中国的最高统帅,传言中的军事强人蒋介石。

蒋介石刚从中国远征军的缅甸战场曼德勒飞回重庆,脸上似乎残留着硝烟的印迹。

"听宇皋说,你是英国国王乔治六世的同学,是吗?"

"是的。我们都是剑桥大学三一学院的,都修经济硕士。"

"很好!很好!"蒋介石一连说了好几个"很好","你这样的人生际遇和经历是非常难得的,要好好把握和珍惜!陈嘉庚组织筹款支援国家,你出了不少力,我是知道的。将来回到马来亚一定向华侨们转达我对他们的感谢和敬意……你还要利用自己的'特殊身份'保护好他们……"

蒋介石言辞恳切,称赞他是未来中国的中流砥柱,邀请他抗战胜利后一定回国为新中国服务。最后言归正传,传进来秘书向他下达总统指示——他将于6月底,随参谋团一起赴印度参加重新打通滇缅公路的抗日战争。鉴于他的身份和才能,他的主要工作将是对英美的军事联络。

"你的任务主要有两个——"秘书离开后蒋介石示意他坐下,郑重地直接下达秘密指令:"一是要你以跟英国人的良好关系保护好在他们属地上的中国军队,那可全是我国的精英!千万别象这次,因为消息不灵通——主要是我方的联络官一个都派不进英国人的军队,导致英国人都撤退了,我们还在傻傻地等待跟他们会战。你要牢牢记住——"蒋介石严厉地盯着他,一字一句地说:"我对反攻缅甸的原则是:求稳防败!我们绝对不能冒在缅甸再次失败的危险,那对中国人所产生的后果将极为严重!"蒋介石面色凝重,语气中透着严厉,说到这儿他停了下来,将目光投向会客室的窗外,仿佛在冥想那个连李孝式都明白的后果的情景,李孝式完全可以想象,远征军初战失败的阴影仍象梦魇一样压在这位军事强人的心头。

"你明白我的话吗?"半晌,蒋介石才转过头郑重地问他。

"明白!请委员长放心,我一定不辱使命!"李孝式说。他自始至终都在关注祖国抗战局势的发展,在他的心里,曾经一直存在着关于中国远征军初战失败的种种疑问,比如为什么远征军入缅之初的同古会战，后来却变成了同古保卫战？还有曼德勒会战真相的云遮雾罩等等。如今似乎都有了答案。一切皆源自于他和他的祖国都曾经依赖的“大英帝国”在战略上的自私，他们在请求中国支援之前，就已经秘密地作出了放弃缅甸的打算。是英国欺骗了中国，欺骗了中国军队。因受骗而牺牲的根本原因，就在于情报上的疏漏，在于战场上的盟友之间的无法沟通和无法信任。

“嗯。说说你的打算。”蒋介石放缓了语调，端起旁边的茶杯，征询地望了一眼面前这位必恭必敬却又语气笃定的华侨领袖。

“我会象影子一样盯着英军参谋团，英军获得或者下达的每一条消息或者命令，都将是远征军的消息或命令依据！”

“很好！”蒋介石赞许地点头，面色也缓和了许多，“你要切记一个事实：远征军如果攻缅再败，则昆明不保，空运根据地全失，国际通道断绝，国内军心、民心动摇，我国将更为美、英、苏所轻侮，这样的情景是断不能出现的！对了——”蒋介石忽然想起什么似的，看了他一眼才斟酌着说：“你是在马来亚带兵打过仗的，吉隆坡保卫战虽然失败了，但我知道那不是你们的错。是英军高层指挥上的错误……说说你对太平洋战争的看法。”

“这个……”李孝式不明就里，想了想才说：“一场大的、世界范围内的战争迟早会爆发……”

“依你看，太平洋大战最迟会在什么时候爆发呢？”蒋居然有些急切地打断他。

“不出两年吧？”李孝式有些沉吟地答，“委员长您……”

“这就是了！”蒋介石将茶杯放回茶几上——李孝式留意到蒋并没有喝茶，只是在借这个动作掩饰情绪或者转移注意力而已。他觉得这对一个国家领袖来说是不可思议的，他也由此看见了作为领袖的蒋介石平常的一面，心底不由泛起一丝莫名的怅然。“届时，如果中国兵额不足，毫无精强部队参加决战，则我国之国际地位绝无矣！所以，作为我国仅有的资本，中国军人的精华，决不可以再做浪费！”蒋介石有些激动地站起身，踱到窗前，沉思地望着窗外，“中国之大，有谁明白我这个弱国领袖的忧虑和苦心呢？”

李孝式明白！他太明白这位性格倔强，被内忧外患包围的国家领袖了！的确，这个时候的蒋介石既忧部下在国外过于牺牲，补充为难。又忧失败时丧失国威与军誉，让本就歧视中国与中国军队的、自己正在倚靠的美、英看不起。

李孝式紧随着站起身，在蒋介石身后垂首而立。

“虽然我已经批准了史迪威的反攻缅甸计划，但在英国海军和美国空军没有截断日军供应线之前，远征军绝对不可以轻举妄动！所以，你要给我盯住他！这是我给你的第二个任务！”将介石转过身，示意他坐下。

“盯住史迪威……将军？他是您的参谋长……”李孝式大吃一惊！

“他还是美国总统的代表呢！肩负着空军援华、中印空运、军货接济等重要任务，尤其掌握着美援物资的分配大权！”蒋介石仿佛有余怒未消，看得出他对史迪威积怨很深，“他的一举一动都关系着中国远征军的生死存亡，远征军的生死存亡则关系着中国的生死存亡，你必须如实地、及时地向我汇报,特别是他向马歇尔甚至罗斯福打的小报告,务必及时掌握。我让侍从官给你一个特约密本,平时可直接与我通电。"

"委员长如此厚爱,孝式惶恐!"听到蒋介石居然要给他特约密本,李孝式赶紧又站起来。

"不是厚爱,是重托!"蒋介石拍拍他的肩,"我相信你的能力! 战争结束后,你一定回来,政府急需你这样的人才,还有陈嘉庚等人,都是政府将来要委以重任的……"

离开总统官邸的时候,蒋介石还郑重的赠送了一张自己的签名照片:照片上的蒋介石一身戎装,照片的右上角写着"孝式先生",左下角写着"蒋中正",还盖了蒋介石的私人印章,字迹一丝不苟,而且墨迹未干,显然是在接见他之前才写的。

接过照片的时候,李孝式真的像接过一份重托,感觉肩上沉甸甸的……

一直在外面等候他的梁宇皋说:"委座会见罗斯福总统都没有这么长时间……"李孝式唯有苦笑。他没有荣耀的感觉,相反觉得心情沉重,从此刻开始真正与艰难前行的祖国共命运的沉重。

离他离开重庆赴印度还有十来天的时间,他就呆在美军顾问团里,帮梁宇皋处理一些琐事。空闲的时候就去街上走走,真切地感受战争中的祖国……

面对日军的疯狂轰炸,重庆人民没有退却。为生产抗战急需物资,很多工厂每天工作10小时以上。敌军飞机在天上盘旋,地下工厂照样生产。厂房被炸了,就在山洞、隧道里建临时厂房。遭到不同程度轰炸的各大报馆,一面向郊区疏散,一面响应中国国民党中央宣传部的要求,参加《重庆各报联合版》,在日机狂轰滥炸下坚持出版报纸。

尤其是晚上的重庆,常常令李孝式感动莫名:很多偏街小巷,因为轰炸被毁掉的电线没有来得及修复的,家家户户门口都点着"太平灯",为的是方便行人。

期间,他还特地去了一趟嘉陵江的西岸,路过中共中央南方局和八路军重庆办事处时,他被里面与美军顾问团和国民党办事机关完全不同的气氛感染了。进出八路军办事处的人都是步履匆匆精神抖擞,他们衣着简朴,但朝气蓬勃。相比之下,国民政府的官员做派则显得有些……暮气沉沉了。这个完全无意识的感触令他很不安。

然而,不管怎样,重庆的种种景象还是让他的心里充满了希望的。

坚韧不拔、愈炸愈勇的重庆,感动了不少外国政要。

1942年6月15日,英国驻华大使薛穆爵士,在中国国际广播电台对英国民众发表广播演说,盛赞重庆的伟大:自日本开始进侵中国,迄今已有五载……中国仍屹立不移,足以象征中国不屈不挠的意志和决心之重庆,乃成为全世界各地家喻户晓之一名词。为各自由民族而言,重庆乃联合国家所有振奋精神之象征;为独裁者而言,重庆乃无数民众甘冒危险忍受痛苦不接受侵略之束缚之象征。重庆直可与世界上任何城市比较而无愧色,重庆之应成为世界理想中之一项事物,实足无异。

薛穆爵士的广播演说,让41岁的李孝式热血沸腾!

听到这个振奋人心的广播演说后不久,李孝式就与梁宇皋一起随盟军参谋团经云南昆明飞往印度的蓝姆伽了。

这是1942年的6月。这个时候,第一次支援缅甸失败的中国远征军,正在野人山遮天蔽日的原始森林里望着祖国的方向艰难前行……

4. 在飞往蓝姆伽的飞机上

李孝式从未想过会与这位自己父亲的忘年交——从现在开始也必将成为他的忘年交了的梁宇皋同行,而且是奔赴同一个目的地,为着实现一个共同的目标。

共同的目的地是印度蓝姆伽,共同的目标是与中国远征军一起重新打通滇缅公路。

在中国抗日战争中,人们都知道正面战场和敌后战场,虽然中国远征军因为有过“200师”和“新38师”等几个“英勇之师”而威名远扬被很多人记住,但真正了解中国抗战的第三战场:印缅战场的人并不多。

抗日战争爆发后,由于中国的工业基础薄弱,急需大量物资和外援,中国国民政府遂于1938年初修筑滇缅公路。来自滇西28个县的20万民众在抗日救国信念鼓舞下,自带口粮和工具,风餐露宿,劈石凿岩,历时10个月,在高山峡谷激流险滩上,沿滇西,缅北990公里的山野,用双手和血汗修筑了滇缅公路。其间因爆破,坠岩,坠江,土石重压,恶性痢疾而死去的民众不计其数。滇缅公路1938年底通车,从此成为中国抗战的输血管。

1938年2月,日军攻占南京,逼使国民党政府西迁重庆。10月,广州沦陷,祖国的南大门被日军堵死。大批作战物资屯积在缅甸的仰光、曼德勒、腊戍,急需运回国内。这样,刚抢修起来的滇缅公路就成了中国抗战对外通行的唯一的一条“生命线”。这条“生命线”路况极差,基本处于“边通车,边抢修,边塌方,边补修,边拓宽,边铺石”的状况。在路况如此恶劣的公路上运输战略物资,没有质量好的卡车和技术过硬的司机是万万不行的。而当时国内既缺好车更乏司机,导致公路事故频频发生,“生命线”变成为了“死亡线”。在如此紧迫的情势下,国民政府只好请南侨总会救援。于是,在马来半岛就上演了南侨机工在滇缅路上建奇功的一幕。也有了李孝式的矿工“四眼仔”为国捐躯的壮举。

1939年冬,日军在广西钦州、防城登陆,侵占南宁,截断了中国通往越南海防的国际交通线。为了最终达到以武力强迫中断“第三国”的援华活动,日本侵略者专门成立“滇缅公路封锁委员会”,于1940年春,对滇越铁路狂轰滥炸,6月,迫使法国接受停止中越运货的要求。9月,日军正式侵入越南,并与泰国签订友好条约,滇越线全面中断。

中国政府的物资流通线被一条一条的截断了,西方援华物资便只能抵达仰光,然后经过唯一的一条滇缅公路辗转运到昆明。由于路途漫长,困难重重,到次年一月,援华物资运输总量便从正常的每月三万五千吨剧减到不足六千吨。1942年1月中旬,日军攻入长沙。第九战区炮兵第一旅占据岳麓山阵地,压制敌人炮火。战斗最激烈的时候,炮弹告罄。第九战区长官部电告重庆,军令部回答:炮弹尚在仰光待运。同月,从汉阳迁至重庆的兵工厂因缺少钢材和原料,被迫停工。国民党政府仅有的十余架运输机亦因油料缺乏而停飞。作战物资匮乏的危机同样影响到敌后战场，延安总部曾电告重庆，沂蒙山根据地遭到敌人“铁壁合围”，急需军火、粮食及被服支援。重庆方面答：因外援受阻，正面战场亦无法保障供给，今后各抗日根据地须设法就地筹措物资。整个中国只能通过连接新疆和苏联的西北道路进口非常少量的每月不到1000吨的支援物资，所有的物资进口不得不依赖连接云南省和缅甸的滇缅公路。

据李孝式在重庆时了解到的相关资料记载：“七・七”事变以来，中国抗战后方所需各种战略和各种民用物资：汽油、煤油、柴油、橡胶、汽车配件的百分之百，药品、钢材、棉纱、白糖、纸张的百分之九十，都须从西方进口。如果日军切断滇缅公路，就是断绝了中国同外部世界的一切联系，中国国内的各种战略物资储存最多只够维持三个月。

飞机终于穿越了硝烟弥漫的重庆上空，舷窗外开始有了阳光的影子。坐在窗边的李孝式还是第一次从高空鸟瞰祖国的大好河山，心中油然生出无限豪情：自己一定要出色地完成统帅交给的任务！自己不是在为某个领袖某个集团服务，而是在为伟大的、多灾多难的、积弱太久的祖国服务，为四万万受苦受难的同胞服务，为一个必将在战火中诞生的和平世界服务。

“听说你参加过中国缅印马军事考察团的考察？”坐在他旁边的梁宇皋忽然用广东话问他，打断了他的冥想。

“哦……不过是负责陪同接待而已，那边的殖民部虽然委托我负责考察团与当局之间的高层联络，但基本不用做什么。”李孝式谦虚地答，用的同样是广东话。机舱里坐的都是美国人，虽然可能有人听得懂中国话，但绝对不会有人听得懂广东话。为了避免不必要的麻烦，说广东话是最安全的，而且也更显同乡亲情。

“还记得当时的情形吗？”

“当然。那是我深感遗憾的一件事。”

“哦？为什么？”

“因为……中国与英国错过了最佳的合作机会，而且是因为人为的因素……”于是，李孝式简要地说了一下当时的情况：

为了保护滇缅公路，国民政府曾极力争取与英国间的军事同盟。中英同盟的第一个步骤是通过中国对缅印马的军事考察，共同商定保全缅甸的具体军事计划。经过协商，“中国缅印马军事考察团”于1942年1月产生。考察团的成员有：商震、林蔚、杜聿明、侯腾、冯衍、唐保黄、刘方矩、王赞、周应聪、郑康祺、刘耀汉等，商震是团长。考察团于5月份到达马来亚，李孝式以抗日华侨代表的身份陪同，同时受殖民部委托负责中英双方的上层联络沟通工作。考察团里面，他最欣赏的是杜聿明。他看过杜聿明写的结论：“日本对于中国的国际交通线滇缅公路，将不是从中国境内截断，而是配合它对亚洲的政治战略整个策划的。日军侵略越南并与泰国建立友好条约表明，它即将向英国的远东殖民地进军，这样既可夺取英殖民地，又封锁中国，起一箭双雕的效果”。遗憾的是，这份书面报告因为一个小小的插曲，并没有在当时完整地提供给英方，错过了双方通过及时的共同分析和加深了解而达成协议的最佳时机。

英国当时驻新加坡总督波普汉，跟考察团交流时很同意中国军事考察团的意见，希望商震抄一份初稿给他。可是商震的英文是半瓶醋，只是唯唯的答应，并没有明白对方的要求。刘耀汉是商震的秘书，因为商震没有通过他而直接与波普汉谈话，正闹情绪，也未提醒商震注意。两天以后，波普汉宴请考察团，又问到这件事，商震瞠目不知如何回答，反而问刘耀汉，刘耀汉说有这回事。商震这时才显得十分尴尬不安，马上表示道歉，并立即吩咐刘耀汉补抄一份送给波普汉。

这个小插曲看似无伤大雅，却暴露出了中国国民政府官员不容忽视的弱点。身为团长的商震为个人出风头，在正式外交谈话中不用秘书翻译，既违外交惯例，又把事情弄错；而身为下属的刘耀汉则为个人情绪，故意让长官在外交上丢脸。

"如此不顾大局的上下级，怎堪重用?!"事过境迁，李孝式如今想起来依然义愤填膺。

"政府的组成人员，除宋氏家族外，大都是从旧时代走过来的，的确存在很多亟待改进的地方，一个国家一个民族的进步，是需要一个过程的。既然我们生逢其时了就要有耐心。"梁以长者的身份谆谆而言。

"这我也明白，只是，毕竟太遗憾了！当时，英国除少数人如波普汉、丹尼斯之外，对于局势的看法都与中国大有出入。他们普遍存在着张伯伦式的幻想，以为可以用早已是明日黄花的大英帝国的招牌吓唬日本。他们说英国有雄厚的力量，日寇不敢轻易向他们挑衅；他们错误地断定如果日寇要截断滇缅路的话，必然从中缅或中老（老挝）边境，而不会经过缅甸。加上他们没有及时了解中方的观点，一切都耽误了……不说这个了，先生您跟我聊聊远征军吧？远征军的失败真的是史迪威将军一手造成的吗?"

"作为远征军的全权指挥官，他当然负有不容推卸的责任……"梁调整了一下坐姿，显然对这个话题有些慎重。于是，李孝式就在不经意间，从另一个完全不同的渠道，了解了一个在中国抗战史上不可或缺的历史事件……

太平洋战争爆发后，英美盟军在东南亚的节节败退，不仅助长了日本侵略者的凶焰，而且把中国的大后方暴露无遗。1942 年 12 月，侵泰日军先头部队入侵缅甸南部维多利亚角，直接威胁仰光和滇缅公路，而英国人在缅甸的全部兵力总共只有两个师。鉴于缅甸局势岌岌可危，英国殖民者又顽固坚持退守印度的利己主义立场，同月下旬，蒋介石在重庆主持召开中、英、美军事联席会议，蒋介石在会后接见中外记者并发表谈话："……日军若吞并缅甸，必然大举入侵印度，进军中东。缅甸不保，印度也危在旦夕。因此国军入缅，其目的不仅保障滇缅交通线，更为保障盟军统一战线之大业……"

在大英帝国的版图上，缅甸只是一个无足轻重的印缅省，它在英国方面的战争意义，仅仅在于对印度构成一道外围屏障。但是对艰苦抗战的中国人来说，缅甸之役却势在必夺。因为缅甸西屏英属印度，北部和东北部与中国的西藏和云南接壤，具有重要的战略地位，是被日军包围的中国通往外部世界的唯一通道，它的存在直接关系到抗战大后方的安危。日本进攻缅甸不仅可以孤立中国，还可以将其作为入侵印度的基地。太平洋战争爆发后，日军在短时间内席卷东南亚,随即矛头直指缅甸。

为了保卫缅甸,中英早于1941年12月23日在重庆签署了《中英共同防御滇缅路协定》,中英军事同盟也在那时起正式形成。中国政府根据中英军事同盟组织了中国远征军,远赴缅甸与英国同盟军一起共同抗击日军。这是中国与盟国首次直接进行的军事合作,也是自甲午战争以来中国军队首次出国作战。

1942年1月30日,日军集中大约6万人的兵力攻克缅甸东部重镇,随后分两路继续前进,3月8日,日军占领缅甸首都仰光。3月到4月间,日军进攻重镇曼德勒,企图切断滇缅公路。此时,在英国的求助下,中国方面以杜聿明为代理司令长官,由中缅印战区参谋长史迪威指挥,集合中国精锐力量的中国远征军约10万人向缅甸进发。但是,由于已经失去作战先机,造成缅甸保卫战的失利。中国远征军保卫缅甸的作战变成了掩护英军撤退的作战。更要命的是,由于彼此的偏见和信息不通,英军竟然完全在中国远征军毫不知情的情形下退出了缅甸!英军已经在偷偷的撤退了,中国远征军还在疲于奔命地做着"会战"的准备……

从1942年3月中国远征军开始与日军作战,至8月初中英联军撤离缅甸,历时半年,转战1500余公里,浴血奋战,屡挫敌锋,使日军遭到太平洋战争以来少有的沉重打击,多次给英缅军有力的支援,取得了同古保卫战、斯瓦狙击战、仁安羌解围战、东枝收复战等胜利。在仁安羌援英作战中,中国远征军新编第38师师长孙立人,凭借一团之力与数倍于己之日军连续英勇作战,以少胜多,解救出被困数日濒临绝境的七千英缅军和五百多名记者、传教士,战绩轰动英伦三岛。胜利的消息传到中国国内,举国上下如同注入了一剂强心针!此外,还有远征军新38师113团团长刘放吾,也以一团兵力浴血奋战、立功异域。新编第200师师长戴安澜屡建奇功,掩护了英军的平安撤退,后在翻越野人山对敌作战中不幸受伤殉国。战役结束后,英美政府高度颂扬,授予孙立人将军、戴安澜将军(追赠)功勋章。

缅甸最后还是在英军早已做放弃打算的情势下失守了。缅甸失守给以后作战带来极为消极的影响,使日本可以直接威胁印度,也使中国彻底失去了滇缅公路这唯一的陆上交通线,不得不开辟从印度飞越驼峰(在喜马拉雅山)的空中航线。

虽然,此次作战也有重大的战略意义:掩护英军撤退,保存了联军实力,也保卫了印度。并消耗日军部分力量,阻滞了日军进攻中国西南大后方。从而赢得时间,配合中国国内部队阻敌于云南境内怒江天险,最后形成长期对峙,粉碎了日军从缅北进攻中国西南大后方的企图。同时弘扬了中国人民的国际主义和民族牺牲精神,提高了中国的国际地位。

但是,在这场境外作战中,远征军的伤亡太大了!日军伤亡约4500人,英军伤亡1.3万余人,中国远征军伤亡5万余人!而且,其中绝大部分是在撤退过程中,在胡康河谷野人山失踪。这都是史迪威没有全面了解情况就急于进攻,失败后又不经请示,擅自让中国军队退入完全陌生的印度丛林造成的。

"史迪威到底是个什么样的人呢?"听完远征军第一次入缅援英的大致经过,李孝式不由自主地喃喃自语,没成想梁宇皋谈兴正浓就又接过了话题。

他说:"史迪威是个优缺点都很突出的人物,他是中国通,是真心诚意地帮助中国抗日的。"

"那为什么委员长那么……"李孝式欲言又止,他居然找不到合适的词来形容蒋介石对史迪威的态度。

"委座与史迪威的矛盾,主要在于战略分歧。史迪威就任中国战区参谋长之际,中国远征军刚刚入缅,人地生疏,英国在缅军队又根本没有斗志,在这种情况下,就急于要求中国军队对日军发起强攻是很不妥的。委座毕竟与日军作战多年,熟悉日军的优势和特点,委座反对贸然进攻,求稳防败却被史迪威视为"卑怯",甚至由此置疑我军将领们的抗日积极性,也是很不妥的。再有就是中国入缅军初战失利,史迪威擅作主张,未经请示就决定向印度退却,途中环境恶劣,给养困难,造成部队非战斗减员过大。远征军可都是中国军队的精锐,这让委座很心疼,很不满。更要命的是史迪威回去后在委座面前一点自责的意思都没有,反而向委坐告状说我军将领缺乏能力和胆略……"说到这里梁宇皋停了下来,仿佛要留下空白让李孝式自己分析一般,从前面的活动餐台上取过一瓶饮料,喝过后就靠在椅背上闭目养神了。

"如此看来,这个史迪威的确有些可恶了。"李孝式说。

"他跟委座的矛盾可能会越来越深。"梁宇皋睁开眼睛,很有深意地看了李孝式一眼才问:"那天,你在总统府呆了那么久,委座是不是给了你什么特殊任务?"见他沉吟立刻又说:"你不必告诉我,只是,我送你几个字吧,无论你将来要做什么,都务必谨记:遇到事情首先要而且一定要从大局着想。"

"孝式铭记于心!"李孝式郑重地回答。就在他还想继续请教一些自己尚有疑惑的问题的时候,机舱里忽然躁动起来,原来飞机开始下降了。他们已经到了印度的蓝姆伽了。迎接李孝式的将会是什么样的风雨考验呢?

5. 在中国抗日第三战场:印缅前线的波诡云谲

"史迪威将军是中国人民的好朋友,对中国的抗日战争做出过重大贡献,这都是应该肯定的。但是,他曾经计划暗杀蒋介石以掌握中国军权,是我父亲救了他们两个……"

李剑桥在回忆父亲李孝式在中国抗战"第三战场"印缅战场的经历时,特别强调李孝式曾经救过蒋介石的命,同时也救了史迪威。在吉隆坡市中心中央大厦"剑桥控股有限公司"的办公室里,有一张保存完好的蒋介石亲笔题赠给李孝式的他自己身着戎装的照片,和两份分别由英国政府和中国国民政府颁发的授予李孝式上校军衔的委任状。

"日据时期,本堂第三届董事会部分成员或避难他乡,或远赴中国参加抗战,如李孝式上校。河山重光后,先后陆续返抵家园。"《雪兰莪中华大会堂八十周年堂庆纪念特刊》(2003年)如实记载关于李孝式曾经赴重庆参加抗战的经历。

鉴于李孝式在马来亚抗日战争中的出色表现，英国政府授予他上校军衔，并正式委任他为盟军参谋联络官。专门负责联络中美英三国参谋，也就是参谋之间的联络官。主要职责是管理盟军参谋部的一应密件，负责整理盟军长官部的英文文件和会议记录，将所有英文资料进行及时的汇总，然后通过中方的联络参谋传递给重庆的军事委员会，并同协调中美英三方关系。他的办公室就在盟军参谋总部，直接与他联系的中方联络官是孙立人将军的机要秘书小杨和新兵训练处的黄翔，美军方面是史迪威的助手白克，英军方面是英方参谋胡敦。英军负责保护博马路时，他一直随部队在前线，直到英军奉命撤退才回到蓝姆伽。博马路是连接博马和中国的通道，也是当时唯一一条通向中国的、从联盟军军需处接收军事和其他供给物资的通道。

当他在吉米的陪同下在英国驻印度军军部，接过蒙巴顿将军亲自颁给他的委任状时，真的觉得一切恍若在梦中。谁说命运掌握在自己手里？他只觉得自己简直一直在被命运之手推着走，根本没有让他“把握”的机会。

梁宇皋一下飞机就被长官部派往昆明，协助军事委员会在云南西部重建远征军，并设立训练基地事宜了。

“蓝姆伽训练营”，是专门为重新打通滇缅公路而训练中国驻印军的特殊训练营。

缅甸作战失利后，中国远征军一部分退入英属印度，在中国战区参谋长史迪威的指导下，在蓝姆伽训练营受训并进行整编，利用美援物资配备全副美式装备。退回来的中国远征军在蓝姆伽安营扎寨后，中国国民政府又从中国招募了一批又一批学生兵，空运过来接受特殊训练。蒋经国也来到了这里，成千上万的中国青年精英，在蒋委员长“一寸河山一寸血，十万青年十万兵”的号召下，奔向蓝姆伽。

蓝姆伽训练营里除了有中国驻印远征军和由中国昆明空运过来的青年学生之外，也有少数外国士兵被送来这里接受特殊训练。

在参谋部，他除了偶尔见到盟军三方的指挥官史迪威、罗卓英和亚历山大之外，还见到很多中国抗战史上的知名人物，比如孙立人、郑洞国、韩绍功等等。这些人中他最欣赏的是被欧美军事家称作“东方隆美尔”的、总是一脸从容淡定的孙立人和非常具有军人血性和智慧的韩绍功。他对总是叼着一根雪茄烟，中国话说得很好而且很幽默的史迪威印象也不错。

训练营的周围每隔一天就用飞机喷一次药，进行驱蚊处理——这项工作一般由英国人干。每个人都领到一支英国发明的特制防蚊膏。训练营的武器、粮食和其他军用物资全都由美国提供。

训练营里，他亲眼目睹了这群中国最高学历的青年士兵艰苦卓绝的训练。虽然在马来亚也曾见惯了原始森林，可是他们的帐篷外面每株树都要十几个人才能围抱一圈的原始森林景象，依然让他惊叹不已。蓝姆伽的原始森林中，不仅有毒蛇猛兽，还有旱蚂蝗。疟蚊、红虫都能置人于死地。有时候，还常常发生晚上站岗的士兵无端失踪的事件。有一天夜里，一个士兵站岗，远远看见有团黑影向他靠近，在喝问没有回音的情况下开枪射击。第二天发现死的是一条巨蟒，划开肚子，里面居然还有一个钢盔。很多中国北方来的士兵，休息时居然直接将茶叶和凉水放进水壶里暴晒泡茶……很多很多的军中见闻，不亲历绝对难以相信。

李孝式知道他们都跟自己一样，是这场战争的无名英雄，他们只有一个共同的名字："中国远征军"。

在参谋部的工作基本进入状态后，他利用蒋介石给他的特约密本，将自己被英国政府委为盟军上校的消息汇报给了重庆。

两个月后，他在罗卓英军部接受了国民政府颁发给他的与英国相等同的委任状，他从此被尊称为"李孝式上校"了。

因为肩负最高当局的秘密使命，所以，李孝式在从事日常联络工作的同时，将收集英美军方信息和关注史迪威的治军举措作为自己工作的重点，并及时准确地将相关情况汇报给重庆。

1942 年 8 月，史迪威突然从美国调来 300 多名军官，拟将中国驻印军营长以上军官均改由美国人担任。得此消息后，李孝式利用午间休息的时间将这一信息报给了重庆。结果，罗卓英军部立即接到重庆要求所有中国将士联合起来强烈反对的密电。最后，史迪威只得改变原计划，将那部分美国军官改成联络官后派往各部。

1943 年春，蒋介石为准备进攻缅甸，将原来部署在长江两岸的主力抽调赴云南，司令长官陈诚也出任中国滇西远征军司令长官随部队入滇。5 月的一天，李孝式却无意中从刚参加完蒙巴顿指挥部参谋会议的吉米那得知，英国军事专家正在研究是否为了早日结束对德战争而放弃攻缅，选择再次放弃缅甸。这一消息非同小可，李孝式来不及甄别和考虑就将吉米的话原封不动地电告重庆，致使蒋介石也紧张起来。要知道当时，日军正在湖北宜昌集结兵力进攻三峡地区，威胁重庆，而那些地方的精锐都已调往云南！接到他的密电后，蒋介石立即联络正在美国争取增加美援的宋美龄和宋子文，电令他们要极力说服罗斯福总统坚持攻缅计划。而这个时候的宋子文，也正在为太平洋军事会议上丘吉尔对攻缅之事极为消极的事情拟电，很诧异蒋怎么这么快就得到消息……最后，在罗斯福的坚持和说服下，原来坚决反对攻缅的丘吉尔同意按原计划一致进行，英美参谋团会议随即拟定新的攻缅计划。

凡此种种，许多事关抗战大计甚至国家存亡的大事件，都是李孝式在第一时间通报消息，让重庆方面有足够的时间作准备，挽局势于危机之中。

然而，与后来发生的几乎动摇国本危及蒋介石性命的事件比起来，这些消息的及时提供，都显得平常。

原本以为最大的危险，莫过于中国士兵对热带丛林的深不可测和前线战场的风云变幻的李孝式，根本不会想到，时刻被战云笼罩的滇缅前线，同样如政治漩涡一样波诡云谲。

1943 年 12 月 15 日，参加完开罗会议的史迪威回到蓝姆伽后，召回了他在昆明的助手多恩(Frank Dorn)。一直关注史迪威动静的李孝式细心地发现，多恩到了蓝姆伽之后成天都待在史为其安排的住所闭门不出，这种情况太不寻常了！他敏感地察觉多恩此行应该是秘密行为，很可能与史不便公开的计划有关。那会是什么计划呢？李孝式决定放开其他的工作对这个多恩进行秘密监视。

一次，趁多恩偶尔外出之机，李孝式潜进了他的房间，在里面唯一的写字台上，他看见了一张残留的草稿纸上触目惊心几个字："用毒、兵变、堕机"。并分别注有密密麻麻的时间和地点。由于不敢逗留，李孝式赶紧取出自己特备的微型照相机，拍下后立即离开了……

那张纸原来是一份暗杀计划，暗杀对象竟然是蒋介石！

这一惊天发现，让李孝式一下子傻了眼！梁宇皋的"遇到事情首先要而且一定要从大局着想"的告诫不期然在耳边响起，直觉告诉他，这个"消息"不可以告诉重庆！否则后果不堪设想！冷静下来之后，李孝式认为自己唯一能做的和应该做的是：让史迪威和多恩及早收手，让这个计划胎死腹中，最后当这件事从不曾发生过。

经过慎重的思考权衡，李孝式在多恩离开蓝姆伽两个小时后，走进了史迪威的指挥部办公室。

史迪威正叼着雪茄在看文件——也许就是多恩留下的暗杀计划吧，合了起来，以一贯的平易近人招呼他。汇报完一些无关紧要的工作之后，李孝式出其不意地用英语说："将军，属下有来自重庆的重要消息要向您汇报。"

"你说。"史迪威敏锐地看了他一眼，一改平常的幽默和善，用英语回应。

"重庆方面来电说，他们接到消息，盟军内部有人在计划暗杀委员长……"他故意停下来，格外留意到史的眉头明显地跳了一下。

"哦——有这种事？有电文吗？"史冷静地问。

"电文已被属下遵照电令销毁了。因为可能牵涉国际关系，他们暂时未报告蒋委员长，并叮嘱属下一定单独向您汇报，他们要求您密查此事。"

"密查？"

"是的。那边说不需要情况汇报，只要做到防范即可。以免扩大事端惊动委员长。他们会对委员长的安全严加防范。"

平生第一次撒这样的弥天大谎，李孝式的衣服都因为紧张湿透了。

"你一直在跟重庆单独联系？"史似是不经意的询问，扫过来的目光却锐利得让人心寒。

"哦，不，今天刚好我值班。电文命令无论谁接到这个命令都必须单独向您汇报。"

"……是这样？好了，我知道了，我会处理这件事！"

就这样，那份暗杀计划始终没有付诸实施。甚至，除了他们三个人之外，没有任何人知道。就连蒋介石本人也始终不知道，美国军部在利用日本打通大陆交通线的"1号作战"计划引发的中国战场危机，以停止对中国军事援助相威胁，逼迫他将指挥全部中国军队的权力交给史迪威之前，曾制定过暗杀他的计划。

在众所周知的1944年美国军方企图夺取中国军队领导权的事件中，也是李孝式利用密电劝蒋"事关重大且情况复杂，宜用政治手腕巧妙拖延，适时反攻为守，以撤回史为目的即可"，这样才让蒋介石在盛怒惊怖之余，几经回旋波折和循序渐进的坚持，最后以美国召回史迪威结束了一场危及国家主权的危机。

这就是李孝式在波诡云谲的印缅前线的主要经历。在中国抗战的第三战场，他跟那些牺牲在野人山的、在异域的枪林弹雨中为国捐躯的无数中国远征军士兵一样，是真正的无名英雄，一名普通的盟军参谋联络官，以上校的身份从事着普通的联络工作。他不是情报员或者间谍，却一次又一次于无声处以及时的信息密报力挽狂澜，为重新打通滇缅公路夺取抗战最后胜利做出了不可磨灭的贡献。

1943年10月，为配合中国战场及太平洋地区的战争形势，中国驻印军制定了一个反攻缅北的作战计划，代号为“安纳吉姆”，以保障开辟中印公路（中国昆明至印度利多）和敷设输油管。计划从印缅边境小镇利多出发，跨过印缅边境，首先占领新平洋等塔奈河以东地区，建立进攻出发阵地和后勤供应基地；而后翻越野人山，以强大的火力和包抄迂回战术，突破胡康河谷和孟拱河谷，夺占缅北要地密支那，最终连通云南境内的滇缅公路。

1944年3月，中国驻印军新编第22师和新编第38师占领孟关，消灭日本最精锐的第18师团的主力，缴获其军旗、关防、大量文件及各种武器。继而这两个师又乘胜进军，一鼓作气，攻占缅北重镇孟拱，再次告捷。日军城防司令官水上源藏见大势已去，被迫自尽。

李孝式清楚，中国远征军能取得如此战绩，除了中国军人上下齐心将生死置之度外的骁勇善战之外，很大程度上是史迪威严格训练，并协同孙立人、韩绍功等中方将领运筹帷幄精心布置战略计划的结果。他很庆幸自己没有将与暗杀计划有关的消息报告给重庆。就让它永远成为一个秘密吧！史迪威很快就要回美国了，他已得知史迪威即将被美国政府撤回的确切消息。在蒋介石“宁愿与美国绝交独立抗战，也不愿丧失国家主权与尊严，绝不接受强制式合作”的坚持下，美国权衡利弊，不愿失去中国这一战略伙伴，终于向蒋让步，同意撤回史迪威。

但是，史迪威对中国抗战的贡献是不容抹煞的，自己应该向他致敬！所有的中国人也都会记住这样一位美国朋友。

1944年10月28日，美国正式发布调史迪威回国的命令。1945年1月5日，美国政府自动撤回了史迪威的助手多恩。由此，李孝式猜测，那份暗杀计划很可能不是史迪威的个人行为，而是有美方高层的授意。然而，毕竟一切都没有发生。就让这些猜测，以及所有不愉快的、阴谋也好阳谋也罢，都随风而去，永远消逝在历史的尘烟深处吧！

随后，中国驻印远征军先后攻克八莫、南坎，并在畹町附近的芒友与云南西进的滇西远征军胜利会师，至此，中印公路完全打通了。远征军旋即南下，于1945年3月8日攻克腊戌，30日与英军会师于乔梅。缅北反攻作战结束。这个时候，日军也因在菲律宾失败，收缩战线，全部撤出了缅甸。缅甸战事全部结束。

此役历时一年半，共歼灭日军4.8万余人，中国驻印远征军伤亡1.8万余人，中国滇西远征军伤亡4万余人。

中国驻印远征军和中国滇西远征军的反攻胜利，重新打通了国际交通线，使得国际援华物资源源不断地运入中国，最终将日军赶出了中国西南大门，揭开了中国抗日正面战场对日反攻的序幕，也为盟军收复全缅甸创造了有利条件。

从中国远征军第一次入缅算起，中缅印大战历时3年零3个月，中国投入兵力总计40

万人，伤亡接近20万人。中国远征军用鲜血和生命，以及“李孝式式”的智慧，书写了抗日战争史上极为悲壮的一笔。

“如果中国有将领因为罗斯福总统不肯援华而制定暗杀计划企图除去他，美国人会怎样？如果中国有将领因为英国的丘吉尔不肯全力反攻缅甸而制定暗杀计划企图除去他，英国人会怎样？”

事隔六十多年后，李孝式的儿子李剑桥，聊起这段因为披露史迪威的日记才得以被世人知晓的“历史公案”时，依然义愤填膺。

毕竟，无论蒋介石功过如何，他当时还是中国政府和抗日领导人。李剑桥认为，面对如此大逆不道的事情，他父亲当时的处理方式是正确的。那份计划无论实施与否，只要泄露，史迪威自己也会赔上性命的。他的父亲在救蒋介石救国家的同时，其实也就救了史迪威和多恩。

史迪威事件曾是抗战期间中美关系上的大事，李剑桥常以父亲曾参与其中而百感交集，前线政治斗争的暗流汹涌，非亲历难解个中滋味。

在李剑桥著的英文版《敦·李孝式爵士》一文中，李孝式跟中国国民政府的蒋介石总统是好朋友，李孝式是应蒋介石的邀请远赴重庆参加抗战的。对此，笔者不便求证，只记得李剑桥在“评论”蒋介石的时候，说了这样一段话：“蒋是位军事强人，他统治中国的28年，是中国历史不可逾越的一个阶段。但是人非圣人，孰能无过？毛泽东的功过都是三七开呢。评价一位重要的历史人物，贵在客观公正，若以此标准来评价蒋介石，抗日于他应是大功……”

是啊，是非功过自有后人评说。历史可以留白，但终究不能歪曲。

抗日战争中的蒋介石，需要应付太多的内忧外患，这里说的内忧，是指其政府内部的种种弊端，和国家长时期的积贫积弱造成的各种隐患；外患除了日本的侵略，还有大国的歧视和欺侮……作为身处这种复杂而恶劣环境中的国家领袖，在遭遇生命危险时，任何一个在场的中国人都会去维护他，包括维护他的尊严和生命。

6. 何去何从

“大家都归心似箭地打回去了，您怎么反而往这边来了？”将梁宇皋让进宿舍之后，李孝式惊讶地问。他自己正在打点行装，准备明天就随滞留在蓝姆伽处理后续事务的中方人员一起回重庆述职，之后就呆在重庆听候政府委派，等国民政府还都南京，一切都安顿下来后就与弟弟孝威一起回马来亚接母亲和妻子、孩子们回国，回广东信宜镇隆的大路街，让母亲在家乡颐养天年，与妻儿在故乡共聚天伦。或者让孝威跟孝武、汝惠、汝兰一起，在马来亚继续干实业，自己则一心为祖国复兴贡献力量。

的确,当胜利的消息一个一个传来的时候,李孝式已经千百次地向往过,在祖国幸福生活和工作的情景了。

梁宇皋的到来和他的一脸黯然,粉碎了李孝式美丽的幻想。

"您不回重庆了?"见梁宇皋不说话,李孝式又忐忑不安地问。

梁宇皋摇头,"你也别回去了,我们一起回马来亚吧。"

"为什么?现在正是政府需要各种人才的时候……"

"你要去做打内战的'人才'吗?"

"内战?不是要成立联合政府吗?大家都是这样期待的。"

"中国有过联合政府吗?"梁宇皋今天的情绪特别不对劲,说话用的全是反问句。李孝式却蓦然间想起了自己在剑桥大学写的毕业论文,中国有过联合政权吗?西周的召公、周公二相共同执政的'共和'算不算呢?国民党可以跟共产党那样"共和"吗?中国的历史似乎从来都是"一山不容二虎"、"卧榻之侧岂容他人鼾睡"……他陷入了令自己不安的沉思中。

"抗战胜利后,国共之间,争夺领导权是必然的。我有非常强烈的预感,已经有很多迹象在……"说到这里,梁宇皋忽然怕泄露什么似的打住了,说话的语气充满了无边的忧虑,"咱们内部太腐败了,都不成样子了!委员长历尽千辛万苦的一路打过来了,却就是找不到医治腐败的良方……"

"是啊,上面没有了皇帝,也没有贵族传统,就看谁的手段高明谁的拳头够硬,还有老百姓愿意跟谁过日子了。"李孝式情不自禁地接过话题,他想起了英国和法国的革命,想起了梁启超与孙中山的探讨,想起了他父亲的理想,还有重庆八路军办事处的朝气蓬勃与国民政府机关干部暮气沉沉的强烈对比……中国革命真的要步法国革命之后尘吗?哦,不!他不愿意看到兄弟阋墙,他不可以将自己的才华用在对付自己人的战争中去。那不是战争!因为,无论理由多么崇高,目的多么正义,都洗刷不了自相残杀的印记!不论胜利最终属于哪一方,付出的牺牲都是他不愿意看到的!为什么两个意识形态不同却本是同根生的的政党,就不能坐下来好好商量怎么建设国家呢?

"你还要回重庆吗?"

"……我想先回去看看母亲和孩子,我来的时候,裕隆还不到一岁呢,现在该会跑出来接我了……"不知为什么,李孝式就将话题转到家庭上来了,心陡地就柔软了起来。

一转眼,他就在抗战前线呆了两年半,两年半的时间里,他曾辗转缅甸的雷多、密支那、胡康河谷和孟拱河谷的临时指挥所等战火纷飞的前线要地,但呆得最多的是蓝姆伽,虽然没有直接拿起武器直面敌人和牺牲,也不会有人为他立功授奖,在同胞将士们的眼里,他一直是个没有上过战场的上校,但他对祖国抗战做出的贡献他自己心里清楚,还有重庆的那个人也清楚,身边的梁宇皋也许明白,但却不能体会。

"那就回马来亚去吧,反正现在抗战已经是胜利在望了,将胜利的荣誉都留给那些浴血奋战的将士吧!将来国内局势真正稳定之后再回去效力也不迟的。"梁宇皋说。

"对了,有我弟弟的消息吗?"李孝式忽然想起还在战场上的孝威。

“听说他利用部队休整的间隙回了趟广东老家，还在家乡镇隆娶了个老婆，现在又回部队去了。”

“这小子！”一听说孝威居然在战争期间结了婚，李孝式既欣慰又担心，“他要是也能去马来亚就好了。”

“各人有各人的命运，由不得自己的。”

之后是长久的、令人感伤的沉默。

两个已经成为“忘年交”的海外游子，漫步在异国的夜空下。蓝姆伽的空气，似乎还弥漫着硝烟的味道，耳畔似乎还回响着年轻将士们训练的嘶喊声和爽朗的欢笑声。八百多个日日夜夜，他从未像此刻这样，满怀深情与留恋地仰望过这里的星空，呼吸过这里的空气。繁星闪烁的夜空，如此美丽，又如此陌生，空气却熟悉得让人心碎。

就要离开了，也许今生都不会再来。

第八章 重返马来亚

1. 重返马来亚

1945年7月26日,中美英三国政府首脑发表《波茨坦公告》,促令日本无条件投降。日本拒绝接受。8月6日和9日,美国把仅有的两颗原子弹投在了广岛和长崎,造成约20万人的重大伤亡。

8月8日,苏联对日宣战,出动157万大军、3400多架飞机、5500多辆坦克,分兵三路向中国东北挺进。9日,苏军对日本关东军发起总攻击。同时进军库页岛南部和千岛群岛。10日,蒙古人民共和国对日宣战。

与此同时,中国战场上的所有抗日武装力量,开始向日军展开了全面反攻。

8月10日,日本政府决定接受《波茨坦公告》,并通过瑞士、瑞典等中立国通知盟国方面。

8月15日中午11时,日本天皇裕仁宣告日本无条件投降。

9月,李孝式与梁宇皋还有吉米,随最后一批撤出蓝姆伽的英国士兵一起,回到了加尔各答。在专为盟军搭建的营地里没有片刻停留,他就赶去军部请求借给他一辆吉普车,他要去穆沙瑞寻找家人。军部的办事员见到他肩上的上校衔章问的又是交通不便的穆沙瑞,立即向长官汇报,请示是否派专人为前线回来的李孝式上校联络穆沙瑞方面,为他寻找失散的家人。军部立即联系穆沙瑞的军方办事处,按他提供的地址询问李家的人是否还在原址。对方很快查到消息——妻子关小舫带领全家人搬离那里时,曾特地去军方办事处留了信……她们一家人已于一年多以前搬到了孟买。

所有从前线回来的英军,都得到了地方当局和民众热烈的欢迎和隆重的礼遇,更不消说是军官了!军部专门为他派了司机,一路护送他跟梁宇皋到孟买的"家"门口。

甘固真带着孩子们呆在家里,关小舫在附近的棉花贸易公司上班当翻译,李剑桥在孟买大学读书,他自己选的是青年人最崇尚的无线电专业,整天跟一个美丽又富有的印度姑娘出双入对……

李孝式将他父亲和自己共同的朋友梁宇皋,郑重地介绍给母亲甘固真,甘固真见儿子离开了两年多,除了黑了一些瘦了一些之外毫发未损,激动地一个劲儿感谢梁宇皋,以为是他一直在照顾自己的儿子……这一次重聚,恍若隔世。

李孝式在家里足不出户的呆了三天,三天后,他交待自己的妻子跟母亲和孩子们一起继续呆在孟买,他跟梁先生先回马来亚看看,如果情况好就打电报到孟买的盟军办事处,让办事处安排她们回吉隆坡,他这就去办事处将情况备案。之后与梁宇皋重返盟军营地,短暂的修整后坐船乘 SS Dilwark 号返回马来亚。两人在马六甲分手,梁宇皋回槟城,李孝式回吉隆坡。

1945 年 10 月的马来亚,已经重新回到了英国的殖民统治下。虽然一切曾经的秩序都在恢复中,但战争的痕迹随处可见。他的家"式庐"更是一片狼藉,离开时来不及带走的东西,但凡有点价值的都不见了或者被毁掉了,让他最不能释怀的是客厅里的那幅徐悲鸿送给他的《破晓公鸡》也不见了!街上到处是失业的橡胶工人、矿工和已经无家可归的人。回到锡矿,更是满目疮痍惨不忍睹,那一个个触目惊心的坑,不知道是弹坑还是矿砂坑。幸存的工人都衣衫褴褛的呆在工棚里,没有一个锡矿能恢复正常工作……

战争!战争的代名词就是"破坏"!

然而,更让他痛不欲生的是安排家人逃难时执意在家留守的弟弟孝武和妹妹汝惠,都失踪了!他回到一片狼藉的家一个人影都不见的时候,还以为孝武和汝惠搬到别的地方没有搬回来,回到锡矿也不见他们,谁都说不清是从什么时候开始不见了二头家(老板)和三小姐的,他才感到情况不妙!民政局、所有的会馆和社团,他都问过了,没有谁知道他们的下落。

他不知道他们是在日军强占式庐时被杀害了,还是在锡矿工作时被炸死了,还是让抗日的共产党给误杀了……亲人消失在战乱中的真相,他一直没有知道。

已经易名为市政府的卫生局,每天都召开各种各样的会议。所有的议题都围绕如何重建马来亚展开。收拾好心情正式到市政府上班的第一天,他交待原来的秘书阿明,去军务办事处发电报给印度孟买的盟军办事处,请求协助安排他的家人返回马来亚。

一个月后,甘固真和关小舫带着孩子们风尘仆仆地回到了家。

2. 受委为战争损失赔偿委员会委员

一个鸡蛋,在短短三年半的时间里,由原来的 3 分钱上涨到 35 元,涨幅达 100 多倍,这样的"通货膨胀",在和平年代是绝对不可能发生的。然而,战争将一切荒诞都变成了现实。

二战期间,日本对马来亚的华人经济实行榨取性的殖民掠夺政策。为消除华人抗日的经济基础,日军对华人财产进行大掠夺,要求马来半岛所有华人缴纳高达 1 千万元的"奉纳金”。数额之巨大,不仅使华人经济活动无法开展,甚至连基本的生存都难以保证。

特别是日军统治马来亚的3年8个月里,华侨中除了为虎作伥的汉奸之外,多数华裔家庭经过日寇“奉纳金”的榨取都已经家徒四壁,三餐无继。只有在日本天皇“生蛋”(圣诞谐音)之日,才能得到米粮供应,并得排长龙等候领购。日军占领马来亚仅三个月,物价高涨的现象就已开始影响人民的生活。主要原因是日本军政府滥发毫无预备金的军用票,据统计先后有70亿到80亿;仅1942年间,马来亚各种工业原料的价格平均较战前贵了10倍,到了该年底,已增加到20倍,到了1944年至1945年平均暴涨到100倍。华人普遍食用的猪肉原来是四角八分钱一斤,涨到了280元一斤;大米每斤6分钱,涨到每斤75元……除此之外,还因为部队和“会社”竞相收购物资,联军反攻也影响军票的信用等。而随着侵略军队的进入,日本的财阀也陆续踏足马来亚了。他们以“会社”(Kaisha)、“组合”(Kumiai)的形式,垄断各种生产品。日本军方开发的金库和银行,在马来亚各大城市遍设分行,控制金融流通。马来亚丰富的锡矿和橡胶业,都由日本财团三井、三菱属下的株式会社从事开采。华侨华人的各种工厂、板厂、辗米厂,以及渔业、农业等,均遭日本企业以低价强制收购。李孝式的锡矿因为被炮火毁坏得太严重而幸免。在日本企业机构统治下,产品全部按配给制分配给消费者。这些商业机构都是军政府保护下的黑市机构,操纵垄断,剥削人民,最终造成人民日益贫困的局面。

这就是战争给普通百姓生活造成的直接影响。

这种种情形,是李孝式在奉命视察矿场的过程中陆续了解到的。剑桥大学经济硕士毕业的他,完全可以想象马来亚人民在这种“经济政策”下生活的悲惨情景。

二战结束后,马来亚的经济结构渐渐从日本战时经济体制中解脱出来,在极其困难的情况下开始恢复和调整。由于战前马来亚的经济主要是采矿、橡胶及其他热带经济作物和农业;二战期间,经济领域的诸多行业,除供应日军商品外,几乎全部停产,因此造成全马物资匮乏,物价飞涨,大批人员失业;英国重返马来亚后,为了保持其对原殖民地经济的控制,迅速对这些地区进行恢复性的投资。

而战后设立战争损失赔偿委员会,大概是英国那些经济发达法制健全的国家才有的创举,毕竟这样的举措,是需要雄厚的财力和科学严谨的机制相配合的。英国能执世界资本主义牛耳达百年之久,靠的绝不仅仅是掠夺。现在虽然因为战争的创伤早已今非昔比,但由于大发战争财的美国对整个欧洲的援助,以及英国政府及时的见风使舵获得美国的大力支持,更重要的是它有一整套其他侵略国家所无法比拟的治理与服务的制度,所有这些都让英国维持着“瘦死的骆驼比马大”的局面。

李孝式被委任为战争损失赔偿委员会委员。所谓战争损失赔偿委员会,是一个评估战后损毁和建议重建家园的重要机构。他的任务之一是恢复、重开战争期间被毁坏的矿场。所有日治时期蒙受损失的矿场,都可将损失的详情和价值向这个委员会呈报并申请赔偿。

政府采取的第一项具体措施，就是派李孝式视察所有锡矿场，拿出具体的复兴方案。

他完全理解经济上受过两次世界大战破坏的英国，急于摆脱困境恢复元气的迫切心情，更明白抓住机遇扶持华人矿家，让政府与矿场获得双赢的重要性与紧迫性。

锡和橡胶是早期马来亚两大经济支柱产业，特别是锡，在马来亚早期出口产品中占据主要地位，在一定程度上，马来亚锡矿业的发展，即标志着马来亚经济的发展。

19 世纪中叶以前，从事锡矿开采的主要是马来人，但产量不多，每年仅几百吨。19 世纪四五十年代，英殖民者在马来半岛陆续发现大锡矿之后，华人被大规模输入马来各邦开采锡矿。马来半岛出产的锡矿开始占世界总产量的一半以上，使得英属马来亚在矿业方面成为欧洲人的顽强竞争对手。不过那时候的锡矿虽然由华人开采，但老板多为英国人，锡矿开采初期的掘地和最后的采矿等繁重的体力劳动都由华人承担。直到两次世界大战期间，由于战争的刺激，以及英国因参战而中止投资，华人才有机会发展自己的锡矿业，很多有远见的华侨华人逐渐掌握了开采锡矿的主动权成为锡矿主。19 世纪末叶以来，马来亚锡矿的产量和出口量一直高居世界首位。特别是 1940 年，产锡量按金属含量计创造了 8.4 万吨的历史最高记录，遗憾的是这些财富都被日本人掳走了。

日据时期，很多华人矿场都被强行收购或者毁坏了，几乎所有矿场的机器都不能使用，有的即使维修都至少需要三个月的时间才能恢复生产。

在深入调查，收集到翔实的第一手资料之后，李孝式立即提出具体投资方案，建议政府设立华人锡矿复兴贷款委员会，并拟定了高达 25 万美元的贷款数额，由政府低息贷给华人矿家，扶持被战火毁坏的锡矿尽快恢复生产。他认为，对于在日据时期遭到重创的华人矿家来说，要恢复元气，政府的扶持是必不可少的。殖民当局很快批准并落实了他的方案。

这一方案的顺利实施，对马来亚锡业，以及对成千上万的失业华工，都无异于雪中送炭！

马来半岛的锡矿在贷款委员会的扶助下，纷纷恢复生产。一直被失业和饥饿威胁的华工，纷纷奔向各个复工的矿场。

马来亚锡矿出口很快重新跃居世界首位，马来亚的经济也因此迅速复苏。

李孝式奉命继续视察复兴后的锡矿。经过不断的深入考察，他深刻地认识到华人锡矿业对于整个马来亚的矿业乃至经济发展都是至关重要的。更从中看到了华侨华人对马来亚经济发展的重要，觉得应该像那些华人社团一样，有一个平台将这一股力量团结起来，有组织的维护这一行业的权益。于是他联络其他的华人锡矿主，发起成立了马来亚华人矿务总会，他被举为会长。矿务总会在联合邦立法议席中有 2 名代表，在国际锡矿会议有一名代表，在 1946 年至 1960 年间，李孝式代表马来亚出席由英美国家举办的国际锡业会议达 20 余次。他充分利用出席国际锡业会议的机会，开始深入了解英国及国际锡矿业的历史及发展，并由此结识一些如美国大西洋锡业总部负责人诺尔曼·克里弗兰德（Norman Cleveland）和伦敦锡业集团主席达哥拉斯沃爵士（Sir Douglas Waring）等重要人物，并在多次交流中与他们成为了好朋友。也因此,世界各国才逐渐了解了华人在锡业方面的重要贡献和举足轻重的作用。

除了政府方面的工作之外,李孝式也关心底层的民生问题,特别是在视察过程中了解到百姓的生活情况之后。

战后马来亚的粮食情况虽有改善,但米粮仍显不足,更有奸商囤积居奇、暗中贩卖,很多人挣扎在饥饿线上。

李孝式没有经历过"华侨的三年8个月",那三年里,他在印度和缅甸的战火纷飞的热带丛林里度过。但回来后耳闻目睹的种种情景,足以让他对"日寇铁蹄下的梦魇"感同身受。

1946年9月18日,在雪兰莪中华大会堂的董事会上,他受雪华堂董事会委托,向英殖民当局提交解决粮食短缺问题的请求和方案。具体方案为"请求政府将本邦所出产之米粮,除开足够出产人自用之外,全数由政府购买,按照米牌,公平分配予民众。政府收买此种米粮时,取消现定低廉限价。还请酌量鼓励增加种稻,而照原价售给民众。此办法政府既不致蒙受损失,而民众对于价格,虽然提高而增加负担,惟可获较充裕之粮食,且无论如何,当较现时黑市之价格为低,定无怨言。凡耕种者,因得较高之报酬,自必乐于种稻。依此而行,或有可能达到粮食自足之地步。关于粮食运输于马来亚内范围者,亦请政府予以施放。"

华社为族群为普罗大众服务、谋划的拳拳之心,于此可见一斑。李孝式从中感悟到除了拳拳之心之外,还有华族社会的团结一致与万众一心,以及在严峻的情势下求生存求发展的理性和智慧。他的心里充满了自豪和欣慰——为这样的同胞服务,所做的每一件事都是有意义的。

3. 创办《中国报》

1945年底的一天,李孝式偶然经过一间报亭,看见一群华侨青年正围在一起激烈地争论着什么,每个人手里捏着一份报纸,是当时唯一的一份吉隆坡出版的华文报纸《民生报》。马来亚仅有的两份有影响力的华文报纸《南洋商报》和《星洲日报》都在新加坡创刊出版,唯一在吉隆坡创刊出版的就只有这份1945年8月23日创办的《民生报》。

李孝式一时兴起,让司机停车,他走过去顺手买了一份,一眼就被整版的共产党言论吸引了。里面列举的中国国民政府蓄意挑起内战的实例触目惊心,还有国内国民党统治的地区物价飞涨、民不聊生的图片和报道更让他难以置信!他蓦然间想起了梁宇皋在蓝姆伽欲言又止的"预言"。"难道蒋总统的财政部长没有学过财经专业、没有学过经济和法律吗?还是整个统治集团真的已经腐败得不可救药了?国人苦苦期待的联合政府真的要流产了吗？真的要爆发内战了吗？”一连串的疑问和忧虑，在那个没有任何预兆的下午潮水般的笼罩了他！

看着看着，他越来越觉得这份报纸的政治色彩太浓了，完全是一副过于急切地要引导人民跟着走的架势！这对于原本就沉迷于中国国内局势的马来亚华侨来说，在当前局势很不稳定而且很复杂的情况下是非常危险的。

一个国家——他相信马来亚最终会成为一个独立主权的国家，一个国家的发展必须符合这个国家的国情。而这种激进的方式，也显然不符合现在已经占人口大多数的、因普遍的宗教信仰而性格平和的、在这块土地上一直以主人自居的马来族人的价值取向与利益需求。

就在那一念之间，李孝式做了个破天荒的决定：他要创办一份报纸，名字就叫《中国报》！

当晚，正好有一位姓梁的福建籍华侨因生意上的事来找他，他就将这个想法跟梁生说了，没想到两个人英雄所见略同，当即就坐下来商量办报的相关事情，定下了大致的操作方案，梁生也从这件事上领略了从外间风闻的李孝式雷厉风行的行事风格。其实这位梁先生并不知道，他前脚刚离开李家，李孝式后脚就电话安排好了落实创办《中国报》具体方案的责任人选。同时打电话联络吉隆坡商界与社团的领袖们，向他们通报相关情况并征询了相关意见，大家纷纷表示支持。

按常理，报纸的使命，就是通过坚持一定的舆论导向为政治或者政治集团服务。但是在《中国报》的创刊会议上，李孝式却为《中国报》确定了“客观理性、不偏不倚”的办报宗旨。他要求所有的记者在采访中要“多看多听多问，少发议论。”在报道中不论是关于共产党的还是国民党的，还是中国的历史和现状，都要“坚决摒弃个人喜恶，给读者提供客观的、真实的信息”，特别要让并不真正了解中国现实的华侨华人，能从这份报纸中了解真实的中国。在报纸的社论方面，绝对不允许将个人的政治信仰强加给读者，要尊重读者的分析能力和辨别能力。他强调《中国报》不为任何政治集团服务，只为公众服务。

经历过战争洗礼、并在战争中目睹过偏见甚至歧视所造成的流血牺牲的李孝式，深深明白，在遥远的祖国，这样的时刻最需要的是冷静、团结与和平。

革命的号召，总是能让人充满激情而热血沸腾。但是，革命可以破坏一切，却不能建设一切。战争太血腥了太残忍了！吉隆坡保卫战的惨烈、滇缅前线的尸横遍野……都不要再重现了啊！信仰是崇高的，但普通大众更需要的，是可以将日子平平安安的过下去。真正的革命家，应该以最小的代价换取最大的利益。尽管，祖国的现实终究没有按照他的期望发展，然而，马来亚华侨的狂热，却因为一份不经意的理性引导而渐渐平息下来。也许，马来亚借来的文明，以及马来族人与生俱来的平和性格，都不适合狂热的滋长吧。

《中国报》于 1946 年 2 月 1 日面世，总部设在吉隆坡孟沙，经理部在吉隆坡谐街，编辑部设在峇都律，陈宗岳任主编。创办《中国报》，也是李孝式为团结华侨华人做的另一件举足轻重的事情。除此之外，他还积极配合华社，协助当局解决战后最重要的、普通民众被战争破坏的生活问题。

1948年元旦,李孝式荣获他的老同学、英王乔治六世颁赐大英帝国骑士(C·B·E)勋衔。同年,马来亚联邦立法议会成立,李孝式当选为议员。稍后不久即出任行政议会议员,直接参与高层决策会议。为了巩固华侨华人已有的团结力量,在同年底,李孝式发起创立了雪兰莪马来亚华人公会(简称雪兰莪马华公会),并被选为会长。

这仅仅是他在不知不觉中涉足马来亚政治的开始。

4. 马来亚联合邦与华社危机

1945年10月,与李孝式重返马来亚的同一时间,伦敦特使马克爵士莅临马来亚,跟各州的统治者商讨战后新的施政纲领及协议。经过3个多月的商讨,新加坡、马六甲及槟城划归为海峡殖民地,由英国派遣一名总督统治。霹雳州、雪兰莪、彭亨州及森美兰4个州划归为马来联邦。另外5州:吉兰丹、丁加奴、玻璃市、吉打州和柔佛州,则划归为非马来联邦。

马克爵士回英国后,英国政府正式提出马来亚联邦计划。而战前英国与马来亚各土邦之间的条约,只是要求英国给予保护,并没有把各土邦苏丹的最高裁判权让渡给英国。为了英殖民者建立的战后殖民地新体制,也为了惩罚在战时投靠日本的苏丹,英国便强迫九位苏丹在“自愿将统治权全部转给英王乔治六世各州条约”的文件上签字画押。这等于取得了直接统治马来亚的新“法律根据”。紧接着,当局又收缴了华人抗日军的武器,解散了这支强大的武装部队,及由其建立的遍及马来半岛的地方人民委员会。这些措施一一实现后,英国政府认为建立战后马来亚殖民新秩序时机已成熟,便决定尽快抛出他们为马来亚人民炮制的新宪制改革方案即白皮书。

1946年1月,英国政府公布成立“马来亚联邦”(Malayan Union)的白皮书,宣布要结束军政统治与临时政府,恢复民政,希望借以延长其殖民地统治寿命。计划在1946年4月1日实施。这个计划内容有几个重点:新加坡单独成为一个殖民地,与马来亚分离。而马来亚的9个州与槟州及马六甲合并,组成中央集权的“马来亚联邦”;英国委派的总督为联邦新政府首长,马来半岛各州苏丹要服从英国派来的总督领导;各州政府重新改组,每州由英国派出的参政司主持政务;规定了马来亚国籍的公民制度,即马来人是当然公民,所有非马来人在新马来西亚出生者,或在马来亚居住已有10年者,都可获得公民权。

这个计划从民族角度而言,对华人与印度人有利,绝大多数非马来人可以立即成为公民。但是马来社会反对非常激烈。由于白皮书规定联邦立法会议握有立法权,其决定无需征得各苏丹的同意,马来亚联邦的一切大权均控制英国手中,因而遭到马来亚各政党和各族人民的反对。此外,白皮书规定给在马来亚新加坡出生的人,以及所有在1942年2月15日之前的15年中,居住满10年的移民以公民权,也使很多马来人不满,认为这样会令本已在经济上占主导地位的华人更强大,危机他们一直享有的特权。他们认为,这个计划将使经济强势的华人在政治上取得优势,马来人的特权地位受到威胁,这将危及马来人应享有的权益,前途也会失去保障;他们也反对削减苏丹的权力,这将使他们的民族感情受到伤害。种种原因聚在一起,使得马来亚仅在 1946 年就发生了约 2000 次罢工。更令马来人不能忍受的是,英国代表哈罗德麦克迈克尔(Harold MacMcchael)一到马来亚,就用尽各种明示和暗示的手段,强硬地威胁各苏丹。这引起了苏丹们的激烈反对,他们的不满之言一经公开后,立即得到了所有马来人的支持。在这种情况下,由柔佛的“半岛马来人运动”(Peninsular Malay Movement)与雪兰莪的“马来人协会”(Persatuan Melayu Selangor)所主导的“泛马马来民族大会”,于 1946 年 3 月 1 日在吉隆坡召开,并于 5 月 1 日的第二次会议上正式成立了“全国巫人统一机构”(United Malays National Organization,简称巫统 UMNO),主席由 41 个马来人组成联合体,以期通过政治手段来反对马来亚联邦,维护巫人的利益,要求当局更改政策。

4 月 1 日,英国前首相拉姆齐麦唐纳的儿子马尔科姆麦唐纳(Malcom Mac Donald)出任新加坡的大总督,并兼任马来亚联邦的大总督。甄特则在吉隆坡半空置的立法议会上出任马来亚联邦总督,众苏丹以拒绝出席立法议会的方式,联手抵制总督的就职仪式。

在马来各方有组织有步骤的政治抗议下,英国保守党执政后决定让步,国会在 1948 年 1 月 5 日通过新议案,取消马来亚联邦,改由没有华人代表参与的一个委员会另起草一份不利华人和印度人的马来亚联合邦新宪制。在与苏丹代表及巫统领袖谈判后,宣布将另外在 1948 年 2 月 1 日成立“马来亚联合邦”(Federation of Malaya)来取代“马来亚联邦”(Malayan Union),并决定与苏丹及巫统代表组成一个委员会来研究修改宪制。这个委员会没有华人代表参与,宪制修改是在“马来人特权须受维护,”以及认定“马来人没有其他家乡,而华人与印度人跟他们原有的国家尚保持联系”的原则下,来进行修订的。

其实,马来亚的三大民族华、巫、印,巫族即自称原住居民的马来族,华族和印度族即是被马来族当作移民的“非马来人”。二战前,被划为华族的华侨华人是占人口比例最大的第一大族群,随着战争期间人口的骤减,战后人口比例就被排到巫族之后成为第二大族群了。其实关于三大民族到底是在什么时候进入马来亚的,到底是不是有原住居民与非原住居民之分,一直没有明确的定论。

据中国古籍记载,华人来马来亚的时间最早可追溯到唐代,那个时候就已有少量唐人南下马来半岛一带进行商业活动,这也是马来亚华人一直自称“唐人”并且将中国故乡叫作“唐山”的主要原因。当时唐人主要是暂居经商,并无大量定居。到了明代,有大量叛军和回民开始迁居马来群岛,尤其是郑和下西洋多次在满剌加(即马六甲)停留之后,一些唐人因为和当地人通婚,开始在满剌加定居,接受同化,繁衍开来,并开始在满剌加形成部落定居,成为组成满剌加的一个重要族群。华人大量移民马来亚各地则是在鸦片战争之后,自鸦片战争到二战开始之前,华人下南洋的脚步一直没有停止过。

而一直以原住居民或土著自居的马来人,据当地历史学家考证其实是从印度尼西亚进入马来亚的,移民时间跟最早的唐人来到马来半岛的时间大致相同。也有研究者认为马来人一度曾是婆罗洲沿岸的一个民族,后因贸易及航海生活扩展到苏门答腊和马来半岛,向外扩展不过是近1500年左右发生的事,这一点可由其语言证明。其民族的确切来源,历史学界尚无定论。但与全世界的民族相比,马来族是一个非常年轻的民族,这倒是大家公认的。

至于印度族人呢,从历史上看,早期的马来亚印度人在马来亚的活动留下了不可磨灭的印记,并对马来亚社会产生了深远的影响。马来亚很早就被冠以"黄金半岛"之美称。长期以来,这一地区因其盛产胡椒和其他热带雨林产品而享誉世界,起初是芬芳类木材,其后便是上等名贵的香料。尽管如此,这片土地的富庶,直到公元初才被发觉。此后的1000多年里,印度大陆就不断有一批批信仰印度教和佛教的商人及僧侣等穿越孟加拉湾,来到这个传说中的"黄金宝地"。首批印度船只到达马来半岛的确切时间今天已难以考证,但很多研究者认为,印度人移居马来亚跟马来人从印度尼西亚迁来的时间相差不远。

总之,马来亚的三大民族,都是在马来亚生活了千百年的民族,应该拥有同等的生存权利和政治权利。这是李孝式的观点,也是所有"非马来人"的观点。

然而,英国殖民马来半岛时期,一开始采取的就是"分而治之"的手段。当时马来半岛主要的三大民族——马来人、华人和印度人,其事务分别被个别的族群代表所代理,以达到三大民族的民间社会没有交集的分化目的。殖民地政府通过相关政策,将马来族的职业限制在政府部门职员,将华族的职业限制在从商,印度人的职业则限制在割胶工作,让三大族群因职业不同而分化为不同的阶级,从而产生类似于阶级对立的矛盾,这样就无法团结一致地向英国政府提出民间诉求。特别是在日军占领马来半岛时期,因为日本军政当局对不关心政治的马来亚土著的麻痹,利用部分因懒惰而贫穷的马来亚土人来对付华侨抗日份子,在一定程度上加深了华族与巫族之间的矛盾和仇恨。这样就导致"种族问题"日益凸显出来,"三大民族"的提法也越来越凸显出浓厚的民族主义色彩,族群与族群之间更加难以和谐起来了。

12月24日,英政府公布马来亚联合邦新宪制的内容,取消"联邦公民权",改为对华人非常不利的"联合邦公民权"制度。新宪制承认苏丹的传统权力,规定马来人享有特权地位,而华人与印度人享有公民权利的条件则极为苛刻,原先在马来亚联邦宪制下可以成为公民的华人,约百分之九十被剥夺了公民权。

遗憾的是,华人社会普遍对成立"马来亚联邦"或"马来亚联合邦"的反应冷淡,大多数华族同胞依然沉湎于正在进行着内战的祖籍国中国的政局。根据《星洲日报》举行的民意调查,当时只有百分之三十的华侨同意脱离中国国籍做马来亚公民。加上华侨华人的各种社团组织支离破碎,没有一方能在政治上代表整个华族社会,所以,华侨华人无法真正组织起来,有效地反击《马来亚联合邦》新宪制。更让李孝式忧心的是:他的同胞们都不了解这个新宪制对他们必将产生的的深远影响！这主要是因为华人传统文化里没有现代意义的公民观念，不知道公民权决定个人在国家政治经济生活中的利害关系，非海峡华人更是如此。这时候的许多华侨华人心里的效忠对象，仍然是祖籍国中国，他们没完没了地沉浸在中国的政治局势，彷徨却不知道怎么自保……

具备敏锐洞察力的李孝式，强烈地感受到了华族社会即将面临的危险。这个危险不仅会危及到许多同胞的性命，更将威胁到所有华侨华人的切身利益。他强烈地意识到占这个国家总人口超过三分之一，主导着整个马来亚经济的华侨华人，必须参与到马来亚的政治生活中去，才能确保族群在即将面临的种种变革中，享有与这块由他们披荆斩棘的土地上的其他族群平等的权利。他们心心念念的祖国毕竟太遥远了，而且自顾不暇，他们这些海外游子们必须进行自救。

就在这种情形下，在华人中间，出现了一个以理性温和的方式反对实施"马来亚联合邦"宪制的华人领袖，虽然他的"激烈反对"不为英殖民政府所接受，然而李孝式却看到了华族社会在危机中的希望。这个人就是陈祯禄。

为了反对英殖民者炮制的对马来亚各族进行"分而治之"的新宪制，1947 年 10 月 20 日，一场包括马来国民党、印度国大党在内，几乎动员所有左翼团体参加的多元种族全马联合行动委员会（AMCJA），发动了波及全国的"总罢市"，这个在全国各地号召举行罢市的抗议活动，令全马城镇瘫痪了一天。罢市那天，整个新加坡的商业活动完全停止，全岛非白人的商行停止营业，市中心的街道空无一人。马来亚所有大小城市，情况也是如此。所有胶园和锡矿场都被闲置。马来亚的主要港口瑞天咸港口（*后来的"巴生港口"*）见不到一个劳工和装卸工人。在码头的五艘商船，预定的工作都不能完成。国家主要的煤矿场，所有两千多名劳工，宣布放假一天……《海峡时报》的社论如此评论："新加坡呈现一个令人惊叹的景象：关门不做生意的商店，多到长达数英里，街道上几乎没有车辆通行。负责组织罢市的人，工作的确做得不错……街道是平静的，人民是和平的。"

抗议活动结束后，领导这一活动的华人领袖陈祯禄，却在街头的公开演讲中强调，他是出于自愿和非暴力的。

明眼人一看就知道这次总罢市，是马来亚共产党在背后操纵，陈祯禄是受"邀请"的。他不怕误解的勇气和坚持"非暴力"的和解精神，深深地感染了任何时候都保持冷静的李孝式。

5. 与陈祯禄的短暂蜜月：我们不能大陆一感冒，这边就打喷嚏……

“要是他今天一整天都没有空见我呢？您知道他老人家也很忙的……”

“他什么时候有空你就什么时候接过来，没有空就一直在那里等到他有空！”李孝式打断司机阿明的顾虑，“什么时候接到人你就什么时候回来！接不到就不回来！”

他要见陈祯禄，但自己确实抽不出时间前往拜访。

总罢市结束后，李孝式命自己的中文秘书陈为虞详细了解这个陈祯禄的背景情况。很快他就在自己的办公室里看到了一份经过整理的陈祯禄的个人资料——

陈祯禄，祖籍福建漳州，1883 年 4 月 5 日出生于马六甲的一个土生峇峇华人（Peranakan Baba）家庭。早年毕业于新加坡莱佛士学院，曾做过 6 年校长。1908 年回到马六甲，投身于橡胶工业。初时当一名胶园襄理，其后，得其岳父的支持，拓展商业，商途顺遂，很快就风生水起，一身兼任 20 多家工商机构的董事职位。事业有成之后，积极从事社会与社团的活动，历任马六甲中华总商会及他创立的“海峡殖民地英籍华人公会”的副主席。他关心马来亚本土居民的利益，主张生活在马来亚本土的马来人、华人居民应拥有与英国人同样的平等权利。

陈祯禄在 1912 年就受封为太平局绅；1916 年受委为马六甲乡村局委员。1922 年起受委为海峡殖民地行政议会议员。1931 年，英殖民统治者强硬推行“亲巫政策”时，陈祯禄强烈抗议，反对“优待一族，歧视他族”政策，并主张在人民之间培养与创设纯粹的马来亚精神和意识，以逐渐把种族性的观念消除。

资料里还夹了一份陈祯禄曾于 1932 年 12 月 23 日发表在英文《海峡时报》的一份呈给英殖民部的备忘录复印件。备忘录指出英殖民政府歧视华人的政策，使永久定居本邦，以本邦为家乡的华人，对自己在马来亚的安全、将来及子孙的前途，感觉严重不安与忧惧，并指出歧视华人的政策将在巫人与华人，也包括印度人之间，造成明显的裂痕，历久之后更可能扩大为族群之间的互相猜疑、仇视。特别让李孝式欣赏的是，陈祯禄以自己立法委员的身份在议会上慷慨陈辞，要求增加亚籍人士的非官方议员席位；还有他为马六甲河沿岸的贫穷马来渔民请命，吁请殖民政府改善他们的生活环境；以及他极力促请英政府准许非英籍民加入马来亚民事服务行业，同意华人婚俗合法化的种种行为。

1933 年，陈祯禄升任为海峡殖民地政议会执行委员。之后又在 1937 年获选为海峡殖民地之官方代表，赴英伦参加李孝式的老同学英皇乔治六世的加冕典礼。日本人占领马来半岛期间，陈祯禄和家人移居印度避难。避难期间与其儿子陈修信一起在印度孟买宣布成立海外华人协会。目标是保护海外华人的利益;团结华人,确保生存与自卫。

李孝式的目光停留在以时间为顺序的简历的最后一行上:1947 年 10 月 20 日,陈祯禄在全国各地号召举行罢市的抗议活动。

“总罢市”果然是他领导的!好一位心系本土华人和所有海外华人前途的有识之士!

在李孝式自己的记忆里,他还很少用“有识之士”来形容一个人。尤其是“数典忘祖”的、连华语都不会说的所谓的马来亚“土生华人”。

难怪他演讲时要带翻译,原来还真是个传言中的“峇峇”。

在马来亚一晃十多年了,李孝式知道“峇峇”一般与“娘惹”合用,即峇峇娘惹,是十五世纪初期定居在满剌伽(马六甲)、满者伯夷国(印尼)和室利佛逝国(新加坡)一带的大明国后裔,是中国人和马来人结婚后所生的后代,称为“baba nyonya”,“峇峇娘惹”是译音。

当年郑和率船队下西洋,在经过马六甲时,有一部分随行人员就留在了当地。这些人定居后和当地的马来族或其他民族的妇女通婚。马来语中把生下的男性后代就称为“峇峇”,女性后代则称“娘惹”。有人称他们为“土生华人”或“海峡华人”。峇峇娘惹的聚集区主要集中在马六甲、槟城以及新加坡。峇峇娘惹虽然远离中国本土,但完全继承了中华民族的文化传统,注重孝道、讲究长幼有序,在文化习俗和宗教信仰方面十分“中国化”。他们把马来人的语言、服饰和饮食习惯融入自己的日常生活。几百年过去了,这些在当地出生的混血儿大部分已不会说汉语,他们现在讲的是一种综合中国福建方言与马来语的混合式语言。在精神思想上,他们倾向于西方文化,特别是英国文化,子女多受英文教育。这点与他们仍然保留古老的华人习惯、传统及信仰,看起来相当矛盾。他们脱离华人社会,却又不能真正融入马来社会,成为两头不着岸的人。所幸这种情况后来有了改变,他们开始加入华人社会的体系,一些峇峇人的子女,也被送进华小接受基本的母语教育,回归族群。

李孝式还知道“峇峇人”有一个很“尊贵”的别称:“King´s Chinese”,即“国王的华人”。由此可见他们是效忠英王的。由于土生华人“土生土长”的身份,又受到英政府的重用,生活基本上已经属于富裕阶层,故把后期到来的华工区分为新客。特别在 19 世纪的马来半岛,这样的分别很明显也很重要,“峇峇”是土生的,而“新客”是移民,两者的生活习惯和政治意识都不一样。

李孝式就属于“新客”。如果不是这个陈祯禄的出现,他会一直“偏见”下去。

在马六甲的华人社会里,有一句形容峇峇人性格的话:就是“峇峇直”。说的是他们的性格普遍耿直。但愿陈祯禄也是个耿直汉子吧!

他要见陈祯禄,可是他太忙了,六个刚刚更名重新注册的锡矿——刚刚被迫放弃一段异国情缘和个人理想的长子李剑桥,情绪还没有真正进入管理锡矿的工作状态。正在眼巴巴等着他拿主意的各个社团的事务,还有市政府的会议和指示……要抽出几个小时甚至一天的时间专程去拜访一个人,对于他来说是件非常奢侈的事。于是他用英文写了一封亲笔信,交给司机阿明，让他专程去马六甲面见陈祯禄，务必接到陈老前来——这个时候的陈祯禄已经65岁高龄了。他交待阿明，陈老什么时候有空他就什么时候接人来吉隆坡，没有空就一直在陈家附近等候。

“老板放心，我一定将陈老先生接到吉隆坡来！”司机阿明见他要见陈祯禄的心情迫切诚恳，拍着胸脯保证。

他没想到当天下午就等到了陈祯禄。

他放下手头所有的工作，在矿务总会的会长办公室隆重接待了屈尊前来的太平局绅陈祯禄先生。他屏退所有的人，跟陈老进行了一次长达两个小时的畅谈。

没有任何目的的畅谈。纯粹是一位长者跟后辈的闲聊。65岁的陈祯禄，看起来才40多岁的样子，思维敏捷；声调平缓、从容，笑起来的时候格外爽朗。

他们用英语交流。李孝式惊叹于陈祯禄对中华文化的博学多知，陈祯禄则惊叹于他英文的流利和见解的独到。他们聊彼此的童年，在完全不同的地方读到的《四书》、《五经》、《老子》和《庄子》……

“马来亚各族在文化上，应该独立地保持自己的精神生活”，陈祯禄说：“以华人而言，就应该深深认识祖宗的思想，‘好像老子的无为和自然主义，孔子的道德主义，墨子的兼爱和实用主义，杨朱的宿命论，享乐主义和利己主义以及商鞅和韩非子的现实主义，法理和重武学说’等，都应该深刻领悟并运用到自己的生活和事业中去”。李孝式简直不敢相信，一个靠阅读英文翻译著作来学习中华文化的人，会有如此精辟的理解！

“华人若不爱护华人文化，英人不会承认他是英人，马来人不会承认他是马来人，这样的人就像畜生禽兽一样，畜生禽兽才是无所谓祖籍的。”陈祯禄这样诠释自己的文化情结，“失掉自己文化熏陶的华人，决不会变得更文明，一个人的母语正象一个人的影子，不能和他本身分离。”当他用英语这样说的时候，李孝式分明看到了这个饱经沧桑的老人脸上透出的遗憾……

他的与“母语”有关的话，很多年以后成为很多马来西亚人一谈到华文教育问题就引用“名言”。

“我们不能大陆一感冒，这边就打喷嚏……”陈祯禄终于让话题回到李孝式最关心的急需要有人解惑的问题上来了，陈祯禄一句“文化上的归属和政治上的归属不应混淆”，对他简直就如醍醐灌顶！

陈祯禄不主张马来亚华侨华人把精力放在中国国内的国共斗争上，他呼吁华侨华人应该努力投身居住国的地方政治，参与地方建设，不要总是做一个异乡的客人，而要把自己当成这片土地的主人，与其它友族一起建设国家。“我们华人，只有通过与其它民族的合作和相互尊敬，才能共建一个美好的社会！”

——这一观点，与李孝式多日来苦苦思索得出的“结论”不谋而合。

还有陈祯禄奉行的老庄思想的“贵柔”、“受弱”，以及关于水的理论：“这个世界上最柔弱的莫过于水，最强大的也恰恰是水，柔弱但坚定的力量最能够持久”等等，都坚定了李孝式认为只能通过政治途径，而不是武力解决马来亚问题的主张。

李孝式坚信，历史将会证明了他与陈祯禄殊途同归的远见和勇气。

6. 紧急法令：华侨的空前苦难

在一个英国人的橡胶园里，割胶的工人全是华侨，因为物价飞涨而伙食费没有降低，华工们就商量通过罢工争取提高工资。要求遭到庄园主的拒绝后，迫不得已继续罢工。结果，那个英国庄园主请来了军警，军警们对工人进行警告未果后，居然对胶园工人进行了集体枪杀！然后为了毁尸灭迹，竟然将整个橡胶园里的居民区焚毁，造成意外火灾的假象……

这是英国军政府统治下发生的一幕惨剧。这件事是《中国报》的记者秘密走访后揭露出来的。

大战结束后，英军以“受降”为名，于1945年9月5日在新加坡登陆，并重新占领了马来亚。立即成立了临时政府，实施军政统治。12月1日，英国军事当局解除了人民抗日军的武装，解散了人民委员会。

军政府的民事事务局颁布的第一项措施，是宣布日据时期所适用的货币无效。这个非常不成熟而又严厉的措施，立刻使大多数人民陷入生存困境。因为他们过去三年半来所积存的仅有的储蓄，都是日本钞。那些庄园主和锡矿主支付给工人的工资也都是日本钞。这个措施也暴露了殖民地政府对财政管理的无知。措施宣布后，紧随而来的是通货膨胀，街上的每个人都因物价比战前暴升数倍而陷入困顿，当局却只批准增加薪金最高百分之三十三点五的决定。这样，很快就爆发了罢工事件，动乱的威胁日益明显。

人民进行反饥饿游行，妇女展开群众示威要求救济，因战争失业的锡矿和园丘工人也上街要求工作，有工作的则要求更高的薪金。参与游行和示威的人数剧增得非常惊人，全半岛内的许多城市，随时都可以出现数千人在愤怒的游行集会。

恐惧加羞愧的英国军政府，没有及时地采取安抚措施，而是选择了用“粗暴的控制”手段来面对上万人的大型示威——召来军队进行镇压，向手无寸铁的群众开枪，终至引发围攻殖民地政府官员的大暴乱。

李孝式敏锐的察觉到这样的“屠杀式”镇压带着浓厚的种族歧视因素——因为他知道，如果在英国，有白人示威要求更好的生活条件，而英军被召来向没有武器的群众开枪，这样的情况是难以想象、根本不可能发生的。他的眼前不期然地浮现出英军一批一批以战略撤退的名义逃跑的情景……疑惑地思考着：纸老虎怎么一站在人民面前就那么的野蛮残忍呢？

跟他一样亲眼目睹过10万英军不敌3万日军的“英军之耻”的马来亚共产党，对抗日胜利后马来华侨的生存环境和命运也充满了疑虑。基于种种因素,握有武器的马共与要武力恢复殖民秩序的英国军之间的政治对抗就不可避免了,渐渐的终于演变为武装冲突。

1948年6月,强烈反对新宪制的马来亚共产党,与殖民当局的政治冲突终于演变成了武装冲突,马共重新拿起武器,走入森林,展开抗英的武装斗争。

这样一来,原本就支离破碎的华侨华人的政治力量更加分散了。也因此,在1948年的马来亚,华侨华人的政治命运陷入最低潮。

新的《联合邦宪法》(Federal Constitution)被通过了,它严厉限制外来移民获得公民权。只有那些父母是在马来亚出生,或在马来亚住上15年,且能操英、巫两种语言的人才能申请为公民。新宪法同时也恢复了马来苏丹原有的权力,以及马来人的特权,尤其是政府部门的公务员,宪法规定必须是马来人占大多数。

6月6日,英国军政府宣布马来亚进入紧急状态,宣布马共及其他左翼组织为非法,发动大逮捕,进而发动全面的武装镇压。

关于马来亚共产党,李孝式是很熟悉的。该组织被简称为"马共",于1930年4月在森美兰州瓜拉庇劳附近的一个橡胶园里宣布成立。当时胡志明以共产国际代表的身份出席了马共的成立大会。

马共成立之后就迅速渗透到个矿山、橡胶园,大力领导工人活动,开展反帝反殖运动,因此深受英殖民主义者的仇视。为此,英殖民当局在1933年就专门成立了政治部以对付马共。在1931-1935期间,仅新加坡一地,英警对马共就采取了四百多次突袭行动,拘留了两百多名被嫌疑为马共成员者。这些被拘留者由于大部分都是中国籍,拘留期满后多数被遣送回中国。

就在马共日益受到打压,生存空间日渐恶劣之时,国际政治局势起了根本的变化。1941年12月8日,日军在泰国及马来亚登陆。超过10万的英军,在3万日军的进攻下,节节败退,最后投降。在日本统治三年零八个月的时间内,虽然马共中央屡遭破坏,大批高级干部被捕遇害,但仍与敌人进行过三百多次的战斗,而且其中有两百多次是主动进攻的,共毙伤敌人5500余人。成为继李孝式的防空部队之后马来亚抗击日军的主力。到1945年日本无条件投降之时,马来亚人民抗日军已发展成为一支拥有上万人的队伍。在马来亚四分之三的地区建立了人民政权。

然而,就在日军投降、英军还没有重新登陆这一马来亚政权真空时期,马共中央总书记张红(即莱特)不但不去建立全国政权,反而以共产国际的命令为由,将已经到手的革命果实拱手相让,宣布解散人民抗日军,并将已经建立的各级人民政权全部移交给重新登陆的英军。1946年底,共产国际代表来到新、马地区。而一直声称自己是共产国际派来马来亚的代表的张红却在这时携款潜逃!原来这位马共总书记居然是法国、英国、日本的三重间谍!

1947年3月马共召开中委会议,委任陈平接任总书记。张红后来在1947年8、9月间在曼谷街头与几位原为中共南洋党支部的华侨党员偶遇，在搏斗中，张红被掐死。可是损失却是无法挽回了。英殖当局此时已经控制住了局势。为了打击马共，英殖当局于 1948 年 6 月 20 日颁布了"特别紧急条例"，即马来亚历史上的"紧急法令"，疯狂镇压马共抗日人员及其他左派进步人士。由于之前马共还处于合法状态，因此大批公开身份的马共成员来不及转移而被逮捕。对此，马共中央决定转入地下，重新进行武装斗争，并于 1949 年 2 月 1 日建立了马来亚人民解放军。当时的马共在华人社会及工人中仍然享有极高的威望。马共不断组织工人罢工，并破坏橡胶种植园和矿山，同时，游击队员不断发动零星攻击，甚至杀害英国高级专员，令英国当局终于出兵镇压……

还没有从日本军政统治下完全缓过气来的华侨同胞，转眼又陷入了空前的灾难。特别是那些没有政治倾向的华侨，一方面要面对马共的支持请求，另一方面要面对紧急法令规定的许多条例的束缚与处罚，一不小心就面临被两手空空的驱逐回国的境遇。数十万乡区华侨陷入求生不得，求死不能的悲惨境地。

英殖民当局的军警人员对付乡区之华侨，手段非常毒辣。焚烧橡胶园甚至整个华侨村庄的惨剧时有发生。

陈祯禄之子陈修信于 1949 年 1 月 29 日，发表"暴徒之胜牌"的文章，揭露华侨华人的凄惨之境："从本人之观点看出，本邦社会之上下阶层人士开始咒怨英国人之行为与日本人不相上下，有者甚至说其比日本人更毒辣。""上述观点或太笼统而过分，但大肆焚烧村庄之举动（如嘉照胶园集体枪杀华裔胶工事件），及任何人有被嫌疑即扣禁之可能性、集体处罚之封建制度、运带军火处死刑、军队人员搜查时趁机掠劫，以及可使华人驱逐出境的威胁（除生长于槟城及马六甲的英籍民之外），均使一般人相信英国人的手段比日本人毒辣。""政府不但未设法清除此种信念，及已逐渐加强这种信念，本人曾目睹公众手上的传单，警告村民如不与政府合作，将驱逐出境。政府从未以建设性之立法争取人民合作，仅利用种种威胁或恐吓手段，而常于无效时，采取毒辣的行动对付人民。"

从陈修信的文章里，完全可以看到或者想象得到华侨华人所遭受的空前苦难。

根据马来亚后来的统计数字，在紧急状态时期，仅从紧急法令颁布开始至 1951 年 6 月三年的时间里，马来亚华侨华人中就有约 1750 家，1000 多人被惨杀，500 多人受伤；另 250 多人失踪。

李孝式的心被紧紧地揪起来了。自从紧急状态开始，他就关照《中国报》要密切关注时局发展，真实地报道发生的一切。每发生或耳闻发生一场悲剧，他的痛苦，以及在痛苦中生发的信念就加深一层。为了充分利用好报纸这一平面媒体，他还专门召开报社工作会议，提议记者部要多采访报道巫统成立后对马来族群的种种帮助，同时也要采访报道华族社团的种种作为和无法作为，呼吁华侨同胞要敢于直面生存现实，要懂得舍弃幻想，懂得如何在激流中掌握自己的命运。他还以矿务总会领袖和雪兰莪马华公会会长的身份，与陈祯禄一起，去马来半岛各州商会、社团、会馆以及华侨集中的乡区演讲，呼吁华侨团结起来，组织起来，齐心协力、同声同气保卫自己族群的权利！

可是，绝大多数的华侨，不是沉浸在中国大陆的内战所引发的彷徨和苦闷之中，就是对马来亚的政治甚至涉及自己生存权利的事情都不闻不问。

2010年4月的一天，笔者因长篇纪实系列《南洋纪事》的创作，在位于吉隆坡市区的“宾士德集团”总部办公室采访该集团的董事胡朝北先生，他在讲述先辈的苦难经历时，曾经说了的一个笔者没有听过的词：“磨石芯”。

这个词就是胡朝北先生的父亲和外公用来形容日军退出马来亚之后，重返的英国军政府在马来亚施行“紧急法令”统治时期，华侨华人的处境的。

1945年日本投降后，英军又回来了。先是提出“马来亚联邦”计划，遭到以“本土人”自居的马来人的强烈反对后，又提出“马来亚联合邦”计划，这个计划被占多数的“非本土人”反对，但最终被强行执行。与英军并肩抗日却被宣布为非法组织的马来亚共产党被逼重新拿起武器……华侨华人，尤其是那些没有政治倾向的华侨华人，被夹在了英军和马共中间，支持英军的被马共认为是汉奸，要被杀头；支持或者同情马共的，又被英军抓去坐牢，或者被驱逐出境。

——这就是“磨石芯”处境。

亲历过紧急法令时期的胡朝北先生的父亲曾告诉孩子们，那段时期是马来亚华侨华人生活最痛苦、最黑暗的时期。那段时间里，英殖民当局大量驱逐“亲左”的华侨华人，马共退回森林之后，当局又将很多有嫌疑的华侨驱逐回中国。马来亚华侨华人的数量在战前是华巫印三大民族中人数最多的，占有超过百分之六十的比例，那段时间之后，华侨华人的人口骤然减少。先是在日占时期，因支持中国抗日遭晖疯狂报复，后是被偏袒经济弱势的马来人的英殖民当局驱逐，屠杀与驱逐令原本占百分之六十的华人减少到百分之三十……胡朝北先生常听父亲说，当时多得马来亚华人公会的协调，尤其是信宜籍侨领李孝式等侨界领袖多渠道的保全。比如“峇峇”陈祯禄奔走呼吁争取华侨华人为合法公民，李孝式不顾同胞误会和个人安危，将华侨华人集中到新村居住，更大多数无辜的华人华侨同胞才得以幸存，捱过时艰之后重获新生。

7. 马华公会是这样创立的

在1998年11月3日的《南洋商报》“大家族系列”的连载中，有一篇标题为《甘心当马华老二——敦李破“样样第一”记录》的文章，开篇就这样记述李孝式与马华公会的关系：“敦李孝式是马华公会的创始人之一，他活跃于政坛，也是当时立法议员与部长，是马来亚政府举足轻重的人物，在当时，敦李的权势，无人能望其项背。敦李一生中，有许多第一，无论是社团及组织活动中，他永远都是老大的身份。但唯有马华公会总会长这个身份，破了他多年来"样样第一"的记录，甘心居第二人，为马华公会的第二号人物。"

这到底是怎么回事呢？马华公会，这一在今天的马来西亚依然是第二大政党的执政党，在1947年的马来亚纷纭复杂的政治环境中到底是怎么创立的呢？

据李孝式的长子李剑桥回忆，父亲生前接受一家报纸的专访时曾经表示，马华创立之初，父亲曾是拟定的总会长，不能当马华公会的"第一人"一直是父亲深感遗憾的事情。

那么，历史的真相到底是怎样的呢？

1947年，在李孝式的倡议下，马来亚华人商联会决定召开全马商界代表大会，讨论马来亚华侨的前途问题。

会议在新加坡中华总商会召开，到会者有陈祯禄、李孝式、李光前、黄树芬、伍瑞琴、刘伯群等侨界领袖。商联会在李孝式的建议下邀请了英驻马、新最高行政专员麦唐纳出席，会议由陈祯禄主持，麦唐纳在会上发表了他对时局的意见，公开表示，华社对时局有任何意见，都可以派出代表跟政府接洽。

会议结束后，主席团立即综合各代表意见，推派由李孝式领导的一个代表团前往会见麦唐纳。麦唐纳对李孝式表示，英政府不会忘记华侨对马来亚的贡献及功劳，政府会充分尊重华侨的意见。但是，麦唐纳同时认为，商联会仅能代表华侨中的一部分商人，不足以代表马来亚整个华族社会。代表团归来后，立即商讨对策，大家都觉得应该效法马来人成立巫统以及印度人成立国大党的举措，及早发动成立可以代表一切华侨华人权益的马来亚华人公会组织。至此，"马来亚华人公会"这一名称也首次正式出现在华社的会议备忘录里。

李孝式与陈祯禄商量，怎样才能找到更好的更适合华侨情感及精神习惯的方式，来达到拯救整个马来亚华族的目的，一举促成马来亚华人公会的成立。商量的结果是，从上至下的说服动员，从华侨精英和高层人士开始，以血淋淋的事实和巫统与印度国大党的做法及成效为依据，向他们说明成立统一的华族政治组织的重要性和必要性，然后让他们去分头影响其他的华侨。两人初步选定的动员对象是立法议会中代表行业被委任的非官方议员胡家濂、梁长龄、伍瑞琴、杨旭龄、邱德懿、廖光汉、李焕文、温林鸣凤等华侨精英。

那段时间，他的家——座落在吉隆坡安邦朗加高尔夫球路(Jln Langgak Golf)，门牌22号的"式庐"，几乎成了他的另一个办公室。每天傍晚，陈祯禄、杨旭龄、邱德懿等华社领袖都会应邀前来，共进晚餐之后就在饭厅里围着圆形餐桌商讨成立马华公会的种种事项，拟定党章、制定党规，讨论各州演说的要点。式庐饭厅的灯光，常常亮到午夜甚至凌晨两三点，然后大家就在楼下大厅里的沙发上囫囵睡一觉，次日清晨各奔东西，分工落实晚上讨论的事情，到了傍晚又再次聚在一起……

“式庐”占地1英亩，是由李孝式的岳父关远在1938年兴建的两层式建筑。楼上有1间主人房，两间小房和中厅，楼下是大厅、饭厅和书房，天井、厨房及工人房都在后院。外观气势恢宏稳重，里面装潢朴素而高贵。关远是马来亚著名的建筑家兼设计师，其建筑技术高明，采用的建筑材料都是真材实料。式庐在二战时经历过战火的洗礼、日军炮弹的震荡，在做日军司令部时还被直接破坏，依然坚固如新，一丝裂痕都没有。

1949年2月19日，李孝式与陈祯禄，以及杨旭龄、邱德懿等侨领达成共识之后，以中华总商会的名义，发函给各州华社商团，倡议于雪兰莪中华大会堂召开华团联席大会，正式的、公开的讨论，并以举手表决的方式议决成立马来亚华人公会。

由于前期的准备发动工作做得好，联席会议开得很成功。与会人员一致赞成组织成立马华公会！会议主席团立即决定，继续开会讨论李孝式一早就准备好了的马华公会的章程草案！与会人员当场对草案提出修改建议，纷纷建议即时成立马华公会筹委会。会议结束之前对相关情况进行了统计，根据出席会议的团体代表逐个报告统计，已经征求超过3000名华侨同意加入马华公会。此外，尚有许多华团正在进行征求华侨加入马华的工作。由此看来，马华从成立日开始，就有成千上万的华侨华人踊跃加入。

马华公会很快便发展成为实力雄厚、会员众多的华人组织。

其实，只有李孝式知道马华公会的成功创立，还有另一方面的原因，就是英国殖民当局，特别是英国钦差大臣葛尼爵士在视察马来亚之后，鉴于政府要争取民心以获得人民广泛的合作，亦希望有一个有力量的华人权威组织来领导华社这一因素使然。

那是在一次政府工作会议后的饭局上，葛尼爵士曾亲口对他说：“亨利，你们华人也成立一个政治组织吧？华人的势力太大了又太分散，你们应该想办法像那些马来人一样，将力量组织起来……”

也就是在那次饭局之后，李孝式立马在自己的地盘上发起成立了雪兰莪华人公会。

所以，从某种意义上来说，雪兰莪华人公会就是马华公会的雏形，因为它是最先成立的华人公会。

马华公会筹委会拟定了一应机构组成人员名单，在陈祯禄的提议下，李孝式众望所归的被拟任为马华公会总会会长。

然而，名单还在讨论中，关于李孝式的非议却纷至沓来……

有人说李孝式曾经是乔治六世的同学，跟英国人和英国政府有着非同寻常的关系，如果由他担任总会长，马华公会迟早会成为英国政府的傀儡……这是内部某些人的“看法”。

还有来自华族外部的议论，说他曾是中国国民党的高官，是那位蒋总统的朋友，马华公会若是由他领导，保不准有一天步马共的后尘，将马来亚变成另一个中国或者中国在海外的一个省……

这个时候，李孝式才知道，原来自己的“身份”是如此的特殊，特殊到令意愿完全不同的各方都对他充满疑虑。还有什么比这样的处境更无辜又无奈的呢？

议论归议论，事情还得继续干下去。筹备会议召开后不久，马华公会筹委会在立法议会的华侨议员李孝式、余有锦、邱德懿、杜荣和、李焕文、梁长龄、邱观发、温林鸣凤、廖光汉、陈修信、胡家濂、梁宇皋、林开成、李长景、杨旭龄、伍瑞琴等16人，及陈祯禄的联合倡议下，全马的华社代表于1949年2月27日，集合于雪兰莪中华大会堂，由余有锦主持会议，全体一致通过成立马来亚华人公会。

陈祯禄在李孝式的坚决推让下，以65岁高龄当选为总会长。马六甲与其他9州和槟城分会主席为公会当然副主席，李孝式则当选为政治青年组妇女小组委员会主任兼公会副主席，他同时仍然是率先成立的雪兰莪马华公会会长。

李孝式公开表示自己无法胜任总会长一职，他说，马华公会在如此复杂的情势下成立，首届领导人需要有相当的威望与号召力，陈祯禄才是当仁不让的人选。当然，还有一层外人不明白的原因，就是当局和内部某些人的那些“担忧”。他除了听到各种与自己有关的非议之外，从马来人对华侨华人的种种防范，以及英殖民当局对巫统的扶持也可以看出来。所以他必须避嫌。加上他私下里的分析：陈祯禄虽然在华社中拥有崇高的威望，但他不懂说华语，这点在英国方面会更让人放心，这样会避免当局很多不必要的顾虑和怀疑，让初生的马华更安全更平稳地融入到政治中去。

从涉足马来亚政坛伊始，李孝式就是站在全局的高度考虑问题处理事情的。他的确是一个心底无私天地宽的人。正如陈祯禄对他的评价一样：“他是一个天才的政治家，而不是政客。”

由李孝式起草的马华公会章程和宗旨是：培植和保障马来亚华人社会的政治、经济、文化和福利，促进各民族的亲善。其近期任务也很明确：(1)劝导华人效忠政府；(2)减轻华人被迫迁入新村所受的痛苦。为此，马华公会首先所做的就是阻止英政府驱逐华侨返中国的计划，接着是设法筹款，包括发行18期福利彩票，筹集数百万马元(相当于等于现时的一亿林吉特)，用来协助那些被集中在新村的同胞。比如为他们盖搭栖身的木屋，提供粮食、医药和金钱的援助，并为他们争取一些最基本的民生设施，如食水供应、流动诊疗所和设立华文小学、民众会堂、图书馆等等。

马华公会的成立并不仅仅只帮助处在困难中的马来亚华人，而且还要在更高层次上维护华人的政治经济利益，那就是要推动马来亚华人的参政意识和国家意识的转变。由于在20世纪50年代初，马来亚大多数华人对当地政治仍具有一种冷漠感，他们心中所认同的国家仍然是中国。为此，陈祯禄领导马华公会一面不断对华人宣传引导，另一方面积极参与政治活动，为华人争取更多的权益，首先就是要争取华人的公民权。此外，马华公会还积极与马来人政党合作，联合参加议会选举。

而马华公会对华人社会的最直接最重要的影响，就是推动了华人对马来亚的政治认同和国家意识的转变。这些都是在后来的工作中一点一滴体现出来的。

8. 矛盾与妥协

“李孝式——英国人的走狗，去死吧!!!”海报上三个红色的惊叹号，就像三把尖锐的匕首，深深地刺痛了他！这是他一生中遭遇的最大的误会……

就在马华公会成立前夕，英国出兵镇压马共，并设立作战委员会，李孝式被当局委任为这个完全针对马来亚共产党的作战委员会的顾问及委员。

他的心中充满了矛盾和痛苦。

就像当初在印度蓝姆伽，他与梁宇皋都因为不愿意拿起武器去对付自己的兄弟，没有选择回重庆而选择回马来亚一样，他同样不能在这片土地上与曾经跟自己并肩作战的战友倒戈相向，或者用自己的智慧去协助异族人对付自己的同胞！

李孝式也无法像坚辞不受马华主席一样不接受这样的任命。随着战后其它英属殖民地的相继独立，他坚信不久的将来，马来亚也会迎来独立自主的那一天。而要通过政治途径而不是流血冲突来解决不仅仅只与华人有关的马来亚问题，他必须取得英国当局的信任。

他只能妥协，只能放弃一些可贵而并非无价的东西，以获取另一些真正无价的东西——那是成千上万苦难的华人同胞，跋山涉水梯山航海的过来，靠赤手空拳艰苦拼搏打造，用无数代人的血汗将瘴烟弥漫的蛮荒之地开拓成为现在这个样子的马来亚，未来的前途命运。

马来亚的前途和命运，就是马来亚华侨华人的前途和命运。当然，他的妥协是有底线的。他在接受任命的时候坚决表示：出于民族情感，他绝不参与剿灭马共的战争。他真诚地希望当局尊重他的民族感情，他说，他“相信他的老同学乔治也会同情他尊重他的”！他在最关键的时刻，搬出了自己与英国国王的同窗友谊，所有的殖民地官员都表示理解，并同意让他只负责协助安抚居民和移殖新村。

获得这一特别的“许可”之后，他又从维护稳定的角度，建议当局在移殖新村的时候应尽一切努力避免使用武力。

李孝式并不信仰共产主义，他也曾不止一次的在公开场合表示“并不是所有的中国人都信仰共产主义”。但是，对于马来亚共产党，他是心怀由衷的敬仰的。在重庆的时候，他见识过八路军办事处朴素而井然有序的气象，和那里的共产党士兵朝气蓬勃的昂扬士气。他和许多为支援祖国抗战倾其所有的华侨同胞一样，就跟陈祯禄的比喻：“大陆一感冒，南洋华侨就打喷嚏”那样，他们义无反顾的动力，是来自于曾经带给祖国和人民无限希望的“国共合作、共御外侮”！

他充分尊重他们的信仰和理想。尽管他们不可能与祖国大陆的共产党同日而语，尽管他们的坚持，对于他们自己的生存来说是那么不合时宜，尽管他们正在由为正义而战转向为尊严而战，惨烈的结果已经可以预见，但是，他从心里敬重他们！

李孝式将锡矿交给长子李剑桥打理，自己全身心地投入到安抚居民和移殖新村的工作中去。他与马华公会其他领导成员一起四处筹资，为一无所有的华族同胞搭建房屋、提供各种援助，晓之以理、动之以情、苦口婆心地劝说不愿搬到新村的华侨。

既然在紧急法令的严苛要求下，华人移居新村已经是无法改变的事情，李孝式只有充分利用自己的影响力和独特的应变方式，为被迫迁移的同胞寻找和争取适宜居住、种植以及置业的富庶地方，来建造马来亚历史的特殊产物"华人新村"。

他几经考察和比较，先后向当局要到了广为后人称道的两块地方。一处是距离瓜拉雪兰莪十六英里被称作"十六支"的"红毛港"。圈定范围之后，就将万津、瓜拉雪兰莪以及丹绒加弄的华侨居民迁移到了这里。这个地方后来成为马来西亚声明远扬的"适耕庄"。

另一处是东姑阿都拉曼的故乡吉打州的双溪大年(Sungai Petani)，后来也成为了马来西亚有名的鱼米之乡。他的这两个举措，一直因为居住在那里的华裔世代安居乐业而被后人有口皆碑。特别是后来发展成为工业区的双溪毛糯和梳邦新村，一直是马来半岛人口最多，最丰饶的地方。

移殖新村当然不会一帆风顺，在当时的情势下反而是相当危险的。毕竟，"新村"这一名称从一开始就与马来亚共产党有着纠缠不清的关系。

为了完全切断马共的粮食供应线，凡是毗邻森林的村子都被英军烧毁了；有的新村刚刚建起不久就在英军与马共的对垒下被付之一炬，然后又重建；有个村子因有英籍官员被杀而遭集体惩罚，全村被迁徙到另一个州；还有一个村子因钦差大臣遇刺而被关闭，全体村民被移送扣留营监禁……

刚就任作战委员会顾问和委员不久，李孝式就在办公室收到了装着子弹的信封，有人警告他，要他立即停止将华人移殖新村的协助工作，否则要他好看！妻子关小舫曾为他物色贴身保镖，以保证他出入安全。但他拒绝了。他相信自己是问心无愧的，如果一定有同胞要他的命，那是他命该如此，再周密的安全措施也是徒然。不如干脆一笑置之。

真正让李孝式觉得危险的是自己的同事真的被杀害了。那是他收到装着子弹的信封一个月后的一天，一名叫张文和的华人，是专门负责协助李孝式的移殖部助理官员，以副移殖官的身份前往一个叫"峇冬丁宜村"的地方劝导村民迁移到旧村庄的对面，即筑围着铁丝网的新村。村民迁进去了，可是一个月后，张文和就在新村内的咖啡店内被枪杀了。之前，当局情报人员已经获悉有"暴徒"出现，但村民拒绝提供相关情况。张文和死后，警察到现场勘查，村民也都保持沉默。这样的悲剧，让李孝式无言，他也只能保持沉默，纵然被害的是自己的助手。甚至，他在潜意识里觉得，这件事也是对他的变相警告。

他的隐忍，让他自己都觉得懦弱。他深知这样的懦弱绝不是耻辱。他唯一的对抗方式就是:拒绝带保镖。

当殖民当局援引紧急法令,向村民集体罚款,并在三天后将全村居民迁往另外的新村,钦差大臣邓普勒为惩罚怕事的村民,还下令拆毁该村所有房屋,将全体村民押往怡保扣留所的时候,李孝式却不沉默了,他以移殖部官员和作战委员会顾问的身份,前往怡保,用自己的个人财产将被扣留的村民保释了出来。

就在他在儿子李剑桥和秘书的陪同下,将金额不小的保释金交给扣留所之后,在回家的途中,却在街边的一面墙上看到了正被很多人围观指指点点的那张令他终生难忘的海报……

年轻气盛的剑桥愤怒地令司机停车,打开车门就要冲出去,李孝式及时地抓住了儿子,他平和地摇了摇头,挥手让司机开车离开了。他是个不愿树敌的人。即使有人硬要将他当成敌人,他也希望沉默能够化解。他坚信自己是对的,所以无所畏惧。他相信总有一天,历史会还他公道。

三天后,那张海报自动消失了。

村民返回新的新村,重新开始新的生活。那个时候,他觉得自己简直就像刚刚牺牲不久的、以不流血的"不合作运动",把强大的大英帝国驱出印度、最终让印度赢得独立的那位正在被印度人尊称为"国父"的甘地。只是,他不知道,自己的努力,离期待的目标究竟还有多远,还需要多久……

这是李孝式在政治上的妥协。

然而,最令他痛心的妥协并不是对对手的妥协,而是在家庭教育上的妥协。为了给友族及其政党在教育问题上同声同气的印象,也给华族同胞树立一个一切以"马来亚"为重、所有公民都是"马来亚人"的榜样,同时也为了保证孩子们不因为他的身份和工作受到干扰甚至威胁,他不得不将年幼的孩子们送往国外读书。吉隆、又隆、文隆、少隆和裕隆几个儿子,到英国读书时都未满10岁,两个女儿刚到入学年龄就被送往澳洲……以至于孩子们只会说广东话,连中文都不会写!也正因为这种种因素,尽管他后来退出政坛之后,将自己创立的银行超过千万的原始股票,捐赠给马来西亚高州总会作为教育基金,以弥补自己多年的遗憾,他仍然在国人的心中留下了"对华文教育表现平淡的印象"。

这是一个历史性的误会,也是李孝式一生中最大的悲哀!

他的"妥协"——无论是对英国人还是对自己的同胞,都是为了保全。马来亚千千万万的农民华工,都在他的妥协下得以在夹缝中安居乐业,安然度过那段不亚于黑暗的日本军政统治下的困苦岁月。

无论是对英国政府,还是对马来亚共产党,还是对马来亚的国家和人民,李孝式作为一个政治家的胸怀和风范,以及他的高瞻远瞩,都是无可指摘的。

"从那时起就居住在那些地方的华人,很多都因为拥有土地而成了百万富翁。"

时隔六十多年后,笔者采访当年马来亚共产党员的后代,其本人也曾经加入马共的黄先生,问起他对"敦李"的印象时,他提到得最多的是李孝式移殖新村时为华族同胞做的"好事"。

虽然,黄先生也曾说:"敦李是当时的贵族,他完全可以做得更好"。但李孝式利用自己协助当局移殖新村的机会,努力将华侨们移居到富庶的地方,他认为这是要有相当的深谋远虑才能做到的。尽管因为政治信仰的关系,很多人并不喜欢李孝式,但大都公允地认为,"李孝式是真正全心全意为国家为民族做出卓越贡献的政治领袖",黄先生更是觉得,"敦李"之后,大马再无"政治家",有的只是"政客"。言谈之间,流露出深深的怀念。

当疲惫的马共终于放下武器,重新走出森林之后,对当年李孝式的种种作为,都一直保持"缄口不言"的态度。就连马共领导人陈平在劫后余生的平安岁月里,用笔回忆当年的战争岁月,在他的一度风靡东南亚的历史传记著作《我方的历史》中,也对与李孝式有关的一切避而不谈。

"吉隆坡苏丹街(Sultan Street)有一间由活跃于政坛的富甲一方的李孝式先生家族经营的酒店。李孝式较后出任东姑阿都拉曼的独立政府的财政部长。李孝式的祖父(作者注:这里其实应该是父亲。)以引进契约劳工——我们所谓的卖猪仔——到马来亚和新加坡的门路致富起家。较后其家族业务转向锡矿,也越来越富有。到了1946年,该间苏丹街酒店为往来马来亚和中国的商家提供膳食,在这方面,它与当地的中国国民党领事馆有特别的安排。我们的一位同志碰巧与酒店管理人有交情,因而得以把附上一笔款项的莱特照片交付酒店,不久后即为他取得一本中国护照。护照上的名字是C·H·Chang",或是张灿红。不甚合法,但很管用。"这段文字,是"一位在马来亚森林里领导反英反殖战争12年的游击队领袖的回忆",是马共领导人陈平著的《我方的历史》这部厚达480页的长篇历史传记中,唯一一处提及李孝式的地方。

"亨利——亨利——"东姑的声音仿佛从很遥远的地方传来,打断了他绵长的思绪,"我们到伦敦了,你看……"他有些茫然地转过头,随着东姑的手指往舷窗外望去,薄雾下面,伦敦的街市和建筑物依稀可见。

飞机终于降落在伦敦机场。

李孝式仿佛从一场遥远而漫长的梦里醒来,下意识地摸摸脸颊,脸上残留着不知什么时候溢出的泪水。一路走来的点点滴滴,一切的一切都像是发生在昨天。却又恍若隔世。

"还在想你的父亲吗?你的脸色有些不好。"一直走在他身边的东姑关切地问。

"要是他老人家还在,看到今天的马来亚,他曾经打拼过的寻找过梦想的土地,就要获得独立了，一定也会感慨万千吧！要是父亲知道我从头至尾参与了国家的独立谈判，一定会非常欣慰吧……”李孝式默默地想着。他朝东姑轻轻地摇了摇头，像是要摇落无限的思绪一般。然后与东姑肩并肩地步下了旋梯。他要调整好思路，迎接新一轮的牵涉到两百多万同胞生存权利、平等权利的谈判……

每个代表们的脸上都是一副严肃的表情。这是他们第二次以马来亚独立谈判代表的身份踏上这片陌生的，对李孝式而言却像是久违了的土地。他的眼前不期然地浮现出与争取独立有关的场景，思绪再一次不受控制地回到并不久远的往昔……

第九章　开国元勋

1. 大时代

第二次世界大战前,东南亚各国几乎都是欧美帝国主义的殖民地、保护国。泰国在政治上虽然保持独立,但在经济上被英、法控制。大战期间,日本帝国主义侵占了整个东南亚地区,在“大东亚新秩序”的旗号下,建立军事法西斯的统治。东南亚各国人民掀起了抗日民族解放斗争高潮。抗日游击战争的烽火席卷了东南亚广阔地区。在马来亚、新加坡、菲律宾、缅甸、越南等国,共产党人和反法西斯的民主人士结成民族统一战线,建立人民武装,开展了抗日武装斗争。东南亚国家的抗日斗争,为世界反法西斯战争的胜利作出了宝贵的贡献,并为战后民族解放运动的高涨创造了条件。

加上早前的第一次世界大战和俄国十月革命,本已加速了殖民地半殖民地人民的民族觉醒,使民族问题从欧洲反对民族压迫的国内问题,变为各被压迫民族、各殖民地和半殖民地从帝国主义压迫下解放出来的国际问题,即民族殖民地问题。在十月革命影响和共产国际的推动下,亚洲、非洲、拉丁美洲许多国家先后建立了共产党,建成了反帝民族统一战线。民族解放运动的浪潮席卷全球,帝国主义殖民体系的危机在那时就已经开始。世界人民反法西斯战争的胜利和中国革命的胜利,进一步加深了这种危机,加速了殖民体系瓦解的进程。世界各地反帝国主义革命运动风起云涌,武装斗争此起彼伏。

一战后残存的各主要殖民国家,如英国、法国、荷兰、比利时和意大利,都在第二次世界大战中被削弱。同时,由于日本和德国借助扶植殖民地民族主义运动的方法来削弱盟国的力量,盟国殖民地的民族解放运动,也于战争中在轴心国的卵翼下得到了一定的发展。第二次世界大战结束后,殖民地解放运动首先在曾被日本占领的荷属东印度、英属缅甸、法属印度支那等地爆发。这些地区的民族主义者曾经在战争中与日本占领军合作,建立名义上“独立”的傀儡国家。日本在投降前夕将权力及武器移交给当地的民族主义分子,令其为盟国制造混乱。

战后,随着日本帝国主义的溃败和英、法、荷等西欧殖民国家的削弱,东南亚地区民族解放运动空前高涨。1945 年 8 月,在日本法西斯投降之际,越南和印度尼西亚掀起了八月革命,宣布建立越南民主共和国和印度尼西亚共和国。1945 年 8 月 17 日,印度尼西亚首先宣布独立,越南于 9 月 2 日宣布独立。

紧接着独立的是菲律宾。然后是缅甸联邦的建立。在争取独立纷纷取得胜利的鼓舞下,被压迫民族自觉地进行广泛的团结合作,共同对付殖民主义、帝国主义。在民族解放运动强大声势的压力下,帝国主义国家被迫作出某些让步,由明目张胆的侵略和掠夺,渐渐变为采用比较间接和隐蔽的形式来进行经济掠夺、政治控制和军事扩张。

英国政府在马来亚不停地更换最高行政长官,先后通过马来亚联邦和马来亚联合邦的法案,无非都是想通过局部的妥协来达到延长其殖民统治的目的。

剑桥大学经济硕士毕业的李孝式,尤其关注并且明了两次世界大战对英国经济的深刻影响。尤其是第二次世界大战致使英国的经济、政治和军事地位遭到很大的削弱。他从一些特殊的渠道详细了解到英国战时军费开支达 250 亿英镑,国债由 1939 年的 72 亿英镑增加到 1945 年的 214 亿英镑,仅欠美国和加拿大的债务就达 90 亿美元。战争期间为了支付军需供应,英国出卖了大部分海外投资,黄金储备几乎枯竭,英国甚至变成了自己的殖民地和自治领的债务国。由于自治领和殖民地经济的迅速发展和美国垄断资本向其大力渗透,英国与各个自治领和殖民地之间的关系大为削弱。战后,在声势浩大的民族解放运动的冲击下,旧的殖民体系日趋瓦解,英国的殖民地相继独立,走上了发展民族经济的道路。丘吉尔在 1947 年无可奈何地说:“我万分沉痛地看到大英帝国威望丧失和国运衰落。”因此种种,战后第一届工党政府于 1945 年 7 月执政后,面临的主要任务是医治战争创伤,稳定和恢复经济,对马来亚的动荡局势非常头疼,希望尽快结束开支庞大的“紧急状态”。

而与英国的衰落形成强烈对比的是,战后的美国则成为资本主义世界中唯一增强了经济和军事实力的国家,整个资本主义世界生产能力的三分之二都集中在美国的手中。李孝式还清楚,早在 1944 年 7 月初,美英苏中等 44 国代表在美国新罕什尔州布雷顿森林举行的国际货币金融会议,通过了规定美元与黄金直接挂钩,各国货币与美元挂钩的最后协定。这个协定和两个挂钩确定了美元在资本主义世界货币金融领域的霸权地位,英镑已经无可奈何地靠边站了……所有这一切,都是对马来亚的民族独立解放运动有利的因素。

是的,历史的潮流不可阻挡,时代的脚步只会前行。随着马来亚各民族的觉醒,以及一些民族精英如拿督翁、陈祯禄、李孝式、东姑阿都拉曼、伊斯迈敦拉萨及敦善班丹等的相继组党争取自治,还有马来亚共产党的武力抗争,这样多管齐下的进行文取武争,马来亚独立的脚步也越来越近了……

2. 乔治六世的逝世和政治联盟的局部实现

1952 年 2 月 6 日,英国国王、李孝式青年时代的同窗好友乔治六世驾崩。殖民地政府进行官方哀悼,各政党以及各华社社团纷纷举办各种悼念活动。

乍一听到广播噩耗，李孝式还不相信，及至接到当局通知，要在规定的时间赶到规定的地点进行默哀，他才愣住了！久远的往昔，剑桥的风光、三一学院里的讨论、课余时的闲聊、网球场外的对峙、作为王子的艾伯特对他的板球技术的惊叹、小酒馆里甜蜜的尴尬、还有成为王储的艾伯特在新加坡拒绝与总督同行执意要坐他的"老爷车"的情景……还有那些与爱情有关的记忆，刹那间像潮水一样淹没了他……

就在春节前夕，他还倡议马华和巫统以及印度国大党联合起来，共同以政党的名义，向英国殖民部递交了要求让马来亚成为内政完全独立的政府的备忘录。备忘录里列举了英国二战时的亲密盟友美国已于1946年7月4日让菲律宾独立，和英国也于1947年让印度及巴基斯坦独立，荷兰也允许在其殖民统治下的东印度群岛自治等事实，强调英国应该从维护自己在国内及国际上的公信力的角度出发，尽早让马来亚和新加坡独立，并提出了他们期望的独立时限。

那份备忘录很快就有了回复。回复里没有殖民部的任何意见，只是轻描淡写地陈述了国王的一些担忧。他的老同学乔治六世认为：马来亚不同于英国统治的其他地区，马来半岛上的华、巫、印三大民族都有自己的历史、文化和语言，没有一样东西可以融合在一起，他担心仓促独立会发生内乱等意想不到的灾难性后果……

而对他们的备忘录，执政的保守党却没有任何表示，显然是默认了"国王的担忧"，并且认定马来亚的三大政党根本无法解决这个民族问题。

这样的"答复"可糊弄不了李孝式！因为他完全了解英国的政治体制，英国是君主立宪制国家，英国王室作为凝聚国家力量的精神象征发挥作用，并不具备实质性权力。国王是名义上的统治者，首相是英国政府的最高领导人，通过民选产生，掌握最高行政权力。首相可就重大事项与国王磋商，但最终决定权由议会和首相做出。也就是说，决定马来亚命运的实权，掌控在执政党也就是包括殖民部在内的英国内阁手里，国王是不会也没有权力真正决定殖民地独立与否的命运的。所以，他完全可以想象，他的老同学很可能是在某次茶余或者餐后，偶尔的有感而发而已，不期被在场的内阁成员听见。而他的内阁根本就没有认真考虑他们的要求，又不好公然的置之不理，就拿国王的"担忧"来做挡箭牌了。

事实正如他猜想的那样。英国在马来亚颁布紧急状态两个星期之后，殖民部大臣也就是他的同学格里菲斯的同僚克里奇琼斯向内阁提呈了一份与马来亚民族解放运动密切相关的报告书。报告书准确地提到到了马来亚的人口统计数字："马来亚人口约有580万，其中220万是马来人，260万是华人，其余60万是印度人"，这位大臣将战后东南亚的民族运动，说成是"全东南亚已经成为一个受干扰的地区"，"日军赶走了欧洲人及殖民地政府，而且深刻地扰乱了被占领国家的社会结构，释放了一股汹涌奔腾的民族主义运动巨浪，而这股势力正方兴未艾……"克里奇琼斯告诉英国内阁，在"无法无天"的局面浮现之前，马来亚曾是东南亚最和平安宁的领地，而且已朝着"重建稳定、繁荣的社会环境"跨前一大步。偶然在议会办公室里留意到这份并未加密的备忘录时，李孝式敏感地留意到克里奇琼斯的遣词用字，发现他并没有提到朝向独立或者自治跨前一大步，而是说"朝着重建稳定、繁荣的社会环境跨前一大步”。更重要的是,这位大臣提到的连李孝式都惊心的数据,“1947 年间,新加坡及联邦的出口总值合计 1 亿 5 千万英镑,其中美元出口占 5 千 6 百万英镑。它是目前为止殖民帝国里最重要的美元来源,而且一旦马来亚的出口受到严重干扰,将大大损害英镑区的美元货币平衡……”

这一数据和这位大臣的“隐忧”,印证了英国政府并不曾考虑,最起码不想让马来亚独立或者自治的事实。他们考虑的是马来亚的继续的繁荣和稳定,而不是放弃。

这一发现也从侧面回应了他的猜测。

然而,就在一个月前,他已经成功地促成了华巫联盟。而且正在争取国大党的加入!

他一直在努力的期望用政治手段,和渐进、稳健的社会改革来解决马来亚问题的理想,终于看见胜利的曙光了!

他永远都不会忘记,是他自己一手促成了马华与巫统的联手。

1951 年 8 月,巫统的创办人拿督翁从解决未来的竞选经费问题出发,提议本政党开放门户吸收各民族当然也包括华族加入——当时马来半岛的经济基本掌握在华人手中。但巫统大部分成员,都基于民族主义立场反对他的开放门户建议,拿督翁一气之下辞去领导职务,另起炉灶,于 9 月 16 日,在吉隆坡成立“马来亚独立党”,并恭请陈祯禄主持开幕。

为了支持拿督翁的非种族主义运动,李孝式以矿商和华团领袖的身份赴会。同时,他也意识到随着拿督翁的退出巫统,他谋划多日的华巫联盟也将面临流产了。所以在“马来亚独立党”的成立大会上,他不由自主的就有些沮丧。他的这一表现在当时被很多人认为是因为受到拿督翁的冷落的缘故,这其实是一个误会。他的心里只想着无法实现的华巫联盟。

功夫不负苦心人。吉隆坡自治市选举的日期确定之后,他终于在情急之下想出了一个办法:既然华巫的整体联盟短时间内是不可行的,不如先从马华和巫统两大政党的局部着手,循序渐进的促成联盟。自己不是雪兰莪马华公会的主席吗?就从雪州马华想办法。他在极短的时间内全面了解了雪州巫统的情况,得知其主席耶哈耶也是位非种族主义者,并且正在为即将举行的竞选经费发愁。1 月 7 日,他以雪州马华主席的身份约到了耶哈耶主席,开门见山地说雪州马华想跟雪州巫统联手,合组雪兰莪华巫联盟参加吉隆坡市议会的竞选,条件是由雪州马华提供全部竞选基金。

耶哈耶求之不得的一口应承。就这样,马华和巫统最初的联盟,在两个属会之间顺利完成了。

与耶哈耶达成秘密协议之后,他立即将这个可喜的进展向马华总会会长陈祯禄做了汇报,陈祯禄很赞同他的做法。事不宜迟,他立即建议以联盟的名义以代表马来亚的姿态,再次向英国殖民部递交了要求独立的备忘录。

也许是遥远的伦敦要忙于应付战后层出不穷的麻烦,根本无暇顾及已经统治了近两百年的马来半岛吧!他们的要求终于有了来自英国政府而不是皇室的明确而肯定的回应:同意联盟的独立要求,准许马来亚以循序渐进的方式独立。要求联盟“把权力交给马来亚人民”,进行从下至上的民主选举,用事实证明他们的确有领导一个国家的能力。如果一切顺利平稳，英国殖民地政府将在预定的期限里退出马来亚。并确定了吉隆坡自治市选举的时间：1952 年 2 月 16 日。

遗憾的是，他的老同学没有等到这一天……

他曾经多少次的想象，自己会在久违了的伦敦，以一种别样的身份会晤自己的国王同窗……一切都还没有来得及，就像当年他的多伦来不及给他时间创造两人长相厮守的机会！

李孝式默默地站立在窗前，一任思绪将他带到自己感知不到的地方，一任肆意的泪水在毫无意识中泛滥成灾——自从他的父亲去世后，他就不知道流泪的滋味了……直到秘书进来提醒已经到了前往集中地点为英王致哀的时间了，他才如梦初醒。

他用了一天一夜的时间，用无休止的回忆来缅怀，他的因为身份和际遇不同从不曾重逢的同窗好友。然后，一如既往地投入到了新的战斗中。再过十天，就是马来亚进行第一次议会选举的历史性时刻了。他们必须用事实向英国政府证明，让英国政府相信，他们没有一样东西相同的三大民族，完全可以通过彼此的包容和协商达成一致的理想，组成一个共同的国家。

悼念乔治六世的活动刚刚结束，吉隆坡就开始举行市议员选举。选举的结果是联盟在参加竞选的 12 席中赢得了 9 席，其中华人占了 6 席，巫统 3 席，独立党只得 2 席，剩下的 1 席归独立人士获得。

这样的竞选结果，成功地奠定了巫统与马华走向完全合作的基础。李孝式的长子，年仅 29 岁的李剑桥也当选，他是当时最年轻的议员。

这样的竞选结果，也极大地鼓舞了马来亚各州华人踊跃参与政治的热情。之后在各州举行的选举中，联盟都取得辉煌胜利！有感于华人在政治上强大的生命力，原本坚持种族政治，一直鼓吹马来民族主义路线的新任巫统主席东姑阿都拉曼，也于 1952 年 4 月，开始在马来人中间大力宣扬非种族政治。

这个转变，也从侧面表明，李孝式的政治理念已经成功地深入人心了！

“所有的选举都风平浪静。”李剑桥这样形容 60 年前马来亚里程碑式的民主选举。

李剑桥曾蝉联两届吉隆坡市议员，州议员也是两届。一直到现在为止，他仍然是马来西亚历史上最年轻的民选候选人。

他本来有机会向国会议员进军的，后因种种原因没有参加竞选。“政治是为大众服务的，没有薪水，老婆孩子拿什么来养？”在马来亚，没有行政职务的人从事政治工作，完全是一种义务性的工作，没有足够的实力是“玩”不起的。李剑桥从政治中抽身而退，出来创立了自己的公司“豪光建筑有限公司”，同时代理一家美国公司生产的“Q・C・A”冷气机。

后来，担任独立后首任财政部长的李孝式提倡“工业建国”的时候，他还亲自为他父亲的理想设计了“八打灵卫星市”的规划蓝图……

很多与李孝式的人生经历息息相关的历史事件，李剑桥都曾亲身见证。

3. 两次拒绝进入内阁

早在1951年,马来亚联合邦行政会设部长制的时候,当时的钦差大臣葛尼爵士就曾邀请李孝式入阁,并且在一次饭局上向他私下表明,委任一个"适当的职位"给他,是殖民部的建议,原因是他的出色的才华和个人魅力具有举世公认的号召力。他提到殖民部,李孝式立即想到了自己的同学格里菲斯。也许邀请他进入内阁,就是这个老同学的主意吧。他想。虑及局势的敏感,加上移殖新村时就有人给他冠过"英国人的走狗"的称号,李孝式绝对不能让自己给公众留下亲英的印象!所以,他委婉地回绝了。他在心里想的是即便是从政,也应该是马来亚独立之后的事。

从那以后,他更加注意跟他的英国朋友和同学保持距离了。

1951年10月5日,马来亚共产党在福隆港那场击毙了英国驻马最高专员兼钦差大臣葛尼。邓普勒中将被任命为英国驻马最高专员,他上任之后,加大对马共武装的打击力度,同时实行毕礼斯计划以截断马共同其群众基础的联系。在当时,马来亚的总人口中,马来人占43.3%,华人占44.9%,印度人占10.4%,华人俨然成为马来亚最大族群。而马共在华人社团中拥有广泛的群众基础。为了打击马共的群众基础,英殖当局捣毁约五、六十万村民的家园和农作物,然后将他们强行移殖到新村里。英军还在森林上空撒化学药剂以破坏解放军在森林中的粮食种植基地,甚至雇用几百名名婆罗洲达克族人,以猎人头的原始办法,狩猎解放军人头。而同时,马共在斗争也不断犯下策略错误,马共号召工人砍倒橡胶树,破坏矿山,使得马共失去了中产阶级的支持,而没收身份证,焚烧巴士和攻击公共火车更是让普通老百姓觉得恐惧……马来亚共产党就这样一步步被逼进森林,之后坚持了四十多年森林游击战、创下世界最长久森林游击战争记录……

葛尼被击毙后,邀请他入阁的事就被搁置了。葛尼之死也暴露出了英殖民地当局内部的不协调,民事部门与军事部门缺乏应有的协调,缺乏可靠的情报。李孝式打心里不愿去趟浑水。

10月21日,新上任的英国保守党派遣新任殖民部大臣奥利弗利特尔顿(Oliver Lyttelton)前来马来亚进行了两个星期的巡视,之后不久,邓普勒抵达新加坡,出任新的钦差大臣。

邓普勒公然宣称"共产主义是全世界最邪恶的",对"华人新村"实行严密的"问卷箱行动",像日军当年为甄别亲英、抗日分子而采取的"大检证"一样,利用"问卷箱行动"来甄别亲马共或同情马共的华人。邓普勒亲自写信给戒严区的每一个家庭,搜集关于马共活动的秘密情报。信是这样写的:"如果你是共产党员,我不期望你会复信。如果你不是,我要你在这张纸上写下尽可能多的情报,以协助我们的军队逮捕在你的地区的共产党恐怖分子。"

邓普勒的行事作风,得到了伦敦的肯定和赞扬,却让华人陷入更痛苦的境地,也最终将马共逼入绝境。李孝式对这样的局势无能为力。

他唯一能做的就是继续为苦难的同胞寻找可以安居乐业的土地，劝诫他们务必安守本分。而他在侨领中说的“以静制动等待云开雾散的那一天”话，是不能随便对平民百姓说的。还有就是，竭力却不露痕迹地拒绝邓普勒要他出任联合邦海港铁道部长的邀请。

可是，就跟当初他因为“偶然事件”被推上商界领袖的位置时一样，这一次，同样是因为一次偶然事件，间接地促成了他的入阁。

这次的偶然事件可不是一般的“偶然事件”，而是划时代的历史事件：伊丽莎白二世加冕。

4. 女王的“UNCLE”，逝去的梦

“你好！‘Uncle Lee’！”女王满面春风地远远地就伸出手，这个年轻的国王，明显的还沉浸在加冕的兴奋和喜悦之中。

“您好！女王陛下！我非常荣幸地祝贺并祝福您……”李孝式用流利的英语回应着，按英国王室的谨见礼节吻了吻女王的手。

“我的亲爱的父亲，经常谈起您——他青年时代唯一的中国朋友……我很羡慕他，曾经拥有如此单纯的年少时的友谊。不像我，我的青春岁月里只有一个成为我丈夫的朋友……”女王爽朗而不失优雅的述说着，“您看起来比我想象的，比我可怜的父亲要年轻得多……”

这是一次没有一丝政治意味，却被外界传言得无比神秘的会见。地点是英国伦敦的二战中经历过九次轰炸的白金汉宫，时间是1953年的6月2日——伊丽莎白二世加冕的那一天……

就在马来半岛各苏丹及各族社团代表纷纷准备远赴伦敦庆祝女王的加冕典礼，而马华忙着推荐代表华族的合适人选的时候，马来亚殖民地当局却接到了伦敦专门发给李孝式的邀请函。

年轻的伊丽莎白公主，以私人的名义邀请她的“Uncle Lee”参加她的加冕仪式。显然这位可爱的公主没少受其父王的影响，并肯定知道很多乔治六世年轻时的故事。平时国事繁忙无暇顾及一些属于亲情或者友情的人和事，难得在这么一个重要时刻做出这样的小小的决定吧。

仅仅这封私人邀请函就足以令所有的人再次对“李孝式”刮目相看。只有李孝式自己心里清楚，这样的邀请完全与政治没有关系。

因为名额所限，而伦敦对他的印象又是众所周知，马华正在为到底是派他还是陈祯禄作为代表前往祝贺举棋不定，这下可好，两个人一起去。

1937年，陈祯禄曾被选为海峡殖民地的官方代表，赴英伦参加英皇乔治六世的加冕典礼。这一次，他又要去参加其女儿的加冕典礼，这样的际遇也算是相当难得了！可惜天公不作美，临出发前一个星期，陈祯禄因年迈和接连的劳累病倒了。他只得以自己过去的经验，

将相关的礼仪教给李孝式。不同的场合要穿的以示礼节的衣服,比如加冕典礼那天贵宾要穿的"早礼服",和参加正式晚宴要穿的"黑领结"等都帮着一起准备好了。虽然李孝式年少时就接受英国教育,对英国贵族方面的礼节多少有些了解,但毕竟比不上陈祯禄亲身经历过的经验。

李孝式既代表个人又代表马来亚华社,与东姑阿都拉曼,以及苏丹代表们一起飞往伦敦。

他的心,完全被时隔三十年的岁月之后重新踏上英伦半岛的说不清道不明的情绪填满了。

也许冥冥中真的有命运之手的安排吧。伦敦就像一个遥远的梦,他曾经拥有,又曾经失去的梦。他沉寂多年的情感,还有不为人知的牵挂,仿佛在转瞬之间占据了他全部的身心。

这样的机会在别人看来绝对荣耀之极,李孝式却只想着自己到伦敦最想干的事情。他背着所有的人包括妻子关小舫,用一整晚的时间整理了一份资料,预备到伦敦后委托英国的外交部办理。

因为心中装着其它的事,李孝式根本无心欣赏伦敦的风景。他满心期望能在自己离开伦敦之前完成心愿,无论是否已经人事全非,他都愿意承担今时今日的任何结果。

1953 年的 6 月 2 日,伦敦难得的好天气,常年都雾蒙蒙的天空,阳光明媚而灿烂,还有微风习习。伊丽莎白二世的加冕典礼,在预定的时间里按部就班的进行。

这是二战后英国规模最大的庆典。光是乐队就多达 50 多个,由 2000 名乐师组成;仪仗队的阵容更加气派,由整整一万名皇家部队官兵组成。由于涉及的方面和人员太多,仅仅两个半小时的加冕仪式,据说用了近一年的时间来筹划和预演——也许那份给他的邀请函就是在这段时间的某个偶然的时候,年轻的公主一时兴之所致而发出的吧。李孝式这样想,因为他丝毫没有感觉到自己有觐见女王陛下的可能。刚到达伦敦住下,苏丹们就吵吵嚷嚷的要单独觐见女王,都没有被获准——想受到女王召见的"贵宾"太多太多了!

加冕典礼在伦敦著名的维斯敏斯特教堂里举行。

李孝式站立在安静得有些肃穆的贵宾中间,与大家一起等候公主的驾临。9 时许,身着紫色盛装礼服的伊丽莎白公主乘坐的皇家敞篷马车,缓缓抵达教堂。

这位在第二次世界大战中干过汽车修理工的公主,年轻美丽、高贵典雅又明艳照人。能在未来漫长的岁月里被这样一位女性领导,即使只是名义上的,也是英国人的好福气。

这是他有生以来,第一次也是唯一的一次目睹国王的加冕典礼。

伊丽莎白公主优雅地走下马车,缓步穿过铺着地毯的大厅。在千多名安静的贵宾面前,主教背诵了已沿用几个世纪的祷词。接着,伊丽莎白公主进行宣誓。仪式的核心部分是涂圣油、授节杖和加冕。涂圣油完毕后,侍从替公主穿上一件普通衣服,便开始授象征国家权力的宝剑和节杖。然后,大主教亲自把一件制作精细、价值不菲的紫色"王袍"给公主披在身上,再接着是接受主教递上来的君王节杖、宝珠和笏,以及镶有红蓝宝石十字的皇家戒指。最后,仪式高潮来临了,坎特伯雷大主教把圣爱德华王冠高高举在空中,然后放下,戴在"无可争议的女王陛下”头上——伊丽莎白公主从此正式成为英国女王“伊丽莎白二世”。

在一个充满变革、冲突和危机的时期，这样的仪式，无疑给人一种持续、一致、安逸的印象。

伊丽莎白二世女王陛下，是英国和英联邦15个成员国的国家元首，同时也是英格兰教会的最高首领。她的头衔全称为“大不列颠及北爱尔兰联合王国与其国土和领地之女王，英联邦元首，国教信仰的保护者”。

仪式结束，乐队吹奏了女王的音乐师阿瑟—布里斯爵士谱写的庆祝乐曲后，伊丽莎白二世乘坐来时的镀金敞篷马车，在民众的欢呼声中经伦敦大道返回白金汉宫。一路上，她轻松愉快而又不失礼节地向周围的臣民致意。大部分民众为了看到女王，正经整整等候了一夜。在女王的马车后面，是乘坐各自豪华汽车的各国元首，其中包括印度、巴基斯坦、澳大利亚、新西兰和南非等国的总理们以及桑给巴尔等国的国君。他们由身着鲜红色服装的加拿大皇家骑警，和身着白色制服绿色围裙的马来亚警卫部队护卫。

加冕仪式一结束，李孝式就直奔外交部。一位叫罗伯特的官员接待了他。他将自己亲手整理的，所有能证明“多伦·格林”和“李香江”身份的背景资料和一张层层包裹的照片——那张照片谁都没有见过，交给了罗伯特，郑重拜托他务必尽一切努力找到他们。

罗伯特接过资料打开一看立即瞪大了眼睛。

“有什么不妥吗?”李孝式小心地问。罗伯特一声不响地从抽屉里抽出一份与李孝式的这份资料几乎完全相同的另一份资料，说:“这是去年，一位叫李剑桥的先生从马来亚寄过来的。你们……”

“他是我儿子，也是她的儿子。”李孝式指着照片上的女人说

“哦……我明白了！我一定尽力而为！”

“非常感谢！但愿我能在伦敦等到您的回复！有了消息请务必先告诉我……我是家长……这是我的地址……”

在得到罗伯特肯定的应承之后，李孝式如释重负地离开了外交部。

刚回到驻地，就接到白金汉宫的通知:女王要召见李孝式。在马来亚代表团里，他是唯一获得单独接见的贵宾。李孝式丝毫不敢怠慢，怀着意外而忐忑不安的心情由护卫外国贵宾驻地的士兵一路护送到王宫。女王的贴身顾问简单地向他交待了觐见的礼仪之后，把他带到女王的会客室门口就离开了。

女王一开始就以“Uncle”(叔叔)来称呼她，完全一副心无城府的样子，连谨言慎行的李孝式都被这份骨子里透出的单纯感染了，情不自禁地跟女王朋友似的谈起了他尘封心底的“剑桥时光”，他与女王的父亲年轻时的友谊……

“我们不久就会再见面的。我会让马来亚独立，英国从马来亚获得的已经够多了……殖民地，是一个噩梦，充满金钱和邪恶的噩梦，这个梦很快就要被历史性地结束了——这些话是我不适宜在其它场合说的，但是我真的不喜欢战争，甚至纷争……”就要结束会见的时候，女王这样说，紧接着，她几乎是分秒必争地谈起了自己从小受的“永远先责任后个人”的教

育，谈起了二战发生时，他们的母亲反对孩子们去国外避难的往事，甚至在白金汉宫遭受德军轰炸时他的父母亲依然勇敢地带领孩子们坚守不离情景——王室的坚守曾经是英国民众最坚强的精神支撑！还有她在1940年针对避难中的孩子首次发表广播演讲的难忘经历，以及如何说服父亲，允许她直接参与协助打赢那场战争，最后终于参加进一个支援战争的妇女团体，在战火纷飞的情形下开大卡车的情景，她甚至还清楚地记得自己当年在部队的编号，言谈间是掩饰不住的自豪……

"马来亚与伦敦的谈判，你一定要来。我会关照殖民部的。"终于结束会见的时候，女王这样说。

5. 从海港铁道部长到交通部长

离开伦敦的时候，李孝式又见缝插针地去了一趟外交部。罗伯特说他委托的事还没有消息，但他正努力通过其它途径帮他寻找，请他耐心等待。他一定会尽快给他消息！

罗伯特的无私帮助和安慰，让他心里充满了无限的感激。

返程的飞机上，苏丹们都用特别的眼光看李孝式，有羡慕又有戒备。除了他一个人受到单独接见外，伊丽莎白二世对马来亚的代表团只进行过一次集体会见，而且还是以赐晚宴的方式进行的。

坐在他身边的东姑阿都拉曼小声说："以后，国家大事就靠你了……"

李孝式轻轻一笑，说："说的哪里话，女王接见我是纯粹的私人会见，陛下只跟我谈了她父亲。"

"这样更难能可贵啊！"东姑的口气里充满了无限的羡慕，"我在英国也呆过几年，就没有过这样的际遇，连类似的都没有。你都成了女王的'uncle'呢，反正以后我就仰仗你了。"

李孝式无言，只能以更加谦虚的笑容应付。他了解马来人，他们大都是非常现实的，没有必要跟他们一般见识。他唯一能做的就是继续坚持"用心做事，诚恳待人"，在政治活动中尽量保持低调，但要更加表现出自己的民族协作精神，让别人无懈可击。

飞机降落在新加坡机场，苏丹们的司机早已在候机厅外等候。让他意外的是马华居然也派了好多代表来迎接他们，仿佛他们是凯旋而归的英雄一般。"女王的Uncle回来了！"刚一出机场，大家就涌了上来，还有人用照相机摄下了他们鱼贯而出的镜头。真不知道他们是怎么传递准确的消息的，连"小道消息"都知道得这么清楚！说不定还就是冲着"女王的Uncle"来的呢！如此的兴师动众，李孝式唯有苦笑。

李孝式坐东姑阿都拉曼的车回吉隆坡。后来他回想起来，要成立马新航空公司以及在吉隆坡建造民用机场的想法，大约就是在那个时候萌生的。只不过没有想到这么快就能真的实现。

1953年11月，邓普勒以马来亚最高行政长官的名义，发函给在各类竞选中不断获胜的联盟,要求他们派代表进入内阁。巫统立即答允,东姑阿都拉曼极力举荐李孝式。作为华巫联盟的发起人,李孝式再不能一味的推脱,他必须以大局为重,舍弃个人名节来维护联盟的长远利益。李孝式顺利地接任了联合邦海港铁道部部长之职。与他同时进入联合邦内阁的还有受委为土地矿务及交通部长的、巫统的伊斯迈医生。1954 年 2 月,政府将海港铁道部扩大为交通部,所有海陆空的交通,和港口河道船务等一切事务,均由他李孝式主持。

既然消极的拒绝是没有用的,不如以积极的姿态为这片土地和这片土地上的人民谋福祉吧!李孝式接任海港铁道部及交通部部长之后,先后干了几件功在当代、利在千秋的事:一是建立马新航空公司,以及后来的"马航"都是在他做交通部长的时候建起来的。这个举措成功地拉近了马来亚与其它独立国家的距离,为马来亚将来迈入现代文明打下了基础。二是在瑞天咸港口即后来远近闻名的巴生港口,设立新码头;三是在槟城港增建渡轮服务。

瑞天咸港(PORTSWETT ENHAM)位于马来半岛西部沿海巴生(KELANG)河口南岸,濒临马六甲(MALACCA)海峡的东侧。是马来亚的最大港口,距离吉隆坡(KUALALUMPUR)约 37 公里,也是吉隆坡的外港。吉隆坡所需的生活用品和工业原料均通过该港进出。该港还是马来半岛木材、棕油与橡胶的主要出口港,马来亚的钢铁、化肥、砂糖、小麦、大米、石油及化工产品也都由此进口。河口有群岛屏蔽,是一个避风条件好和海域开阔的港口。港口分南北两港,两港相距 4. 8 公里。北港对面深水锚地能同时停泊 20 艘海轮,工业有面粉、制糖及橡胶等。为了适应集装箱运输发展以及整个马来亚经济发展的需要,李孝式亲自策划在南北两港分别建设了专门的集装箱码头。

增设了集装箱码头后的瑞天咸港,成为马来亚第一个有集装箱航线的港口。码头投入使用后不久,就开始有定期的集装箱货运航行于欧洲与远东。

槟城也是马来亚的重要港口,还是东姑阿都拉曼的家乡。位于槟榔屿岛东北部,马六甲海峡北口,槟榔屿海峡西岸,是马来亚第二大州,更是华人人口最多的州。槟城早在 1786 年就被辟为自由港,为印度至中国航线上的停泊港。后发展成海峡殖民区首府和商业中心,工业居西马来亚北部地区首位,生产锡、大米、椰油、肥皂、藤竹器、电子仪器等。槟城港占全国各港总吞吐量的 25%,出口橡胶、棕油、锡与木材,进口燃料、糖与肥料。

李孝式从一位经济家的角度看到了槟城未来的发展前景:槟城素有"印度洋绿宝石"之称,既有美丽的海滩与原野风光,又有众多的名胜古迹。岛上有可以尽览全岛和海峡风光的槟城山,名胜地点也很集中。除此之外,槟城岛也以其美食闻名于本区域,食物种类从娘惹美食到小档口的油饭、炒粿条(河粉)及槟城叻沙等,其食物风味和其他州属有很大的差别。更重要的是这里有深厚的历史文化,槟榔屿在马来历史书籍马来记年之书就记载有 Polo Pinang 之称,当年的郑和航海图中就有槟榔屿之称,这是在中国以外的地方,唯一一个 600 年来仍然沿用航海图上的华文名称的地方。还有,1910 年孙中山先生就是在这里主持"庇能会议",他的父亲李季濂曾在这里掩护被追捕的孙中山……所有这些,都是将来发展槟城旅游得天独厚的天然条件!李孝式几乎是怀着无比兴奋的心情,决定率先在这里发展渡轮服务。

他在"式庐"的书房里每天工作至深夜,亲自拟定槟城发展的计划书,甚至亲自设计渡轮系统。计划书和设计草稿出来后,又亲自发动华裔商人进行投资……这三件大事基本上是同时策划同时进行的,连慢条斯理的只关心美元出口百分比的英国人,都被这个矮个子华人充沛的精力和层出不穷的"大手笔"震住了!

"这个人,很了不起!以后,我们要适当的重用他。"邓普勒将军不止一次在殖民地当局的内部会议上这样说。

而建立航空公司、增设新码头和增建渡轮服务这几件事的成功运作,也为李孝式自己积累了丰富的经验,为他未来的工作打下了更加坚实的基础。在他担任海港铁道部长和交通部长期间,当然不止干这几件大事,从上任开始,他一直在勤勤恳恳地为人民服务,修路、架桥、改造民居等等,马来亚所有与民生密切相关的基础设施,大都是在那时候建起来或者打下基础的。

6. 国父东姑阿都拉曼传奇

李孝式虽然实现了雪兰莪华人公会与雪兰莪巫统之间的联合,但是华巫联盟的完全实现却显得越来越遥不可及了……

1951 年 8 月,巫统的创办人拿督翁惹化因与大多数巫统成员政见不同而离开,另行组织一个对立的非种族性政党:马来亚独立党。并通过这个组织许诺在 1958 年为马来亚赢得独立。经过一番龙争虎斗,巫统领导层出现真空。当时很多马华党员都以为激进的民族主义者慕斯达化胡先会填补上去,李孝式跟陈祯禄多次会晤,担心激进的民族主义者领导巫统之后,他们的联盟愿望会最终破灭。打算在新的巫统领导人选未正式出炉之前,动用一些关系看能否左右竞选结果。没想到马来人中间却横空杀出了一匹黑马:东姑阿都拉曼。

51 岁的东姑阿都拉曼,以比慕斯达化胡先更加激进的方式,完全摒弃了拿督翁所宣扬的非种族性主张,在所有的竞选场合,大肆宣扬他近乎狂热的马来民族主义路线,公开宣称将在马来亚建立马来国。他的狂热几乎将李孝式吓蒙了!最后的结果,这个东姑阿都拉曼以一票之差压倒了慕斯达化胡先,当选为新一任巫统主席。

消息传来,李孝式与陈祯禄陷入了绝望的深渊。

然而奇迹总在绝望的时候出现。这个以狂热的民族主义制胜的东姑阿都拉曼,很快就意识到了自己的错误:他在整理党务中发现,英国人在 1949 年就宣布了不管马来人愿不愿意,马来亚将在数年内获得独立的事情——由于那时候他刚回国,所以没有及时留意到这个信息。他这才恍然明白,马来亚什么时候走向独立,是和本土政治人物什么时候达致种族包容密切相联的。在这样的情势之下,他的"马来国"构想是根本不可能得到英国政府的支持的了,独立更是无从谈起。

于是,在完全出乎大家意料之外的情况下,东姑阿都拉曼来了个 180 度的大转弯,开始在各种场合公开鼓吹自己原先排斥并极力反对的非种族政治……并主动表示同意与马华结盟！好一个地地道道的现实主义者！李孝式的联盟理想在经历了一波三折之后，居然因为这个意外人物的出现，意外地轻松实现了！他对这个比自己年轻两岁的、变色龙一般的东姑阿都拉曼产生了强烈的好奇。

东姑阿都拉曼（Tunku Abdul Rahman 也有人译为“拉赤赤曼”），1903 年 2 月 8 日出生于吉打州，是当时执政的苏丹阿都哈密哈林沙的第七个儿子，从小就被培育出一种不屈不挠的精神。这一点主要从他的被很多人津津乐道的求学经历出体现出来。

东姑阿都拉曼 4 岁时就入学读书，上午读巫文，下午读英文。12 岁时进入槟城大英义学读书，16 岁时获得吉打州的奖学金，前往英国预科大学参加入学考试，考入剑桥卡特灵大学院，并于 1925 年获得文学士学位，成为获得英国大学学位的第一位吉打王子。

这段经历当然不足为奇，让人记住的是他考法律学位的经历。东姑阿都拉曼曾经三次赴英国攻读法律，却始终未能考获学位。第一次是 1925 年，他被当时任吉打摄政王的哥哥东姑依布拉欣送到英国念法律，在英国留学五年，没有考到学位。第二次是 1938 年，因为不服气，他自己再度前往英国攻读法律，结果由于二战爆发而中断。第三次是 1947 年，他再次前往英国继续攻读法律，一直读到 1949 年，才被招进英国一间著名的法科学院，获得执业律师的资格。那时候，他已经是 46 岁的中年男人了。

这样的求学经历，在一开始就因学业优秀而名扬异邦的李孝式看来，简直太不可思议了。

而东姑阿都拉曼本人也因为这段屡败屡战、屡战屡败的求学经历被很多人嘲笑，连一些外国政要都因为他的这个经历而瞧不起他。有人甚至怀疑他去英国留学原本就不是为了求学，而是去吃喝玩乐、流连于大英帝国的花花世界的，有好事者还因此给他扣了顶“花花公子”的帽子。

不过李孝式觉得他的精神倒是值得肯定的，特别是他那种“应时而动”、能屈能伸的大丈夫做派——那可完全是一种政治智慧，让他刮目相看。

他不知道其实在东姑阿都拉曼这边，也同样在“观察”他，而且大有惺惺相惜之意。伊丽莎白二世加冕典礼期间，东姑亲眼目睹李孝式与英国王室非同一般的“交情”之后，开始对这个不寻常的矮个子华人另眼相看。很多事情，尤其是大事情都先听取李孝式的意见。

他唯一不明白的是，为什么李孝式跟英国王室和殖民地当局（据他所知，好几位殖民地官员都是李孝式在剑桥大学的同学）之间有着如此深远的感情，却在政治上对他们那么的毫不留情，一点都看不出他有亲英的倾向。

这当然不奇怪，他所受的教育与李孝式所受的中国传统教育是完全不同的。他也不会明白，在李孝式的价值观里，个人感情与民族大义是从不会混为一谈的！

东姑阿都拉曼不仅是一位绝对适合从政的现实主义者，他还是一名虔诚的回教徒，每日闻鸡而起，朝拜念经五次，心内无比相信真主阿拉是仁慈而公义的，相信不同信仰的人之间，只有忍让、忍耐和理智才能产生真正的谅解。这一点，与李孝式的人生理想是完全相通的。

所以他们在联盟之后，就成了政治上团结一致的盟友，并在不断的交往中建立了深厚的超越种族与政治的友谊……

马来西亚的媒体曾经用“敦李和东姑是我国争取独立的功臣，他们情谊深厚”，来形容李孝式与被称为马来西亚“国父”的东姑阿都拉曼之间的友谊。

“东姑对人很有感情。”1983年8月31日，马来西亚独立二十五周年纪念日那一天，李孝式接受《中国报》记者丽娟的采访时，曾经这样评价东姑阿都拉曼。

“当时，东姑是住在槟城，我们就住在雪兰莪，东姑常常来回槟城与吉隆坡，每回到吉隆坡时，他都会到我家吃中餐，东姑很喜欢吃中餐，而我家也自然而然成了他在吉隆坡的中餐馆。”

“父亲是个很讲原则的人，就说他守时这个原则吧！尽管是国父来我家做客，说明是晚上7时开饭的，一到7点，父亲就吩咐佣人开饭，连东姑也不等的……”

在谈起父亲的往事时，李剑桥也不止一次的提到这个东姑阿都拉曼。可见李孝式与这个马来西亚“国父”之间，的确有着不同寻常的关系。

李剑桥说，父亲生前常常说，是东姑的现实成全了他的理想。

是啊，东姑阿都拉曼成全了李孝式种族团结、和平独立的理想。李孝式则成全了东姑阿都拉曼努力追求本土自治的马来领袖的政治抱负。他们联合起来，共同成全了一个国家。

7. 胜利的背后

东姑阿都拉曼在李家固定的晚饭时间，独自驾车来到了式庐，他几乎与李孝式的车同时到达式庐大门口。来不及让疲惫的李孝式喘口气，东姑阿都拉曼就焦急地说开了……

“既然‘恫言’已被公众及对手所知，当然不能退缩。”李孝式说。他没有“埋怨”东姑阿都拉曼的轻率，而是认真地帮他分析情势，很快就找到殖民地当局在立法议会成员的委任权力上面的突破口：联邦立法议会成员被委任的人数是12名，而当局规定由钦差大臣个人全权委派的就占了7名，按照民主议会制的目标和形式，这是非常不科学的席位安排。经过周密的思考和权衡利弊之后，李孝式认为集体辞职可以实行，但增加选举席位可以不是唯一的或者必须要达到的目的。他说对于当局已经形成书面报告的协议，他们可以适当的予以尊重，尊重是为了表达诚意。所以，他们可以将既成事实的选举席位安排放在一边，去争取改变由钦差大臣委派的议员数目，并对具体要求做了建议。为了促成建议变成现实，李孝式认为集体辞职是极好的手段。既可以给当局施加压力，又可以让公众看到联盟的态度，给予大家对未来的希望和信心。

事情是这样的——

联盟选连胜之后，一个包含各政党的委员会很快就成立起来，共同研究进行联邦大选的条件问题。但是事情进展并不顺利……

拿督翁惹化退出巫统后在吉隆坡成立的“马来亚独立党”，虽然进行的是非种族性运动，但因为经济上的原因，这个政党在行动上表现出明显的亲英倾向。拿督翁惹化明确表态：“不要求独立，不要求英国人离开”，他强调他们的目的主要是维护马来民族的利益，“需要英国政府的帮助和支持，过于突然的独立，将意味着马来人在政治与经济上都受到华人的控制。”

各政党委员会的成员，很多是从独立党的支持者中选出来的，在委员会冗长的辩论之后，独立党与联盟之间发生了很大的意见分歧：

独立党代表主张设立一个 92 人的联邦会议，其中少数部分的 44 人通过选举产生，其余委任；联盟则建议设立一个 100 人的议会，其中多数部分的 60 人由选举产生，其余委任。一个少数与多数的区别，彰显出了完全不同的政治理念。最后的结果谁都没有胜出。

1954 年 4 月 27 日，当联盟代表还在忙着会见威斯敏斯特的国会议员的时候，殖民部却发表了一份有关邓普勒与马来苏丹之间就选举问题所达成的协议白皮书：马来统治者已经一致赞同英国政府所提议的一个 98 人组成的立法议会，其中 52 人由选举产生，剩余的 46 人由当局委任。

李孝式敏感地觉察到了这件事显露出来的英国政府的政治手段。他必须想办法阻止类似的事情再次发生。可是，陪同东姑阿都拉曼前往伦敦洽谈大选事宜的是马华领导人陈祯禄。

要削减殖民地当局的控制力，陈祯禄似乎显得过于温和了。为了应对英国政府的幕后操纵，东姑阿都拉曼恫言要让联盟党员从所有联邦及州机构包括各州委员会集体辞职，直到英国政府答应，将建议中联邦议会的选举席位增至五分之三多数。他最初做出这个决定的时候并没有征求自己一向倚重的李孝式的意见，直到被形势所逼，真的要将恫言付诸行动的时候才因为底气不足找李孝式商量。

这个时候，李孝式正在马不停蹄地奔赴各地进行竞选演说。

这是他一生中最忙碌的时候。他的“式庐”再次成为门庭若市的焦点，式庐的饭厅成了他的竞选筹划办公室和会议室，古色古香的餐桌也成了召开“圆桌会议”的会议桌。为了写好大选的竞选演说稿《独立之路》，他参照美国托马斯·杰斐逊起草的《独立宣言》，以及其它已获独立的国家的相关文件，结合马来亚的历史和现实，一次次在家里的“圆桌会议”上，从政策大纲、国家防卫、内部保安、经济事务到宪法法律，以及对当时最为敏感的如何结束“紧急状态”的问题的处理，和对民众不容置疑的许诺等等内容，广泛征求各方意见，整整一个星期闭门不出，才得以完稿。然后又进行周密翔实的讨论和修改，洋洋数万言，到脱稿的时候已前后花去近一个月的时间。

无数次的会议研讨之后，李孝式被大家一致推选为联盟圆桌会议的主席，和联盟竞选委员会的副主席，巡回全国竞选演说 300 多次。每到一处，演说现场都是人山人海，他用华语演讲,也用英语演讲,有时候甚至用马来语和印度语演讲……他终于以另一种完全不同的形象,让公众记住了一个政治家式的李孝式。民众不再记得他是“女王的 Uncle”,也不再记得他是英王乔治六世的同学,不再记得他是锡矿家或者华人富翁……大家只记得他为未来的马来亚勾画的美好图景;只记得他的《独立之路》;只记得他许诺的联盟执政后将通过大赦结束紧急状态的承诺;只记得他的四年内达致自治和独立的无比肯定而且明确的目标;只记得他的与“独立”和“马来亚”紧紧联系在一起的名字——李孝式。

李孝式就给了东姑一个既尊重当局又给当局压力,同时又能增强公众对联盟的信心的建议。东姑对他这个一箭三雕的建议佩服得五体投地,离开的时候,握着李孝式的手一个劲地称他是“智囊先生”,只差把他当成万能的真主阿拉来感激了。

1954 年 6 月 1 日,邓普勒卸任,他的副手唐纳麦吉利夫雷爵士(Sir Donald MacGillivray)升任钦差大臣。麦吉利夫雷掌权之后的第三周,联盟果然将东姑阿都拉曼的恫言付诸行动,实行抵制所有政府机关活动。

7 月 2 日傍晚,麦吉利夫雷将东姑阿都拉曼和其他两名联盟领导人一起,请上他停靠在新加坡三巴旺海军基地的皇家驱逐舰,在船长室进行了两个多小时的商谈。之后,双方达致妥协方案:原本由钦差大臣个人全权委派的 7 名联邦立法议会成员,现在虽然仍由钦差大臣委任,不过其中 5 人的委任状必须与多数党的代表商议之后才能发出;另两个代表经济事务和国防的委任权则保持不变,仍属钦差大臣专有的特权。五天之后,联盟取消了抵制活动。

8 月,立法议会修订了联合协议,允许大选。

1955 年 3 月,大选日期正式公布:投票将在 1955 年 7 月 27 日举行。

在这场难得强硬的抗议中,联盟再次取得胜利。而作为整个事件主导者的李孝式,自始至终从未露面。

4 月,亚非会议召开,从外界推动了马来亚民族独立解放运动的发展。而早在 1955 年 1 月,英国政府曾将一大笔款项划拨到国家辖下的“乡村发展局”的账户,宣称是为了扩建乡村计划。但是所有知道这件事的人包括马来亚共产党,都明白这是殖民当局有意要扶持拿督翁。

然而,人民的眼睛是雪亮的! 历史的车轮是无法阻止的!

7 月 27 日,马来亚联合邦立法议会大选如期举行。参加竞选的政党有:华巫印联盟、马来亚国民党、泛马回教党、进步党、泛马劳工党、霹雳公民公会、霹雳马来人同盟以及独立人士。

竞选的结果,华巫印联盟在民选的 52 个议席中赢得 51 席。剩下 1 席由回教党取得,英国人看好并公开支持的拿督翁的国家党一败涂地,而且完全无望东山再起。

联盟压倒性的胜利,完全震惊了英国人。甚至出乎李孝式的意料之外。

大选圆满结束后,华巫印联盟成为执政党。联盟主席东姑阿都拉曼出任联合邦政府首席部长兼内阁首席部长,即内政部长,由联盟中的要人分任各部部长,其中出任部长的华人代表有:李孝式继续任交通部长,梁宇皋出任卫生部及社会福利部长,翁毓麟为邮电部长,朱运兴为教育部副部长。

同年8月，东姑阿都拉曼正式代表马来亚民选政府，向英国殖民部递交备忘录，要求联合邦在今后四年内在英联邦范围内独立，取消英高级专员的否决权，将财政和防务大权交给民选的联合邦政府，并在备忘录里确定了马来亚代表团赴伦敦谈判的具体时间。

独立的脚步，越来越近了……

“书房是老板公最常到的地方，他常常在这里工作到三更半夜，深夜三时多，屋内的灯都熄了，就只有书房的灯还亮着。在独立前，这间书房的灯一直到深夜都亮着。”

李家的老佣人林爱，在记者面前回忆李孝式在争取独立时的忙碌时这样说。

林爱是在二战结束后下南洋的，一直在李家担任佣人，前后六十多年。她到李家工作时，李家的孩子们都已经长大了，最小的孩子李裕隆都已有五六岁，她是负责照顾李家的两位千金：雪兰和雪莪，一直到她们年长，到国外念书后，才开始负责照料李孝式的起居饮食，直到李孝式逝世后都继续留在李家，陪伴李孝式的夫人关小舫，在女主人去世后就一个人看守“式庐”。她终身未嫁，李家的点点滴滴，李孝式的生活习惯等等，她都如数家珍。遗憾的是，笔者前往式庐采访时，式庐已经出租给了渣打银行的总经理，当年的林爱已经前往香港颐养天年了……

8. 第一次伦敦谈判：放庆祝烟花的钱都没有，独什么立？

马来亚三大民族以充满智慧的实际行动证明了自己是团结一致的，是完全有能力自治的。现在，是英国政府兑现承诺的时候了！1956年1月1日，东姑阿都拉曼率领以敦李孝式、敦阿都拉萨、敦伊斯迈四位联盟代表，以及雪兰莪、吡叻、吉兰丹和柔佛四个州的苏丹代表，和两名秘书，一同前往英国伦敦进行独立谈判。当时陈东海是两名秘书之一。

东姑阿都拉曼在联盟会议上将独立谈判命名为“默迪卡（马来语“独立”之意）任务”。

由于在此之前，东姑阿都拉曼为准备和进行与马共的“华玲和谈”——让马共放下武器的谈判，花去了太多时间，他们的独立条款中在一些细节上，皇族和联盟之间还没有达成协议——当时半岛的统治是由各州苏丹掌权。李孝式建议代表团坐船去伦敦，这样，在途中他们可以商榷相关事宜。他的建议被采纳，代表们从新加坡上船，游轮在海上行驶了九天才到达孟买湾，孟买是他们下船转乘飞机的中转站。经过在船上连续九天不停地谈判，苏丹与联盟代表之间终于在彼此妥协的基础上达成了共同争取独立的目标协议。那九天的时间里，新政府的代表与皇室之间，一直在不停地协商、谈判。十个人中间有五个都是穆斯林，他们每天都在船上进行五次祈祷，为了补回那些时间，争取在上飞机之前达成一致意见，他们连吃早餐和午饭的时间都用上了。

代表团到达伦敦后,英国政府给予他们很好的招待,谈判也在很和谐的环境中开始。英方派出的首席代表是殖民部长波特勋爵,李孝式的剑桥同学格里菲斯也在英方代表之列。同学之间只是淡淡地打了招呼。谈判的内容包括:马来亚脱离英国殖民地统治组织新政府,同时自理国家的内政和经济。因为马来亚没有军事设备,因此不存在国防问题的谈判。关于国防设备还需要继续要求英国提供,平稳过渡之后再行解决。一连四天的谈判都进行得很顺利,英国方面同意让马来亚在他们预定的期限内独立。问题出现在第五天的谈判,关于经济问题的协商上面。

英国经历了两次世界大战,加上不计其数的通过武力进行的殖民扩张,早已元气大伤,“伟大的维多利亚时代”和“大英帝国”,都早已成为无法重现的历史了。债务和经济复兴成了英国最头疼、最迫切需要解决的问题。所以,当谈判第四天,李孝式以经济方面的谈判负责人身份提起“建国经费”的时候,英方负责经济方面谈判的财政大臣麦克米伦一句“没钱”就让谈判冷了场。

第五天,这位财政大臣干脆不来了,只派来了自己的助理作为代表。助理的态度很不友善,说什么英国都答应让马来亚独立了,还要钱简直是得寸进尺。

“你们要独立是你们的事,你们要钱我们没有。”谈判正进行到中途的时候,另外一个英方代表气冲冲地说了这句话之后,谈判彻底陷入了僵局。最后竟不欢而散。

“借不到钱,怎么办?”英方代表都离开后,李孝式问早已一脸愁容的东姑。

“没有钱,我们回国!”东姑赌气似的答。

然而当晚,在代表团下榻的旅馆,东姑阿都拉曼却在午夜时分敲开李孝式的门。

“到时候……放庆祝烟花的钱都没有,独什么立啊?”东姑忧心忡忡又不乏幽默的说。

“在遥远的中国有句古话,叫‘车到山前必有路’,还有‘天无绝人之路’……”李孝式睡眼惺松地说,这话他居然是用广东话说的。这些天为那些独立条款的最后制定,特别是英国人不愿让步的“马共问题”——英方坚持以马共投降为结束紧急状态和移交权力的条件。为了让英方在这个问题上进行适当的妥协——他太了解英国人民对战争的厌倦情绪了,所以很巧妙地以“向马共解释大赦的条件需要时间,最好的结局是和谈而不是战争”为理由,好不容易才说服了在这个问题上喋喋不休的英方代表。甚至将问题的本质都完全调转了过来:原本英国人是要求以马共“放下武器”为条件,将内部安全和国防权力移交给马来亚政府的。结果变成了“一旦马来亚政府在内部安全和国防获得基本权力,马来亚共产党的游击队就立即放下武器”。

这就是李孝式的政治智慧!为此,他花去了太多的心力,实在是太疲倦了。如果他有一点私心的话,简直要觉得他为马来亚的独立辛辛苦苦的就像是在给别人(马来人)做嫁衣裳一般。

当然,他是不会这样认为的。

“你说什么……什么意思?”东姑急不可待地问,以为他有什么办法了。在他的心里,矮个子的人总是多计策的。

“会有办法的。先休息吧。”李孝式清醒过来,将满脸兴奋的东姑推出门去。

“你可一定要想办法啊！那个格里菲斯不是你的同学吗？殖民部求不了就去求女王陛下！她不是叫你 Uncle 吗……”东姑边走边央求着,像个祈求帮助的孩子。

李孝式当然不会去求女王陛下。格里菲斯也不能找,因为所有的谈判都是殖民部安排的,格里菲斯身为殖民部的大臣,不能自己出尔反尔,给他的同僚“胳膊肘往外拐”的印象。那样,弄不好会弄巧成拙,到头来连退路都没有,真得去白金汉宫寻求帮助。他找到了自己在出席国际锡矿会议时结识的,已相交七年的好朋友希尔顿,告诉他自己的困境,也是一个即将独立的国家的困境,他们需要英国的财政支持,但是谈判桌上已经无法解决问题了,他想亲自去拜会财政大臣莫里斯·哈罗德·麦克米伦(Maurice Harold Macmillan),请他想办法帮忙引见……希尔顿是英国的财政总秘书长,他是非常理解麦克米伦的拒绝的,可是作为老朋友,他也不忍心让李孝式无功而返,就答应试一试。

李孝式千恩万谢地离开了,与东姑一起耐心地等候希尔顿的消息。

一天过去了。两天过去了。三天过去了……他们在代表团下榻的旅馆整整等了四天——他们谈判其它所有的问题也不过用了四天,依然没有希尔顿的消息。李孝式彻底绝望了！苏丹们也开始要求打道回府了,甚至连放弃独立的打算都有了……可是,这不是李孝式的办事风格！中国俗话都说“瘦死的骆驼比马大”,他不相信英国会因为这个问题让马来亚独立谈判的事情彻底破裂,以他对英国人的了解,谈判因为钱的问题破裂,对依然以大国自居的英国来说也是很不光彩的。

他决定就利用“邓普勒将军的晚宴”来跟英国人打个心理战,成不成都无所谓,大不了真的闯进白金汉宫去求那个叫自己“Unule”的年轻女王！

就在他们静候希尔顿消息的第四个晚上,英国陆军部长和邓普勒将军邀请晚宴。李孝式的精神才为之一振。代表团的每个人都穿上隆重的燕尾礼服去参加宴会。坐在李孝式身旁的正好是殖民部长波特勋爵和枢密院院长毛尔顿勋爵。

他的心理战不用公开打了。因为这个毛尔顿正是女王倚重的“朋友”,对他这个“女王的 Uncle”和“国王的同学”曾有耳闻。

“女王加冕的时候,我见过你。”毛尔顿说,“听说,陛下单独接见过你是吗?”

李孝式只是点了点头,故意显出无精打采的神情出来。

“对不起,你……你们谈判不顺利吗?”毛尔顿果然留意到他的情绪,一半关心一半好奇地问。

“我们借不到钱……您知道,独立和建国初期都是很花钱的……明天我们就要回去了……”

“哦？你是说谈判破裂了?”看见李孝式点头,又问:“就为钱的事？这怎么可以?！简直连女王陛下的脸都要丢尽了!”

李孝式陡然间就振作起来了！“您是说,我们应该借到钱的是不是?”

毛尔顿勋爵没有理会他突然而至的兴奋,只对坐在李孝式另一边的波特勋爵说了句:

“你帮我约下麦克米伦，明天早上我要见他。”

次日，其他人都在打点行装准备回国，只有李孝式什么都不做坐在房间里等候消息。果然，早餐的时候，他们接到殖民部的通知：英方要求再次就财政问题进行会谈，让他们立即赶去凯斯特宫。

他们到达时，麦克米伦一行早已等候多时。麦克米伦直接看着李孝式问他们到底需要多少钱。李孝式说五千万英镑，并申明是建国的经费。经过一番讨价还价，麦克米伦最后答应三千七百万。

“不过……”麦克米伦说不过的时候，李孝式几乎竖起了耳朵，他最担心的是对方会借机抬高还款的利息。没想到接下来他听到的却是：“这笔款不是借给你们的是赠送给你们的。”

“送给我们？”李孝式以为自己的耳朵出了幻觉，不由自主地问。

“是啊，是赠款，不是借款。”麦克米伦意味深长地逐个扫视了谈判桌对面的每个人一眼，最后将目光停在李孝式的脸上，“用你们中国人的话说，就是……给你们，给马来亚做嫁妆吧！女王肯定会同意这个建议的！”

简直就是一个奇迹！这是一个完全意外的收获。

他们原本想要的只是贷款！李孝式还真没有意料到事情的结果会是这样。

“贵国政府的条件呢？”他调整了一下情绪才问。旁边的东姑和其他人根本都还没有反应过来。

“既然是嫁妆，怎么会有附加条件呢？”麦克米伦幽默地说，“不过，我们女王希望马来亚独立后的橡胶和锡依然能通过伦敦来卖，一切按国际上的标准和惯例。”

这个家伙，明明是他们自己的希望，偏偏说成是女王的希望。可是，内情到底如何谁又知道呢？

“这个当然没问题，来日方长呢！”李孝式轻松地说。

一切都得到了圆满的解决。

谈判结束后，东姑当着所有代表的面说：李孝式上校是国家独立的最大的功臣，历史和人民都将永远不会忘记他！

2 月 8 日，谈判双方初步就独立政权组成、经济及内部保安和国防条约等大的问题达成了协议，双方代表在开斯特宫签署独立条款，李孝式是 8 位签名代表中唯一用中文署名的人。

联合邦将在英联邦内独立，独立日期定在 1957 年 8 月底以前。剩下的就是具体的宪制问题了。离开的时候他们与英方确定了第二次谈判的时间。

“毛尔顿勋爵听说谈判破裂，而且破裂的原因是因为借钱，认为对英国是非常不光彩的事，就即刻要波特勋爵拨电给麦克米伦，约他翌日会面，与我们进行再一次的会谈。”

“实际上在此之前，我方代表与英财长已经谈过了三、四次。翌日会谈时，我要求英国借五千万英镑,我声明这是为建国的经费。不过,英财长最后只答应三千七百万。出乎意料地是,他们不是借给我们,而是把这笔钱送给了我们,当作'嫁妆'。"

1983年8月31日,马来西亚独立二十五周年纪念日,那一天,李孝式创办的《中国报》的记者对他进行了专访,他在回忆独立谈判的时候跟记者这样说。感慨地称当年与国父东姑阿都拉曼争取独立,"是一段毕生难忘的经历,也是一种成就"。

由于他早前在联合邦立法委员会中担任过经济委员的经历,和他的剑桥大学经济硕士毕业的身份,东姑阿都拉曼在未与英国进行正式谈判之前,就指定由李孝式具体负责经济方面的谈判事宜。后来又因为谈判的成功,李孝式才在独立后众望所归的荣任马来亚首任财政部长。

代表团这次真的是凯旋而归了!

李孝式原先打算趁这次赴伦敦办的一件重要私事,因为财政问题的节外生枝一直没有抽出时间和精力。

归途中,所有的人中间,只有他一个人郁郁的……

9. 第二次伦敦谈判:马来亚独立了

为了替这个即将独立的国家拟订一部宪法,1956年5月,英国政府派李特(LORD REID)率领独立宪制调查团来马来亚进行调查,广纳民意,作为制宪的参考。要制定一套符合这个国家的国情和各民族不同需求的宪法是需要时间的。经过无数次的讨论和修改之后,依然无法达成一致意见,特别是在若干细则上有许多联邦政府尤其是政府中的华人代表不满意的地方。

于是很快就有了第二次的伦敦谈判。

5月9日,东姑阿杜拉曼再次率领代表团飞往伦敦与英方举行第二次的独立谈判。这一次跟随李孝式的秘书是翁毓麟。这次谈判,基本上是宪法的一些敏感的细则问题。东姑及其他代表,都心照不宣地看出了李孝式在第一次伦敦谈判中显示出来的重要作用——主要是英国人处处流露出来的对李孝式的好感,出于回报或者为了表示信任,东姑建议依然由李孝式来主导宪制方面的谈判。

赴伦敦之前,李孝式获知华社将就公民权问题,派以林连玉为代表的民间代表团赴英请愿!雪华行团全国代表大会十五人工委会草拟了一份备忘录,当然此中又经过很多周折,最后在李特宪制代表团抵马时呈送上去。几天后,十五人工委会谒见代表团,表达了华族效忠马来亚的决定,也叙述了华族贡献马来亚的诸多事实,希望马来人的特权必须有所限制和期限,华族权利必须得到公平合理的照顾;倘若独立后各民族不能取得公平合理的待遇,宁可不要独立。

导致这一不利结果的原因在于马华内部的分裂,马华总会长陈祯禄在马共问题上,主要是在参与“华玲谈判”过程中表现出的无作为,以及在马来人特权和官方语言的确定等方面,被华族批评“只讲政党的话,不讲华人的话”,而让马华离华族越来越远,马华内部也暗流汹涌。以致外界都开始风传,是他这个二把手在跟陈祯禄这个老大暗中较劲。其实,李孝式将所有的精力都用在独立谈判的一些具体事情上去了,哪里还分得出心来搞什么“党争”呢?更何况,对于马共问题,他一直持回避态度,虽然“大赦”是他在政府会议上最先提出来的。

无论如何,民间代表团赴英请愿这样的行为,对于独立谈判是完全有害无益的,弄不好会让他们对独立的努力前功尽弃。李孝式急忙放下手中的准备工作,找来老朋友梁宇皋和新近在华社极为活跃的马华宣传部主任林苍佑,向他们陈述华团代表不能在这个时候节外生枝的利害关系,最后拜托两人务必将自己的原话带给他从未接触过的林连玉先生:一是,他完全了解同胞的要求,他们提出的要求都是正确的合理的,他会在谈判桌上尽可能的让那些要求实现;二是,政治是复杂的,政治讲的是利益而不是是非曲直,他希望华社精英们不要将个人的是非观念纳入到政治行为中,任何时候都要理智,不要给友族甚至英国人以华人之间不团结的错误印象;三是他需要同胞的信任,是信任而不是怀疑!

梁宇皋和林苍佑离开后,他才想起自己还有一句话忘了捎去。就是他希望华裔同胞,特别是从事教育的华裔知识分子要多研究马来民族,多研究他们的宗教信仰和生活习惯,以及这个民族的文化传统,所谓知己知彼才能百战不殆,只有这样才真正有助于和睦共处、有助于以更正确的方式保证自己的生存和发展的权利。

——这个建议,他后来一直没有机会向教育界表达出来。这是他非常遗憾的一件事。

很快,林连玉先生就公开申明,他“拒绝出征”,并号召华社团结一致静候谈判消息。林连玉在演讲时说:“建国的实际工作比空洞的宪法条文更加重要,因此我们应当对首席部长和代表团表示信任。”

于是就有了第二次出发之前,发生在吉隆坡机场路的那场“意外”……

李孝式越来越清晰的思绪到这里戛然而止——他看见迎接他们的伦敦接待处的官员们已经整齐地站在一幢大楼的大门口等候他们。他不得不再一次强制性的将思绪收回来。

他们在伦敦官员的引领下,鱼贯走入谈判会场。英方的代表,早已坐在了谈判桌旁……

《宪制草案》的焦点是马来人的特权和华人的公民权以及华族要求的宪法公平问题。那个曾经折磨他很久的、在马来亚三大族群之间都极为敏感的问题,横空出世一般跳进他的脑海,终于彻底赶走了他所有的回忆。

苏丹代表,甚至连东姑阿都拉曼,都坚持宪法“必须保证经济弱势的马来人的特权地位”。对此,李孝式明确表示,并强硬的坚持自己的观点和意见:“首先,我必须申明,我是以一个马来亚人(而不是‘华人’)的身份在这里表明我的态度的!”这是轮到李孝式在谈判桌上发言时,他的开场白,目的是为了先声夺人的封住所有人有可能质疑他的“民族主义”的口。

“马来人在经济上的弱势，政府的确应该给予关心。但是，任何一个必须要与其他友族共存共荣的民族，都不可能拥有永远的特权！因为，一个必须要依靠特权生存的民族，它的生命力是极其有限的，特权的最终结果除了培养这个民族的惰性，导致最终的消亡之外，不会有其他。所以，马来人的特权必须是有期限的！”李孝式终于在谈判桌上，将这个敏感的问题以一种绝对高调的姿态提了出来，他看见坐在对面的英方代表们脸上现出惊讶的神情，目光一扫，就看见东姑的脸色也变得不自然起来，苏丹们早已忿然作色。但是，他已经顾不上了……

“宪法的精神本质是公平，如果马来人的特权是无限期的，这对于已经宣誓效忠马来亚，并一直在为马来亚的繁荣和发展披荆斩棘艰苦奋斗，而且已经公开的、友好的表示要与马来民族共存共荣的华族和印度族来说，是非常不公平，也是不会被他们接受的！我们可以给马来族一个时间，一个在经济上追上华族的时间期限，10年够吗？”所有的马来族代表都不约而同的摇头，“那么20年？20年还不够30年，30年是我的底线！”他清楚的记得林连玉他们为马来人的特权设定的期限是15年。他尽力了。

李孝式从来没有在一个问题上说这么多的话和理由。他最后表示，如果这个问题得不到解决，他将退出代表团。即使独立会因此停顿！

公平的倾斜，任何时候都是有限度的！

可惜，他的这一番的慷慨陈词和良苦用心，没有被那些殷殷期待的华族同胞知晓，以致后来许多有鲜明政治倾向的华族同胞认为他是妥协，没有为族人权利竭尽全力……

他无法在公开的场合向同胞说明：在一个多元民族的国家，政府以宪法的形式提供一些特别的权利给经济落后的民族，这样的政策是无可厚非的。因为，如果一个国家存有民族性的贫富不均现象，是很危险的，尤其是富有的民族属于少数的时候，更是社会动乱的根源，战前的德国即是一例。德国犹太人经济富裕，但没有掌握政权，希特勒执政后，便屠杀数百万犹太人，志在消灭他们。他也不能在任何公开的场合这样提醒同胞：在这个多元种族的社会，必须要很策略性地解决种族之间的纠纷，一味硬碰硬的争取方式，往往会导致更糟的局面。

——那种夹在友族的防范与同胞的误解之间，如履薄冰的感觉，非亲历其间是难以体味的。

他的有底线的妥协，是为了长久的保存。更何况，他妥协的特权是有期限的呢？如果在未来的岁月里，这项宪法能得到有效的贯彻，马来亚的民族平等是完全可以真正的得到实现的！

修改后的宪制，将“马来人拥有特权”，更正为“马来人拥有30年的特权”。

至于独立后的公民权，李孝式也设定了一年内完全解决所有人的公民权问题的期限。

“独立前夕，令华人社会忐忑不安地公民权课题已获解决；虽然没有争取到列华文为官方语文之一，可是宪法中已明文保证各族有接受母语教育的权力，也就是说，所获得的待遇，华人社会已比较能够接受……独立后的华人再也不是侨民，而是新生国家的公民。”

——雪兰莪中华大会堂在自己的档案资料里这样记载“独立”。

1957年2月，李特宪制报告书发表，报告书建议马来亚独立后成立联合邦国会，分上、下两议院，全部民选，分全国为100个选区，每区选取出议员一位，上议院议员38名，由各州议会选出22名，另由联合邦元首提出16名；至于联合邦的实际政务，则由首相组织内阁来主持。5月21，《宪制草案》签字，马来亚联合邦独立正式诞生，森美兰的严端被推选为首任最高元首，东姑阿都拉曼为首任内阁总理即首相，马来亚联合邦将于8月31日完全脱离英国的统治，而成为英联邦内的一个独立国。

独立庆典拟定于1957年8月31日在吉隆坡默迪卡广场举行。

7月2日，马来亚政府在吉隆坡公布了联合邦独立的新宪法《马来亚联合邦宪法》，马来亚为联邦议会君主立宪制国家，最高元首为国家领袖、伊斯兰教领袖兼武装部队最高统帅，由统治者会议（即苏丹会议）选举产生，任期5年。最高元首拥有立法、司法和行政的最高权力，以及任命首相、拒绝批准和解散国会等权力；最高立法机构为国会，由下议院和上议院组成；内阁向两院议会负责，最高元首应按内阁意见行事；各州又设立州政府和州议会，各州元首是苏丹、拉惹、严端或元首，槟榔屿与马六甲首脑称州长；各州由州务大臣或首席部长管理行政；两次大选间隔不超过5年。扩大非马来人的公民权，所有从宣布独立之日起在马来亚联合邦出生的人，都自动成为联合邦的公民。宪法还规定马来语为国语，十年内英语仍为官方语言；伊斯兰教为国教，同时保障其他宗教自由。

东姑阿都拉曼心心念念的“默迪卡任务”终于全部完成了。

马来亚联合邦的独立标志着英国在马来亚长达171年的殖民统治基本结束，马来亚历史揭开了新的一页。

就要离开伦敦了。一连几个星期，李孝式始终没有抽出时间去办自己最重要的私事，连续两个晚上，他的在剑桥读书的小儿子裕隆在旅馆里都没有等到他——父子俩约好在伦敦的每天晚上都一起散步的。

东姑派人去订返程机票的时候，李孝式说他还有件非常重要的私事要处理，让他们先一步回去……

很多马来西亚人曾经认为，马来亚在依然存在英国驻军的情况下，“成为英联邦内的一个独立国”并非实质意义的独立。对于英国驻军的问题，李孝式在1983年的独立纪念日接受记者专访时解释：“当时国内没有军事设备，因此不得不继续要求英国提供”。至于“英联邦内”,则可能纯粹是一个误会,这里有必要解释一下“英联邦”。

英联邦(Commonwealth of Nations),台湾译为大英国协。基于其历史渊源并想与世界别的联邦做区别,英语中有时沿用旧称“British Commonwealth of Nations”或“British Commonwealth”。它由53个独立国家组成,多数为“大英帝国”的前殖民地,元首为英国女王伊丽莎白二世,她也身兼其内英联邦王国的16国国家元首。

第二次世界大战后,大英帝国的版图逐渐崩解,殖民地纷纷独立。1920年代,英国开始考虑让殖民地自主。1931年通过《威斯敏斯特法案》,创设了英联邦。其成员国基于共同的历史背景,彼此独立但维持自由平等的关系。1946年,其名称由“British Commonwealth of Nations”改为“Commonwealth of Nations”,一直沿用至今。因此,台湾译为“大英国协”,其实更准确一些。英联邦不是一个国家,而是一个松散的组织。联邦是一个主权国家,比如德国、俄罗斯等,Commonwealth of Nations准确的说是一个“邦联”,而不是“联邦”,应采用台湾的翻译,或者翻译为“英邦联”。

英联邦前身是大英帝国,由英国及其自治领士和其他已独立的前殖民地、附属国组成。第一次世界大战后,英国慑于日益高涨的殖民地民族解放运动,调整了同原英帝国其他成员之间的关系。1926年“英帝国会议”的帝国内部关系委员会提出,英国和已经由殖民地成为自治共和国的加拿大、澳大利亚、新西兰和南非是“自由结合的英联邦的成员”,“地位平等,在内政和外交的任何方面互不隶属,唯有依靠对英王的共同效忠精神统一在一起”。1931年,《威斯敏斯特法案》从法律上对此予以确认,英联邦正式形成。1947年,印度、巴基斯坦各自宣布独立并加入英联邦。1949年,印度成为共和国,选举了自己的国家元首。从此英联邦成员由需对英王效忠的原则演变为英联邦成员“接受英王为独立成员国自由联合体的象征”,英王是“英联邦的元首”。

10. 在离天堂最近的地方

这是伦敦北郊的一个居民住宅区,越往北走人烟越少。终于到了罗伯特向他描绘的地方了。

那天的谈判结束之后,李孝式在开斯特宫的接待处见到了正在等他的罗伯特,罗伯特递给他一张写着不确切地址的纸条,并说这个“信息”他同时寄给了吉隆坡的李剑桥先生。

“那是个非常偏僻的地方,离海格特公墓不到10分钟的步行路程,那段街区的住宅都没有邮政门牌,不过你要找的那一家门口有个与众不同的地方,就是那户人家的门口常年都放着两盆黄玫瑰……”罗伯特的话还没有说完,李孝式已经情不自禁地拥抱住了他!

“我不知道怎么感谢你——亲爱的罗伯特先生!您是全世界最好最好的好人!”

“没什么。这是我应该做的,谁叫上帝让你找到我呢?”

“愿上帝与您同在!”

他终于见到门口种着两盆黄玫瑰的房子。脚步骤然间轻飘飘的,有些立不住。

除了那几株黄玫瑰有些生气之外,这里其余的一切都死气沉沉的,像根本没有人住的样子。

深深地吸了一口气,他才终于鼓起勇气敲门,门“吱呀”一声开了,一个完全陌生的年轻却憔悴并且显得有些慵懒的女人出现在他面前,“对不起,请问这里是多伦·格林女士的家吗?”李孝式几乎有些结巴地问,原本流利的英语突然间变得不流利起来。

那个深藏心底的名字,真的说出来的时候竟然如此的陌生!

“不,这里是李香江先生的家。”女人毫不犹豫地说。

“李香江……李香江……哦,是的,我找的就是他!他在哪儿?”

“他去墓地了。”

“去墓地?”

“每天这个时候他都去那里散步。晚上也去……您是谁?为什么找他?”

“我……我是他的一个很重要的……朋友,麻烦你——可以带我去找他吗?我从很远的地方来,有急事要见他……”

“哦……好的,请跟我来。”

女人麻利地锁好门就走在前面带路了。一路上没有见到一个行人。

果然没有走够10分钟,就到了一个安静得几乎不像人间的地方。

“这里是……”李孝式疑惑地停下脚步,“这里就是海格特公墓吗?”

“这里是离天堂最近的地方。您要找的人就在那边……”

婆娑的斜阳下,青石质地的墓碑、葱茏肆意的杂草、深邃柔美的雕塑……李孝式从没有到过如此幽静幽美的地方。一阵轻缓的萨克斯音乐清晰地传过来——多年以后,他在中国广州的亲戚家里第二次听到这曲萨克斯音乐的时候,才知道它的名字叫《回家》……

“亨利,有人找你——女人远远的就喊道,她的声音本来很轻很柔,是墓地太安静了,所以才像“喊”。

萨克斯停了下来,一个长头发的面色苍白的青年转过身来……

“你是……你就是香江?”一切恍如在梦中,“你是李香江吗?多伦·格林的儿子李香江?你为什么叫亨利……”

梦回过无数次的父子重逢,竟然是以这样一连串的求证和疑问开始。

“母亲告诉我,父亲就叫亨利……还有她,叫多伦。”青年亲热地拥住女人的肩,仿佛在向一个陌生人介绍女朋友。

“……我是你的父亲——李孝式,中国人,现在定居在马来亚。33年前,你母亲从香港带走了你……”李孝式伸出手，香江握住，一点温度都没有。

“33 年……太遥远了！你好！”完全陌生的反应，陌生的问候。李孝式只觉得自己的心，就像 33 年前看到多伦临走时留下的书信一样，一下子被抽空了。

“我是你父亲……”他重复着，不知道自己渴望什么。

“您说过了，父亲。”李香江应着，一点儿亲近的感觉都没有……

“你的母亲呢？”

“就在这边。”李香江指着旁边一个非常不起眼的墓碑说，他这时候才发现他们站的地方是整个公墓的边缘地带。

一块单薄得令人心疼的墓碑，上面刻着“母亲多伦·格林之墓　亨利·李　立　1940 年 9 月 9 日”跳入李孝式的眼帘，他痉挛似的蹲下去……蹲下去……

这是 2010 年 4 月的一天，笔者在吉隆坡的中央大厦里采访敦李孝式爵士的长子、李香江的亲哥哥皇室拿督李剑桥先生的时候，李剑桥先生向笔者描述的，李孝式与失散多年的二儿子在伦敦北郊的墓地重逢的场景。

李剑桥与其亲弟弟的重逢，与李孝式跟亲生儿子的重逢的情景，几乎一模一样，所以描述出了让笔者仿佛身临其境的细节。

因为李孝式的哀伤，李剑桥感同身受……

李孝式离开伦敦回吉隆坡两个月之后，李剑桥到了伦敦，按照相同的路线和标志找到了从未谋面的弟弟李香江——弟弟被母亲带走的时候才 3 个月，他根本没有好好的看过襁褓中的弟弟……

李剑桥是国际狮子会的理事，全世界有 210 多个国家有国际狮子会，130 多万会员，有近百年的历史，是全世界最大的慈善机构。他是马来亚狮子会的首任总监，全马有 300 多个狮子会，他是马来亚唯一的一个国际理事。

当时他正在美国访问狮子会，妻子王清金在吉隆坡收到英国外交部寄给他亲收的信件，她在电报征求他的意见后拆开了，立即报告了内容。夫妻俩当即约好在伦敦见面的时间和地点……

李剑桥和妻子在伦敦呆了四天，每天除了晚上休息住在旅馆之外，其余的时间都在弟弟的斗室或者海格特墓地度过。从弟弟的口中得知，母亲多伦是在德国轰炸伦敦的时候受到惊吓去世的。弟弟的女朋友比他大十多岁，母亲还在的时候，两人就同居了，一直照顾他。为了纪念母亲和不曾谋面的父亲，两个人分别用了父母亲的英文名字。香江在伦敦一家广告公司做职员，主要工作是创作广告词。香江喜欢吹萨克斯，每天午夜两点左右都去墓地吹，白天不上班的时候就去墓地公园看风景，“研究”路过的人，丝毫没有赚钱的打算。

伦敦的墓地，通常建立在城市的中心，离生活区不远，因为环境优雅清静，离墓地近的住房房价往往都比较昂贵；英国人多信奉宗教，在他们看来，墓地是最接近天堂的地方，很多人的婚礼、新生儿的满月庆祝，甚至亲朋好友的聚会都在墓地举行；而且，英国人常常选择在阳光明媚的午后，去绿意盎然的墓地公园中散步休闲，或者伫立在某个墓碑前，长久地凝视着墓碑上长长的镌刻文字默默思考，就像是在回顾一段自己也许熟知的历史。

每天，李剑桥跟妻子来到李香江的家，问多伦香江在哪里的时候，多伦总是说"他在离天堂最近的地方，你们自己去都可以找到的。"

多伦在的时候，香江曾经去法国做过一段时间的外交官员，多伦去世，香江就回英国了，从此再没有离开过伦敦。

李香江很有文化，学识很高，家里面的书架上全是中国古典书籍的译著，完全的中国人面孔，却不会说中国话。这一点跟李剑桥完全相反——李剑桥外表看起来完全是个英国人，曾经因为英国人的外貌在小时候被人戏称为"杂锦仔"，但他一说话就是个地道的中国人，无论是语言还是思想。

他们见面的时候，很陌生，李香江对他像对一般的朋友，握手的手冰冷冰冷的，态度也是冷冷的没有温度。他到底有没有钱，或者继承母亲的遗产什么的，李剑桥都不知道，回来的时候邀请他到马来亚，跟自己一起住，李香江以不习惯为由拒绝了。回来后，李剑桥就将自己的衣服寄过去给他，但李香江从不曾穿过。

在"式庐"的书房里，李剑桥跟他父亲李孝式进行了一次没有其他人的对话：

"我想把弟弟接过来一起住。"

"哦……可以考虑一下。"

"不用考虑，我自己来安排一切。"

"可是……你这里已经有五个弟弟了，忽然从英国回来一个……我怎么交待？"

"那是你的事。弟弟的事，你不负责我负责！"

"好吧！他要是肯来就来吧！"

可是，李剑桥为这事寄去给香江无数封信，都如石沉大海。

他们自那次相见之后，也从此没有再见过面。直到20世纪90年代的时候再寄信去被退回来，才知道李香江已经不在人世了……

所有的"南洋客"中，李孝式是唯一一个带着钱过来投资的，际遇自然不可与一般的"南洋客"同日而语。

然而，无法重逢的爱情，不能守望的亲人——时代的命运如此，没有谁可以例外，无论贫穷还是富有，无论出生于哪个阶级。

李孝式在家养病期间，首相东姑阿都拉曼曾亲自到式庐来探望。那是一个雨季的黄昏，雨后的清新和晴朗，让多日闭门不出的李孝式心情好转了好多，就独自下楼到院子里呼吸新鲜空气了。东姑的专车悄无声息地到达式庐时，他正独自在院里的大树下漫不经心地浏览积压多日的报纸。

“看你精神不错呢，好些了吗？”东姑关切地问。

“好多了。谢谢首相关心……”两人礼节性地寒暄了一阵后就老朋友似的聊开了，聊他们共同经历的独立谈判，聊马来亚独立后的种种，聊过去也聊未来。直到式庐铁定的开饭时间到了，才意犹未尽地关住话匣子。

餐桌上，东姑惊叹于李孝式母亲的年迈和硬朗，不时好奇地跟已经年逾八十的甘固真交谈。

“亨利，跟我聊聊你的家乡好吗？你一定还记得你的童年吧？”饭后，东姑一边品着茶，一边漫不经心的对李孝式说。

“我的家乡啊……那是中国广东一个最偏远的山区，一个叫信宜的地方……”

李孝式情不自禁地想起了自己遥远的故乡……

第十章　遥远的故乡

1. 感恩的姓氏和传世的书香

时光要回溯到民国直至明清时期，那段时间里信宜出现过的有志记载的影响较大的知名人士有十一个，其中有六个都是一个家族的。他们是：李麟祥、李东绍、李宜昌、李宜达、李世芳、李再荣。其中最普通的都做过知县，最显赫的做过巡抚。李世芳以上七代均是清朝贡生，主人公李孝式的高祖父李宜达跟其兄弟李宜昌是乾隆时代的“兄弟进士”，他们两位跟李再荣都是李孝式的直系先祖。

传说李氏家族的先人可追溯到上古时期，源于嬴姓和姚姓。据说是颛顼帝高阳氏的后裔理徵和舜帝姚姓的后裔结合的后代。虞舜时的司法官皋陶的后裔理徵，在商纣王的朝廷里当官，因直谏得罪了纣王被处死，其妻契和氏带着儿子理贞逃难时，因食李子充饥，才得以活命，为了感激“木子”（李子）的保命之功，同时也为了躲避叛军的追缉，又因理、李同音通用的缘故，自理贞开始改理氏为李氏。李姓形成时，族人世居河南一带，春秋时期的李耳是正史中立传的首个李姓人物。李耳以后，李姓人口逐渐增多，并开始遍布各地，其中尤以河北一带居多。至隋唐时候发展到鼎盛，历朝历代都有闻名于世的李姓人物。众所周知的有：唐代史学家李延寿，著名诗人李益、李白、李贺，唐太宗李世民；明代杰出医药学家李时珍，戏曲理论家、作家李渔；以及晚清时期《官场现形记》的作者李伯元；近代中国最早的马克思主义者、中国共产党的创始人之一李大钊，著名地质学家李四光，著名国画艺术大师李可染，新加坡前总理李光耀，香港地区首富李嘉诚，著名电影演员李小龙、李连杰等等等等，真是灿若星河，举不胜举，各行各业都有独领风骚的人物。这些“人物”中当然还包括从粤西山区出发、因为改变一个国家命运而扬名海外的信宜籍华人李孝式。

李孝式的祖上就是源自隋唐时闻名于陇西的李姓家族，专出王侯将相的世家。但是，仅官宦之家是不足以说明这个家族的特征的，更引人注目的是，李再荣以上连续五代都是信宜县志的编修者，李再荣本人就是光绪十七年重修信宜县志的总纂，时任高州府通判、秩正六品官员，他是李孝式的祖父。粤西流传下来的名诗名篇也大都出自于李姓作者。

信宜这个地方，更因为有着“兄弟进士”的存在，而获得过皇帝“高州各地，农民垦种的荒地，不增税，并可成为自有产业”的恩典。

乾隆皇帝亲笔所赐的“兄弟进士第”的牌匾，就挂在李家祖屋的门楣，高官显要经过，文官下轿，武官下马。

这样的出身，在当地无疑是名门望族。

这样书香门第出生的名门望族，当然不是东姑出生的马来亚的“名门望族”可以比拟的。因此，对李孝式光荣的“家族史”，东姑听了之后，除了艳羡还是艳羡。然而，令李孝式无比遗憾的是，此时此刻，他梦牵魂绕的故乡，却是那么的遥远……

2. 守望却不能相助的亲人

一个15岁的衣衫褴褛的大男孩，不用读书也不用在田间劳作的时候就孤独的在乡间游荡。他的贴身衣服的口袋里，时刻藏着两张照片：一张照片上是一个身着戎装的外国军官；另一张是这个军官胸前挂着漂亮的外国勋章与一个漂亮女人的合影。

没有人的时候，男孩会摸出照片，爱不释手地看个够，然后又小心翼翼地藏好。即使睡觉都贴身放着，不离不弃，十几年如一日……

这是20世纪50年代中国信宜的一幅家常场景。男孩的名字叫李汝礼，李孝式的堂弟。照片上的军官和女人，是李孝式和妻子关小舫。

半个多世纪之后，经历过土改以及阶级斗争的风暴，一切都发生了翻天覆地的变化之后的和平岁月，2010年秋天的一天，笔者为了丰富这部传记的历史和生活资料，在市侨联江起林主席的帮助下辗转采访到李孝式一家在家乡信宜的亲人，已经退休的小学校长李汝礼老先生，不止一次地，这样向笔者描绘他年少时的迷惘和期待……

众所周知，广东的土改是做的“最不成功”的。广东、广西和福建三省曾因此被中央批评成“三只乌龟”，战争的时候与华侨建立了深厚友谊的，时任华南局第三书记、广东省政府第一副主席的方方，还受到毛泽东主席的点名批评……

直至中央派了1600多名北方军队干部到广东，广东的土改现状才得到改变。在相对偏远的信宜，远在异国他乡的李孝式，第一个被划为“华侨工商业资本家兼地主”。他还在襁褓中就随父亲迁往广州时，父亲李季濂和母亲甘固真留下的田地房屋通通被没收，抗日战争时期受过他资助的八叔李如泉（李汝礼的父亲）一家也被抄家、被没收其实靠自己家人耕种的田地。李孝式的弟弟李孝威，1948年平津战役的时候在投诚的途中被误伤致死，留下年轻的妻子和不满4岁的儿子李立德。孤儿寡母被家乡如火如荼的阶级斗争吓坏了，在李孝式被划为资本家和地主的当天，连夜投奔广州的亲戚。年幼的李立德因途中受到惊吓，留下了“精神不正常”的后遗症——历史的风波平息之后，常年居住在信宜镇隆的他，身份证上的地址却是“广州市越秀区八旗二马路63号”。李立德的母亲梁耀龙写信向马来亚的哥哥李孝式求助，李孝式也写信到广州到信宜请求相关部门送生活难以自理的母子来马来亚……所有的往来信件都如同石沉大海，救济的汇款又常被拖欠经年……

隔海相望的亲人，求助和援助的手硬是眼睁睁的被隔断了……

“一个人出身于哪个阶级根本是身不由己的。一个人要是生于富贵之家也是身不由己的。一个人要是在生意上交上好运并且赚了大钱也是身不由己的……”跟东姑聊完李氏家族的光荣历史之后，李孝式充满遗憾地这样“总结”着。

是的，每个人都无法选择自己的出身，李孝式也不能。他的每一笔财富都是靠自己的智慧和劳动辛苦得来，因为出生于“地主”家庭而被打上“剥削”的印记。而且还连带根本不曾亲近过的亲人们都受到牵累。

还有什么比这更冤屈的呢？历史的命运如此，还有什么比这更无奈的呢？

第二次世界大战后，世界被分成共产主义和资本主义两大阵营，中国最靠得住的朋友苏联，却是二战时唯一个对日本采取中立立场和保持外交关系的同盟国家。历史就是如此的不可思议。李孝式以及整个与他有关系的李氏家族，被命运抛弃到了彼此守望却不能相助的孤岛，曾经热爱向往甚至以命相许的家乡，变得如此的遥远，拒他于千山万水之外。

战争已经结束了好多年，他生命里两个都与自己血肉相连的国家，因为“阵营”不同仍然彼此排斥着，两地的亲人们被无形却坚不可摧的意识形态阻隔着……

李汝礼说，当年他时刻带着的那两张照片，是他无意中从他父亲李如泉的书架上发现的，预备有一天实在过不下去的时候，就带着照片偷渡去找在外国做大官的堂哥李孝式，照片就是凭证——自己是李孝式从未见过的家乡亲人。一个浪漫而又无奈的梦想和打算。只是，李汝礼这辈子都还没有去过马来亚。好在，阴霾总会过去，历史终于翻过了惨痛的一页。

后来李汝礼一直在家乡的小学任教，并担任了一所小学的校长。退休后过着幸福的小家庭生活。

那个衣衫褴褛的、孤独地游荡在乡间的少年李汝礼心心念念想着怎么偷渡的时候，李孝式正在那片即将与自己发生血肉相连关系的土地上，马不停蹄地做着独立之路的演讲，为无数的同胞成为那片土地上真正的主人并拥有主人的权利和义务而奔波着……就是在他的种种努力下，一个国家独立了，在那片土地上拼搏奋斗几十年的同胞拥有了那个国家的公民权，中华文化在中国之外的另一个国家得到了完整的保存和传承。而他个人的人生理想，也实现了——他成了国家独立的开国元勋和首任财长，成了举世公认的华人政治家而不是政客。

他无法释怀的遗憾就是，故乡和亲人越来越远了。他们被无法超越的历史阻隔着，唯一能做的就是等待这段历史成为真正的历史……

是的，时代的进步，总是以牺牲一部分人的利益为代价的。那种牺牲没有是非对错，只有利益的最终获取。而历史的对错，是需要经过岁月的沉淀的。就当这一切都是作为大时代中的不幸的个人，为时代的进步做出的牺牲吧！

1956 年雨季的一天，大病初愈的李孝式当着首相东姑阿都拉曼的面，翻出了书桌抽屉里一沓无法抵达的家书，感慨地想。

从伦敦墓地回来后，李孝式第三次病倒了。在他的记忆里，他就病过三次，第一次是多伦离开的时候；第二次是第一次去伦敦参加伊丽莎白二世的加冕典礼，寻找多伦却没有找到多伦的时候；第三次就是这次在伦敦郊外的墓地里知道多伦已经去世之后……

第十一章 财长生涯

1. 大团圆

“马来亚联合邦最高元首端古·阿卜杜勒·拉赫曼陛下:欣闻马来亚联合邦宣布独立,我代表中国人民并且以我个人名义谨向陛下和马来亚人民表示热烈的祝贺。祝马来亚联合邦繁荣和马来亚人民幸福。

中华人民共和国主席 毛泽东 1957年8月30日”

东姑阿都拉曼终于宣读完了最后一封贺电。他再一次高高地举起右手,广场上立刻就响起了“默迪卡!默迪卡!”的欢呼声,经久不息……

1957年8月31日的吉隆坡默迪卡广场,人山人海,到处都一片喜气洋洋的景象。这一天,发生在这里的一切都被载入马来亚的历史……

直到回到了家,李孝式的心都还没有平静下来。他的耳畔一直回响着东姑宣读来自他的祖籍国国家主席的贺电的声音,他清晰地记得那封贺电里的每一个字,无限的感慨与遐思,连他自己都理不清……

这一天,式庐也是从未有过的热闹。每个人的脸上都是掩饰不住的兴奋,管家林爱指挥仅有的两个佣人忙前忙后,在国外读书的孩子们都赶回来了,年幼的孩子们都换上了新衣服……

这一天的晚餐,是李家除了除夕之夜外,一家人齐聚在一张桌子旁吃饭的唯一一次。平时,孩子们都是在大饭桌旁边的那张小桌子旁吃饭,且吃饭的时间与李孝式都是错开的:孩子们七点准时开饭,李孝式和妻子,还有母亲则通常要到晚上九点才吃饭。

所有的人面前都倒上了香槟,年幼的孙子紧张又兴奋地望望他,又看看杯子,一副不敢相信自己可以在餐桌上喝酒的样子。女主人关小舫温婉地笑着,小心而周到地照顾着身边因年迈而显得颤巍巍的婆婆甘固真。李孝式威严地坐着,眼睛从每个人的脸上一一扫过,最后停在长子李剑桥的脸上……从伦敦回来后,剑桥就变得沉默少言了……如果亲情可以量化的话，他这个儿子失去的，也许比他自己失去的要多得多，他是欠这个儿子的。香江在多伦的墓前对他说的“妈妈说你爱了她两年，却害了她一生”的话，令他永远都无法释怀！人生走过的每一步，都不可能重复。一切连弥补的机会都没有，他除了忏悔过去和珍惜眼前，还能怎样呢？

“你去储藏室把那瓶红葡萄酒取出来。”李孝式对一直站在他身后随时待命的管家林爱吩咐道。

他说的红葡萄酒是希尔顿为了表示歉意专程从伦敦空运过来的。据说是已经绝版了的“路易十三”。希尔顿因为在伦敦谈判中没有帮他说服自己的顶头上司麦克米伦不好意思露面，害得李孝式他们空等了那么几天，一直心怀愧疚。李孝式压根儿就没有将那件事放在心上，不过那瓶红酒他倒是一直珍藏着。

他爱喝酒是大家都知道的事。自从他1956年联盟组织新政府时出任财政部长开始，很多人求他办事知道他不会接受任何财物贿赂就千方百计寻找各种藏酒给他，在适当的时候作为无伤大雅的贺礼，比如华人的传统节日里送给他。弄得李孝式不得不经常在公开的场合表示，自己有专门的酒品来源，不喜欢喝其他任何渠道的酒，他已经关照身边的人员拒收任何酒类礼物。并不止一次在国会上要求修订执政党及其政府的廉政准则，号召官员要廉洁从政……

林爱很快就将“路易十三”取来了。

“香槟留着庆祝雪莪毕业吧，我们喝红酒。”李孝式温和地说。

“爷爷今天不喝白兰地吗？今天是礼拜一呢！”五岁的孙子福华忽然奶声奶气地说。一屋子的人都笑起来。原来，李孝式喝酒除了讲究酒的品质，连时间都是错开的。逢星期一、三、五就喝白兰地，逢星期二、四、六就喝威士忌，星期日才选择葡萄酒。

“今天是个特别的日子，爷爷不喝白兰地，爷爷陪你们喝葡萄酒。来——”李孝式转向长子李剑桥，“剑桥你过来，你是家里的老大，今天就由你来掌握这酒的分配权，你来为大家倒酒，每个杯子都要倒一样多，谁多了谁少了就罚你。”

于是，仅仅是倒酒的过程就热闹了好一会。

这个说：“我的多了。”

那个说：“我的跟爷爷的不一样多。”

这个又说：“怎么不一样啊？你去把爷爷的杯子拿过来，放一起比比看。”

那个又说：“你看妈咪总拿手来挡酒杯，生怕大哥倒多了……”

李孝式欣慰地看着，笑着……

这是幸福的时刻，是满足的时刻，是这个家大团圆的时刻……

一家子借着酒劲打打闹闹吵吵嚷嚷的，好不容易消停下来都回房休息去了。关小舫也扶着母亲回房间去了。

李孝式一个人到了书房。他的书桌上放着一份他刚刚做好的1958年的财政预算案。国家刚刚独立，百废待兴。他对明年的预算总支出是一亿美金，这笔钱从哪里来还是个问题。几天前，国父曾开口向文莱提出贷款，文莱苏丹没有回绝也没有答应，却让东姑阿都拉曼带话给财政部长，说什么既然是财政问题就直接跟管财的谈。

后天，他就要跟副首相敦拉萨一起去文莱借钱了。

"小时候，我从来没有跟他在一张饭桌上吃饭，我和哥哥姐姐们都是在大饭桌旁边的另一张小桌子吃饭，我们在傍晚7时准时吃晚饭，可是父亲和妈妈却在晚上9时多在另一张大饭桌吃饭。

这让我觉得很不融洽，家里的人都是很礼貌的，直到1957年我从英国回来庆祝独立时，我才与父母及兄姐们在一张饭桌吃饭，当时我读中学，大概是18岁。

小时候，我可能会觉得这是理所当然的，小孩在另一张桌子吃饭的安排是传统，可是当我长大后，才觉得这可能不对。"

李孝式最小的儿子李裕隆，生前在接受媒体采访时这样聊起自己的儿时印象。李裕隆1952年就到英国读书，他与父亲在一起生活的时候不多。父亲对他来说很陌生，父子关系也并不亲近。李孝式随东姑阿都拉曼一起到英国进行争取独立的谈判时，在剑桥读书的李裕隆也曾到伦敦与父亲见面，有时候还陪父亲在伦敦的街道漫步，但父亲跟他聊的都是有关争取独立的事情和面对的问题。

"我们的关系可以说很公式化和拘谨，我的朋友看到我们在街上交谈，他们告诉我，我的父亲就好像一般的长辈一样，我和他走在一起，一点都不像父亲和儿子，有时我会觉得很孤独。

在英国11年里，父亲每个月只写给我一封信，最多是一张信纸，或者只有两三段，都是用打字机打的。父亲从来没有提笔给我写信，有时候我觉得用笔写信比较亲切。我甚至怀疑信是他的秘书写的。"

李裕隆把父亲写给他的信都保留着，但却从来没有翻阅。

李裕隆曾经担任马来西亚国会上议员、农业部副部长、工程部副部长及国家团结及社会发展部副部长，夫人爱莲是德国前财政部长的独生女儿。

关于李孝式要求身边的人"不准收东西"的事，"式庐"的管家林爱晚年在接受《南洋商报》的记者采访时，说过这样一段话："敦李从不贪心，施恩不图报，答应了帮助人家的事，他都尽力帮忙，事后有人送礼或拿红包来，他都不许我们代收，不小心收下的，他都一一的退还。敦李常常说'家里什么都有了，要有的也可得，怎可以贪图人家辛苦得来的东西'。"

2. 文莱国王的邀请

他们已经到文莱三天了，连苏丹（国王）的面都还没有见着。

每天都好酒好菜的招待着，出入起居礼仪周全，外事大臣还派了专人专车接送他们四处溜达，就是不带他们去见国王，说是还没有接到苏丹召见他们的通知。

“苏丹该不是在耍弄我们吧？他该不是把对马来亚的不满撒在咱们身上吧？”

“不会吧？是苏丹们不同意他的条件的又不是我们，我们都巴不得文莱加入马来亚呢，这样也就不用巴巴的跑来借钱了。”李孝式开玩笑说，试图安慰沉不住气的副首相顿拉萨。文莱退出马来亚的事，他是真的觉得挺可惜的。

原来，马来亚独立的时候，文莱第二十八世苏丹奥玛阿里赛尔夫汀三世，曾经想让文莱作为一个州加入进来的。这样在文莱方面呢，等于是加入了一个大家庭，可免却势单力薄之忧。在马来亚方面呢，则可免却财政困难的苦恼，文莱是马来半岛最富有的王国，它以一当十的财力，足以让马来亚的国力至少超前十年不止。但是，奥玛阿里赛尔夫汀三世的条件是，他要当马来亚独立后的第一任国家元首，马来亚其他的 9 个苏丹都不同意。一气之下，奥玛阿里赛尔夫汀三世就退出来了。扬言要让文莱在两年内实现自治。

其实，对于奥玛阿里赛尔夫汀三世要做马来亚首任元首的条件，除了其余的那些苏丹不同意之外，其他的人都是持赞同态度的，甚至有些巴不得。这不，国家刚独立，国父东姑阿都拉曼第一个想到的就是向文莱借钱，为建立新马来亚打基础。还亲自带人跑到文莱，没想到碰了一鼻子灰，连文莱苏丹的面都没有见着。奥玛阿里赛尔夫汀三世只让外事大臣全权接待他一行，让他回去叫马来亚的财政部长前来洽谈贷款事宜。

据说文莱苏丹还私下里跟文莱的贵族们谈论过东姑，说东姑年轻时是个花花公子，在英国的大学里混了半辈子连文凭都没有拿到，比那个在剑桥大学拿了双科硕士文凭的李孝式差远了。言语间流露出的不屑感染了身边的王公贵族，弄得连外事大臣在接待东姑一行的时候都显得不冷不热的，让东姑觉得很没趣，呆了两天就灰溜溜地回国了。

一想到这些已经在民间被传得活灵活现的“故事”，李孝式就忍俊不禁。

“既来之，则安之吧！一万万美金可不是小数目，耐心一点，早点休息吧。”李孝式说完这话就回自己房间了。

夜已经很深了。文莱的夜晚安静得有些神秘，空气里充溢着一种祥和的让人心情平和的气息。李孝式很快就睡着了，睡得非常安稳。

第二天早晨，他们接到通知：国王要召见李孝式。这是一个视礼仪如规矩的国度，既然没有说召见敦拉萨，敦拉萨就郁闷地留下了。

苏丹的王宫金碧辉煌，角角落落都显得富丽堂皇、雍容华贵，比他曾经到过的白金汉宫要气派得多、森严得多。

李孝式严格地按照文莱皇室外宾觐见的礼节行礼、致意，然后在国王的邀请下就坐。

在外界传说中，以喜爱文学著名的奥玛阿里赛尔夫汀三世，身着金黄色的礼服，看上去才四十出头的样子，很帅气俊朗，目光炯炯有神。

“我看了你的借款方案了，你们要借一万万美金？”苏丹开门见山地问，声音很和蔼。

“是的。马来亚现在百废待兴，希望能得到陛下的鼎力相助。”

“钱的事好说。我今天单独召见你是另外有事相商。”

“哦……请陛下明示。”

“文莱很快就要成立自治政府了，我想邀请你加盟。如果文莱也能顺利独立——当然这点我希望能得到你的支持，你就是这个国家的首相，并且兼任财政部长。”

“啊？这……承蒙陛下厚爱，这太突然了！我……”这样的“邀请”的确太过突然了，李孝式一时竟怔在那里。

“你不用急着答复的。我的人对你进行过详细的了解，你是个很有才华，也很富有传奇色彩的人物，听说你是中国国民政府蒋介石总统的好朋友，中国抗战的时候，你做出过非常卓越的贡献，我指的不仅仅是筹款。是吗？”

“那都是坊间的传言。都是过去的事。”

“你还是英王乔治六世的同学，你们年轻的时候有一段非常难得的友谊。去年女王加冕，我们都去了，但女王陛下只单独召见了你，连我都嫉妒过你呢。”

“那不过是机缘巧合而已。”

“我是真的很欣赏你的。这三天我一直在暗中观察你，你身上有很浓厚很古典的那种属于中国人的气质，你知道，文莱与中国很有渊源的……”

于是，苏丹如数家珍地聊起了文莱与中国的友好过去——

文莱一脉相承的皇室血统可以追溯到14世纪，从1363年开始传到现在已经有六百余年。文莱王朝是亚洲王朝中，除日本菊花王朝外国祚最长的现存王朝。公元1408年，也就是大明永乐六年，文莱第二任苏丹麻那惹加那乃曾率王妃、世子、兄弟姐妹及群臣150余人于八月间到中国访问，向明朝皇帝进献了龙脑、鹤顶、玳瑁、犀角、金银宝器等礼物。明成祖专门在奉天门外盛筵款待麻那惹加那乃一行。麻那惹加那乃国王目睹大明王朝民丰物阜，其文治教化、衣冠器具无不令其折服，竟不思返国。该年的11月，国王因水土不服一病不起。成祖派御医日夜诊治，也未能挽回其年轻的生命。国王临终留下遗言：“体魄托葬中华”。成祖深为惋惜，为之辍朝三日，并尊国王遗嘱将其赐葬在南京安德门外，即后来的南京城中华门外的聚宝山，又命其年仅4岁的幼子遐旺袭封文莱国王，遣使者护送其归国。4年之后，遐旺王随其母亲到南京为父王扫墓，流连半年方始回国……

这段历史佳话，曾经是文莱王宫代代相传的经典传奇。

“遗憾的是，我们都生在了现在这个时代。”苏丹非常感慨地说。

“我的祖籍国中国会很快强大起来的。当年的繁华不久就会重现，甚至更美好。”李孝式向往的说。

“好了，跟你聊天是件很愉快的事。听说你的高尔夫球打得很好，陪我去露两手如何？”

“……我们的方案……”见苏丹已经站起身，李孝式赶紧跟着站起来，嗫嚅地问。敢情跟苏丹聊了半天正经事竟只字未提。

“放心吧！我已交待我的财政大臣，一万万美金按你们的要求分二十五年偿还，而且全部免息。”

“啊？”又是一个意外，李孝式半晌才反应过来——他们从没有想过可以获得免息贷款，

"我代表马来亚政府和人民,感谢陛下的慷慨相助!"

"别,我完全是看你李孝式的面子,不过借此表达邀请你的诚意。走,打球去!"

关于文莱苏丹的邀请,在李孝式的人生经历中也是一个传奇。一个人在有生之年里,同时获得几个国家的首脑(马来亚、中国、英国和文莱)倚重,本身就是件不可思议的事情。

"那时我和敦拉萨一起到文莱去,我们依照计划向文莱苏丹借款,文莱苏丹一口答应借一万万元,声明可在二十五年内还清,并且不计利息。

文莱苏丹曾邀请我担任该国财政部长。不过我婉辞不就。"

1983年,李孝式接受马来西亚《中国报》的记者专访时,曾经这样说。

"文莱是个多富有的国家啊,请他去当首相,他都不去。由此可见,敦李骨子里的那种中国传统文化里提倡的'一臣不事二主'的忠君情结。中国人是讲义气的,并因为对一些道德传统的坚守而受到全世界的尊重。"

在谈起李孝式拒绝接受苏丹邀请的传奇经历时,他的秘书李林这样评价。

3. 如何提高马来人的经济地位与"工业建国"

独立以前,殖民地政府为了使马来亚的经济发展适应宗主国的经济需求,强制推行不合理的劳动分工,使马来亚不仅长期停滞于农业国的落后状态,而且经济结构均表现出畸形的单一性。在马来亚,仅橡胶一项就在出口总额中占了60%。这种在世界范围内都不多见的单一性,成了殖民地时期东南亚各国的基本经济特征。

在这种状态下,马来亚经济命脉系于一种或少数几种农林产品,其生产在很大程度上都是面向出口的,整个经济对世界市场具有极大的依赖性,一旦市场需求、供应体制和销售价格发生大的变动,将立即对全国产生严重影响。在这个过程中,马来亚虽然是橡胶和锡的主要出口地,但工业化水平低下,整个经济结构十分脆弱。农业生产结构也十分畸形,粮食长期不能自给……

所有这些,都是身为财政部长的、曾经是剑桥大学经济硕士毕业的李孝式,看得最清楚也最忧心的。

要改善国民的生活,改变国家的经济现状,首先是要尽快扭转单一橡胶、锡矿经济。为此,李孝式提出了一个"四加一"方案,即橡胶、油棕、可可、椰子加稻谷的农业政策。如果能将农业搞上去,不仅是充分利用本土资源,改变国家经济单一的现状,更重要的是可以利用政策的倾斜扶持经济弱势的马来人,有效的维护社会和平稳定。更何况,自己曾经在独立谈判桌上承诺过要改变马来人的经济地位,让他们尽快追上华人在经济上的脚步呢?正是基于这几点,在李孝式的科学决策下,一些农业发展政策很快出台了,所有与农业有关的政策,基本上都是向马来族倾斜的。比如对极端贫穷的马来人无偿发放土地和森林，对有土地的马来人实行农资产品补贴，以及对出售的农产品实行免税等等。

这些农业开发政策落实到农业工作中去之后，很快就见成效了。1958～1959 年间橡胶产量增长 1 倍，油棕产品猛增了几十倍，可可增幅更大，农业结构发生了很大的变化。同时国家大力鼓励开发热带原始森林，木材采伐量迅速增长，木材加工业也有了很大发展。

然而，深谙经济规律的李孝式知道，工业才是一个国家迈向富裕和现代化的必经之路。加上马来亚还要特别防止橡胶、锡等主要产品的价格波动，对国民经济带来不良影响，因此，加速工业化，是实现整个经济结构的多元化的必要条件。对此，他在经济工作会议上提出了一个酝酿已久的构想：工业建国。并提出很多具体的建议给工业发展部。比如建立八打灵工业卫星城市，提高工业产品的进口税，扶持本国工业企业等等。同时借鉴发达国家的经验，从政策的高度改善工薪待遇，督促工商企业实行人性化管理。

他曾经在家里跟李剑桥聊起过“工业建国”的构想，当时剑桥正在八打灵开建筑公司，曾经建议将那里开发成一个工业区。这个提议一下子就吸引了李孝式，当即在心里决定建立工业卫星城市，地址就选在八打灵，并关照剑桥按他自己的想法做个具体的规划方案给他。剑桥欣然领命，很快就将自己的构想图和文字方案弄出来了。之后不久，八打灵工业卫星城市发展规划被正式提上政府工作的议事日程。李孝式的表弟甘尚武博士服务的南顺公司，成了第一个进驻八打灵的企业。

马来亚各行各业很快呈现出一派欣欣向荣的景象。

除了自我发展之外，李孝式还积极提倡实行对外开放。一方面多方引进外国资本和技术，另一方面积极开展对外贸易，利用本国自然资源和劳动资源的优势，大力促进出口产品的生产，以此带动国民经济的全面发展。

李孝式完全从经济学的角度，对马来亚进行了种种深入而影响持久的改革，在他倡导的一系列经济政策的带动下，马来亚的国民经济结构有了很大的改善：农业结构走向多样化，油棕出口大幅度提高，不仅在一定程度上扭转了以往的单一橡胶经济，而且使马来亚油棕超过稻米、椰子、蔗糖等，成为整个东南亚的第二大出口作物。第二产业特别是制造业的比重迅速上升，工业化脚步加快，人均国民生产总值猛增，经济实现了快速增长，生产力水平也有了大幅度的提高。

4. 马来西亚的“中央银行之父”

“要写李孝式，李家有两样宝贝你是一定要看的，最好用手摸一摸。”2010 年 4 月的一天，我在位于吉隆坡梳邦新村的莫天来先生家里采访莫先生，跟他聊起我正在广泛搜集与李孝式有关的历史资料时，他这样“提醒”我。

“到底是什么宝贝呢？为什么还要摸一摸？摸了会有什么奇迹出现吗？”我好奇地问。

“你可别笑,我是说真的,摸了它们保准你会从此写文章妙笔生花,赚钱财源广进。”

“哦?这么神奇啊?到底是什么东西快跟我说说。”我迫不及待地问。

“一个是敦李参加伦敦谈判时,在马来亚独立声明上签字用过的笔,另一个就是马来亚首次发行货币时,由敦李签名的第一张钞票。他签名的一元钞票我也收藏有,但不是第一张。据说那两样东西现在都放在一间银行的保险柜里,需要李家的三位后人同时到场才能打开的。你去采访拿督李剑桥时向他提出来,最好能说服他给你看看,让你摸一摸,呵呵……”

至于在独立条款上签名用的笔,我是听说过的。据说那是欧美国家的习惯,举凡大的国际性条约或者文件签订,署名人用过的笔,都送给每个签名的人留作纪念。但是,有李孝式签名的钞票,而且是独一无二的“第一张钞票”,我还是第一次听说……

吉隆坡的清晨,空气格外的清新爽朗。李孝式真的打心里喜欢这里的环境。

马来亚是个非常适宜人类居住的地方。李孝式站在书房的窗户后面,庭院里的花草树木正在茁壮成长,不时有鸟儿扑棱棱的从一棵树的枝头飞向另一棵树的枝头。他就是被鸟儿们叽叽喳喳的声音打断思维的——也许,清晨的鸟鸣声就是这世上最和平安详的声音吧!

他刚刚确定了马来亚货币的式样,窗外明媚的气息仿佛在回应他的好心情一般。好一派鸟语花香的景象啊!这就是自己将要和所有的华裔同胞一起安身立命的地方了,这个国家,这片土地,一切的一切,将从此与自己与同胞的命运息息相关,血脉相连……

自主发行货币,无疑是一个独立国家要做的第一件事。也是身为财政部长的李孝式要做的第一件事。

华巫印三大民族的精英聚集在一起,共同设计了马来亚货币数额不同的各种式样,经过层层筛选之后,最后都集中在李孝式的案头由他定夺付印。

司机阿明已经将车开出了车库,并短促地按了一下喇叭——很多时候,他需要用这种方式提醒或者催促总是忙得不知道时间的“老板公”。

这是这个国家首次发行货币,钞票付印之前,内阁要将一应与货币发行有关的文件、草案以及相关会议的记录等等备案的。李孝式手上的样板清样,也是备案的资料之一。他将自己签印的货币清样交给秘书之后,就开始审阅秘书处呈上来的中央银行成立大会的演讲稿。

作为一个国家的首任财政部长,他有责任建立一整套的财政管理政策和国家基本财政制度。为了有序增加国家投资,把货币储存在一个稳固的基础上,建立一个直接由国家授权的金融部门,是一个必要的措施。钞票印出来了,总不能由财政部来保管和调拨吧?所以,他要建立中央银行!而且要与货币发行同步进行,直接由中央银行将货币从发行基金保管库调拨给各家银行的业务库。

这一步走得并不容易,因为新加坡的财政部长反对这一措施。原因是新加坡正在努力想加入马来亚,刚刚获得自治的以李光耀为总理的新加坡政府,期望建立一个完全统一马来亚之后，再着手一些具体的建国事宜。但是，李孝式对他们提出的“统一的马来亚”前景并不乐观，他甚至隐隐感觉到新加坡迟早会成为“独立的新加坡”。因为他敏锐地察觉到，东姑阿都拉曼并不希望完全以华裔为主的新加坡加入马来亚。他完全了解首相的顾虑：新加坡共产党太多，合并后将会增加马来亚的麻烦；新加坡人口八成以上是华裔，如果合并，则马来亚的华人总人口将会超过马来人，这显然是对马来人不利的（按当时马来亚总人口为七百余万，马来人、华人约各占一半，如加上一百三十万新加坡华人，则华人总人口将达四百多万，势力可观），可见马来亚对于两岸（中间隔一条长堤）关系是分是合，早有隐忧。

而这些都是外界并不了解的内情。还有就是这个时候正是英国政府与马来亚政府的权力交接时期，有大量的政府官员逐渐淡出新政府，有大量英国或国际商人要求新政府确保他们的利益是安全的。在这段时期里，稳定压倒一切。他们是担心新币制的施行会带来金融方面的动荡。

有鉴于此，李孝式只能以自己渊博的财经知识，和他对马来亚经济发展的可行性规划说服新加坡的财政部长，最终让央行的筹备工作和中央银行大厦的建筑工作顺利进行……

“铃——铃铃——”忽然，办公桌上直接连通首相办公室的内线电话响了起来。

是首相府首席秘书自打来的电话，第一个通知他：首相紧急召开内阁会议！说完时间地点就挂掉了。李孝式不敢怠慢，赶紧放下手头工作赶往内阁会议室。

所有的内阁成员都不约而同地到达了，大家都满头雾水，不知道是为什么事。与会者们刚坐下来，国父就进来了，手上居然拿着李孝式已经签印的货币清样。李孝式心里一跳，不知道出了什么纰漏，东姑要这样“兴师动众”。

“这么急的召集大家过来，是关于货币印制的事……”东姑一如往常的平缓语调，“这份清样，有一个很严重的疏漏！”东姑扬了扬手中的清样，停顿下来。

“清样都是经过大家仔细筛选，一致通过了的。”李孝式忍不住站起来解释。他实在想不出有什么地方不对劲。

“这个我知道。”东姑做了个让他坐下的手势，“这是我国自主发行的第一套货币，我认为应该有一些以资纪念的标志，这个问题我考虑了很久了，不知道大家以为如何？”

“纪念标志？”大家一听，立即就议论开了。

哎呀，自己还真没有想过这个问题。李孝式的脑子也马上活跃起来了，可想了半天，就是想不出用个什么标志才有纪念意义。

“我是这样想的——”东姑打断大家的议论，“我提议让我们国家的首任财政部长在这张发行最多的一元钞票上签名！”

“这怎么成？要签名也得国父签名。”李孝式赶紧推辞。

然而，东姑的提议已经一石激起千层浪，与会者纷纷附议，认为由第一任财政部长签名不仅名正言顺而且意义非凡，都表示赞同这一富有创意的提议。尤其是，那几位华裔部长，更是兴奋不已……最后，李孝式只得恭敬不如从命，当即挥笔在货币设计清样上题下“H·S·LEE”。

李孝式的签名就这样被印在了马来亚首次发行的货币上。他一手策划的中央银行,也在 1959 年 1 月 1 日正式开业。

开业典礼上,荣任首任中央银行行长 W · H Wilcock 称李孝式是“马来亚中央银行之父”。

除了筹组中央银行这一划时代的大事件之外,李孝式还亲自参与制定拟定税法,奠定了国家金融体系的基础。

5. 拒绝为国父买单

“你没有真醉吧?”李孝式一把扶住了走路有些趔趄的东姑,东姑却趁势靠在他身上,李孝式只得就近找了张凳子,让他坐下来。

“是有些头晕了,喝酒我还真不是你的对手。”

“打球,你也不是对手,我今天又中了十九个洞,你呢? 国父大人,你今天才打中九个洞呢! 平常都不少于十五个的……哎——对了,我总觉得你今天有些心不在焉的,怎么回事?”

“我还真的有事要麻烦你。”东姑忽然坐直了身子,从西服口袋里摸出一张纸片,非常清醒地说:“这个,你得给我处理了,我的身家就一份薪水,没办法。”

“什么呀这是?”李孝式疑惑地接过来一看,原来是一张高达两万零吉的票据! 李孝式仔细看了看开票的时间,正是前不久举行高尔夫球公开赛的时间段。“这是怎么回事? 什么名目来着——外地队员接待费? 不是有专门接待的吗? 你又不是接待处的……”

“这不亲自把它交给你吗? 你就别问那么多了。你只要帮我解决就行了!”

“这可不行! 你知道……”

“我知道这不合规矩,你的清廉也是名声在外的。我就是想你给想个办法……再说,这钱也不是我一个人花了的。”

“你这不是给我出难题吗? 这么大个摊子……”

“既然这么为难就算了吧!”刚才还醉醺醺的东姑突然稳稳地站起身来,一把抢过那张票据,“走了!”

“收据你可以留下来,财政是不能报销的,我可以想想其他办法。”毕竟是首相,还是战友,他不能太驳面子。

“我就知道,问题在你这里总会有办法解决的。俱乐部的主席只有你当最合适。谢谢啦!”东姑真的留下票据才离开。

早在剑桥大学读书的时候,他就是艾伯特王子不离不弃的球友,只不过那时候打的是网球和板球。高尔夫球是在结识东姑阿都拉曼之后才喜欢起来的,他的办公桌上,总是放着一只高尔夫球,他们一起建立了雪兰莪高尔夫球俱乐部。俱乐部挂牌的日期就选在马来亚独立一周年的纪念日,那是 1958 年的 8 月 31 日,他们在完成庆祝仪式之后,为俱乐部举行了挂牌仪式。

当年,年轻的艾伯特王子曾经用中国话“静若处子,动若狡兔”来形容李孝式。现在,他常听东姑跟朋友笑他“别看他个子不高,身子骨特矫健的……”

生命在于运动。高尔夫球是他生命的一部分。在他的倡导下,这个俱乐部每隔一年就组织举行一次全国范围内的公开赛。公开赛的经费,财政补贴一半,剩下自筹。毕竟玩高尔夫球的都不是等闲之辈,应该积极贡献财力。唯有这个东姑,在筹款方面永远是个例外。不仅如此,还常常超支。以前最多不过千多元,李孝式利用俱乐部内部的资源,冲一冲就过去了。这次竟然两万多元了,他得想办法提醒一下才是。

于是,在东姑离开之后,他立即致电俱乐部办公室,交待召集理事们开个临时会议。他知道东姑不会亲自出席这类会议的,顶多明天打电话过问一下会议内容。

他在会上出示了那张票据,说:“……这也从一个侧面反映了我们俱乐部在预算方面的疏漏,赛事已经结束了这么久,不管这笔款子是不是可以避免的,都只能我们内部解决了,我提议从俱乐部的日常活动经费中解决这笔支出。作为主席,对预算出现偏差负有不容推卸的责任,所以,我个人愿意支付这笔款子的三分之一以示自责之意,希望这样的事情今后不会再发生。”

事情就这样解决了。

但他拒绝为国父买单的事却在不经意间传了出去。

曾经有哲人说:“要了解一个人的品质,最好的方法是给他权力。”李孝式自小在富裕的环境中长大,从母亲对财务的管理中就耳闻目染的养成了一切按规矩办事的习惯。越是位高权重,越是谨小慎微。也正因为如此,他的口碑无论在什么人面前,都无可指摘。

他是财政部长,他对财政支出的控制正如当时的媒体评价的那样:“每一分钱,他都用得十分谨慎。”

第十二章　急流勇退

1. 辉煌的代价和荣誉的巅峰

从一个政治家的角度来看,李孝式的辉煌是短暂的。

从 1945 年日军退出马来亚开始,他就在为这片国土争取自管的权利奔波劳碌,一直到 1957 年,12 年的独立之路,每一步有浸透着他的汗水和心血,有智慧和勇气的较量,有矛盾和妥协的权衡,也充满了不被理解的委屈和痛苦,以及忍辱负重的无奈与辛酸。

而他真正能为这个国家和这个国家的人民做一些建设性的事情,是在出任财政部长的期间,仅仅三年,三年而已。

1959 年大选前夕,李孝式应美国金融界的邀请,前往参加一个国际性的高峰会议,在华盛顿见到了老朋友,过去参加国际锡业会议时结识的美国大西洋锡业总部负责人诺尔曼·克里弗兰德(Norman Cleveland)。他乡遇故知,两位年届六十的老朋友相约到美国的乡村去骑马,回来的路上,李孝式不小心从马背上摔了下来。虽然幸免于难,身上只留下几处擦伤和青肿,可毕竟是上了年纪的人,回到马来亚之后就被医生“勒令”修养。

过后不久,李孝式生平第二次经历了丧失亲人的切肤之痛:母亲甘固真患了重病,在医院呆了一个星期就去世了。李孝式被这场变故完全压倒了,带着一种非常强烈的感情。他并不怕死,但却真实地感受到了死亡的恐惧。他的一生坚强的母亲,曾经一起那样亲密、那样长久地生活过,五十多岁了还带着孩子们逃难,几乎成为他生命一部分的母亲,就这样在他的眼前化为乌有了。三十年前父亲的去世,三年前在伦敦知道前妻已逝多年的情景……一幕一幕悲恸哀伤的场景重又回到眼前。内心的悲痛以一种奇怪的韧性持续着,怎么也挥之不去。一种不祥的感觉,深深地笼罩了没有宗教情结却相信命运的他。

果然,离大选不到半个月的时候,一个更为可怕的打击便降临到了他的头上。长期患有喉病和肺病的他,开始感到全身不适,不得不前往医院诊治。医生告知他身体潜藏的健康隐患已经全面爆发,在经过紧急救治之后,李孝式还是暂时失声了。他经历无数不眠之夜亲自执笔的再次参加竞选的演讲稿,安静地躺在病床一侧。就像是一个讽刺。曾经马不停蹄地从一个地方到另一个地方发表演说的往事,独立之路上充满智慧和勇气较量的点点滴滴,在病床上回忆起来,真的有些恍若隔世。

李孝式不得不选择急流勇退。而随着他的退出竞选,马华内部一开始就潜藏的不和谐因素,在多年的积压之后,也终于爆发了针锋相对的纷争,他不愿意看到,曾经希望永远都不要变成现实的"党争",终于出现了……

马华内部的不团结,不仅在华裔公众之间产生了非常不好的影响,并且让他辛苦建立起来的联盟面临分裂的危险。为了维护国家大局和联盟政党的形象,他看好的少壮派代表林苍佑紧随他的脚步选择退出大选,并因健康问题前往英国。在离开之前,林苍佑带着他自己挑选的"代理会长"谢敦禄医生前往医院探望他,并向他求教怎么弥补裂痕以争取联盟竞选的胜利。

李孝式不能说话,只示意带他们前来的李剑桥取过纸笔给他,他在那张纸上只写下一句话:"多说建设性的话,多讲联盟施政的特色与主张,尤其不要对政敌做破坏性的批评。"

这句话在后来的竞选演讲中,一直是联盟候选人坚持的原则。

他亲笔撰写的联盟竞选宣言,虽然没有完成演讲的使命,却被全文刊登在《中国报》上,并被其他报刊转载,成为联盟竞选的有力支撑。

"联盟政党提出的,大都是建设性的积极步骤,很少对政敌做破坏性的批评。但是联盟所提的建设性方案,在许多方面,足以明白反映出各反对党团政策主张之无当。这种腔调谈吐,来得十分得体……自由与稳定,维护和平与安全,促进人民全体的和谐,这三点都是本邦全体福利之所系,亦是联盟施政的最大特色。"当他在病床上读到这些新闻评论的时候,内心的欣慰是无以言表的。

马来亚独立后的第一次大选,联盟以深入人心的施政纲领与和谐团结的形象,再一次获得胜利,胜利得跟1955年的大选一样辉煌。

就在公布竞选结果的那一天,李孝式出院了。医生关照他一定注意休养,要戒烟戒酒。

街上到处是庆祝胜利的人群。来接他出院的只有妻子关小舫和从剑桥大学赶回来的最小的儿子李裕隆。在到处都一派热闹喜庆景象的衬托下,车内的气氛显得有些沉闷和落寞。

也许,辉煌过后是黯淡,真的是一种规律吧。

既然经得起辉煌的喧嚣,就应该也承受得起辉煌之后的寂寥。

1959年8月31日,马来亚独立二周年纪念日,在王宫举行了一场特别的封赐仪式:马来亚最高元首为李孝式颁赐这个国家的最高勋衔——敦(TUN)。获得这个勋衔的在这个国家总共才四个人。据说李孝式之后再无人受此封赐。这是他在1948年和1957年,分别获得英王乔治六世和伊丽莎白二世颁赐"大英帝国最优秀指挥者"(CBE)与"爵士"(KBE)勋衔之后,再一次获得国家级殊荣。

这是个令人尊敬的勋衔。从此之后,李孝式署名为"敦·李孝式"。

是年底,李孝式正式辞去财政部长的职务,并声言从此退出政坛,不再参加任何政治活动。东姑将他的辞呈压下了,劝他恢复健康后继续为国家效力。

2. “我只想要个银行执照”

又是雨季了。雨像是从天上倒下来似的，跟1924年初到马来亚的时候一样。

李孝式久久地坐在书房的窗前，儿子裕隆已经离开很久了，他的目光还一直停留在裕隆向他挥手的院门口。

这次送裕隆去机场的不是司机，这孩子坚持要让正得空回家的哥哥又隆开车送他。也许，是少年的秘密需要同龄人特别是兄弟来分享吧。

裕隆恋爱了——他回到家的当晚，儿子就将这件事当作一件天大的事向他汇报了。在他的印象里，男孩子恋爱在没有尘埃落定之前，都是极力瞒着家长的。裕隆能这样坦诚地听取他的意见，想要得到他的支持的态度，让他看到了孩子的执着和认真。当然，他更明白的是，儿子遇到了跟当年的自己一样的情况：女朋友是外国人，而且家世背景很不一般。

裕隆没有告诉他女朋友到底是哪个国家的，只是说他很苦恼，担心双方的家长特别是女方的家长不同意，所以一直不敢向女孩表白。对此，李孝式不得不给他个定心丸。深受文化背景不同的婚姻之苦的李孝式，非常理解年轻的裕隆的顾虑，从一定意义上来说，他自己就是个前车之鉴。

“只要你们自己有勇气去面对不可避免的矛盾和冲突，我没有任何意见。”他这样鼓励儿子。他这样一表态，夫人关小舫也就不好说什么了。儿子的爱情给了李孝式内心很大的冲击，他想起了自己的初恋，想起了父亲的教诲和母亲的含辛茹苦，还有那些童年时的惊吓、少年时的梦想、他的热恋、他最初的成功、那些兢兢业业做公司职员的日子……他忽然发现，很多美好的东西都已经在不知不觉中丢失了，政治让他很早就不再单纯，尽管是政治让他变得坚强并获得成功。那些美好的东西都是曾经拥有过的，只是丢失了，再也找不回来了。他忽然那么想做个慈爱的父亲——这个念想更加坚定了他要退出政坛、完全摆脱政治的心思。

他再一次向内阁提交了辞去财政部长并提前退休的请求。东姑在挽留不果的情况下批准了他的申请。

“提个要求吧？老伙计！我尽量满足你！”辞别宴上，东姑对一脸平和的李孝式说。他是真的舍不得这个好搭档好朋友，想一想这个国家的独立，要是没有李孝式，还不知要走多少弯路，他就觉得自己非得为这个开国元勋做点什么才放得下心。

“老实说，我还真的有个想法想首相大人成全。”

“说吧！只要不是让我去摘星星。”

“我只想要个银行执照……”

“哦……这个，我得跟相关部门研究一下……”东姑的犹豫让李孝式想起了他刚退下来就顶上去的新任财政部长、陈祯禄的儿子陈修信，正是陈修信的入阁，让新一任马华总会长林苍佑退出竞选，远走英伦。他知道林苍佑曾经非常期望自己能助其一臂之力，可自己却为

“顾全大局”最终保持了沉默。即使这样，他也知道陈修信对曾经与他父亲亲密合作又分道扬镳的自己很有看法的。而要开银行，当然离不开财政部长的首肯和支持。他这才想起自己可能给东姑出了难题了，正想着将说出去的话再收回来，却听见东姑在短暂的沉吟之后，继续说：“不过，你放心，我一定帮你！如果健康状况允许的话，你可以先做筹备工作。”

“谢谢！”李孝式情不自禁地举起杯，“我敬你！”

“发达了，记得我就成！”

“以后有什么参加比赛的费用报销不了的就拿给我，我自己给你买单！”

3.“敦李”的企业王国和福利事业

1966年12月，李孝式在经过充分的酝酿和准备之后，成立了刚由马来亚变成马来西亚不久的国内第一间华人银行：“兴业”银行（即后来的D&C银行），从此将精力倾注在商业和银行方面，并且一直以银行为荣。

兴业银行由1966年创立之初，从华裔手中集资到的530万人民币，以及1千万马币的固定资产和430万的储存资金，发展到1981年，已成为在马来西亚有28个分支行的全国第五大银行，共有6千万人民币的集资款，12亿3千万马币的固定资产和1兆储存款。

兴业银行下设多家附属机构：兴业证券银行、兴业金融NE吗（马）私人有限公司、兴业财务有限公司、兴业银行托管有限公司、兴业三井证券银行等，各附属机构之资产达1亿4千8百多万元。此外，他还创立了安泰发展私人有限公司、渣打银行（马）信托有限公司和设在香港的财务与投资服务（Financial & Investment Sercice for Asia Ltd）等。他同时兼任这些公司的董事会主席，也是新加坡Golden Castle金融机构有限公司董事兼副主席。“国父”东姑阿都拉曼退休后常来找他，跟他在一起闲聊时，常常笑他简直就是个“开金融超市”的。

李孝式在全球金融方面声誉卓著，每年世界银行举行年会，都邀请他以贵宾的身份参加。

他任兴业银行董事会主席之职近20年，同时在马来西亚银行协会担任副主席多年，是该协会早期的一位重要人物，获得过终身会员奖——获此殊荣的人寥寥可数。

除了这些与金融有关的企业之外，李孝式还建立了庞大的家族企业：敦李孝式锡矿八号有限公司。他1946年创办《中国报》在八十年代已成为马来西亚第二大中文报纸，他自己一直担任该报社长，任期长达42年。

商业活动之外，李孝式还挤出时间为社会福利机构服务。先后担任雪兰莪矿物俱乐部主席（1938年开始）、高州总会会长（1949年开始）、广东会馆联合会主席（1962年起）、雪兰莪广东会馆会长（1962年开始）、大马中华工商联合会会长（1948～1955年）、马来亚红十字会主席（1957～1962年）、邓普勒夫人医院主席、马来亚银行家协会副主席、马来西亚高尔夫球协会赞助人，并从1964年开始担任马来西亚高尔夫球协会主席、吉隆坡酒业食品公会名誉会长等等。曾经有一段时期，李孝式同时兼任40多个委员会的主席或者委员。其中，建立邓普勒女子医院（LADY Templer Hospital）是他对马来亚社会的一个重要贡献。邓普勒（Templer）女士曾不止一次在公众场合说：“如果没有敦李的帮助和支持，这个医院根本不可能出现。”自1960年起，李孝式就是这间医院的董事会成员。

由于一生热爱体育运动，所以在福利机构之外，李孝式还是马来西亚全国最著名的三个俱乐部的荣誉会员，这三个俱乐部分别是：皇家雪兰莪高尔夫球俱乐部、皇家雪兰莪俱乐部和湖泊俱乐部。在他逝世前一直是皇家雪兰莪高尔夫球俱乐部资格最老的会员，人们常在那里看到他。李孝式虽然忙碌，但他却是一个好交际之人，经常出席英国、马来西亚交际俱乐部举办的各种派对。他有非凡的能力使得所参与的聚会妙趣横生，也能在英国及其他外国人举办的正式宴会上左右逢源。他还能在参加完一个深夜才结束的派对之后，第二天早上照常六点钟起床。即便是在医生规定的休养期间，都参加亲朋好友的聚会。在许多朋友的眼里，他是个非常好相处的朋友。

李孝式在1957～1959年间曾担任马来亚奥林匹克委员会首任主席，为奠定马来亚的体育事业的基础做出了卓越贡献。晚年在高尔夫球之外，还爱上了太极拳。他认为打太极拳可以增强脊椎的力量，他从各种医学书籍上得知，疾病的根源都来自于脊椎的虚弱。

这就是政治之外的李孝式，被《马来西亚政坛名人录》誉为“首任财长、矿家、银行家、社团领袖、自由斗士、《中国报》创办人”、超人式的李孝式。

第十三章 最后的岁月

1. 重新开始

离开政坛的李孝式重新回到了锦纶泰。

锦纶泰已经不是1926年的锦纶泰了。1926年,他的父亲李季濂因时制宜,毅然结束了锦纶泰发家的丝绸生意,专心经营南洋客出国的旅业、汇兑和商行生意。他从香港来马来亚,落脚的地方就是锦纶泰。如今,“南洋客”已经成为“南洋”的主人,除了汇兑业务依然在发展中之外,商行基本上就只为老乡们代办货物了。但是,李孝式依然是过去的李孝式,他又回归到商人的角色了,而且回归得很彻底。

李孝式将锦纶泰改为茶楼,依然沿用锦纶泰的名字。他要重新做回商人,纯粹的商人。所以茶楼一开张,他就一个一个联系上了过去因为工作关系而疏远的亲戚朋友,重新跟他们建立密切关系。为了扩大经营,他拉上了同乡兼挚友梁沾铨来做股东,一起经营富有中国特色的饮食业。端午节的时候做粽子,中秋节的时候就做月饼,完全一副安于现状、苦心经营的架势。不过,在锦纶泰茶楼通往二楼的门口有一块写着“敦李孝式爵士办事处”的牌子,这个牌子透露了李孝式的商业野心:他是利用锦纶泰的平台和招牌,为他的银行筹集资金呢。他的办公室就设在二楼,那里是他跟梁沾铨等好朋友把酒论英雄,商量大事情的地方。茶楼的生意都交给锦纶泰的老伙计林德来打理。

这么多年的摸爬滚打,加上自己在马来西亚政坛上的影响力,以及良好的口碑和曾经筹组中央银行的宝贵经验,筹集资金的事当然是一呼百应,一切筹备工作都进行的有条不紊。银行建立起来之后,一些配套的业务也纷至沓来,李孝式整个的像被生意上的事推着走一般,很多过去根本不曾想过的领域,都在不知不觉中涉足进去了,他就像井超市一样,一系列的金融企业一个一个以“敦李”的名义冒了出来……原来,时势造英雄也适用于商业领域的。短短几年的时间过去,他的事业就形成了一个地地道道的“企业王国”。

银行开业伊始,他做的第一件事就是为南顺公司提供巨额贷款。

南顺公司的常务董事甘尚武是他的表弟,他在担任财政部长的时候,为了扶持本国的工业企业，政府提高一些商品高达百分之二十的进口税，南顺公司生产的肥皂就是其中之一。当时，南顺公司也刚搬来新加坡不久，一切都在起步阶段，进口税的大幅度提高，一下子就让这个公司陷入了困境，在这种情形下，作为公司常务董事的甘尚武坐不住了，甘尚武受公司董事会全体成员的委托，来找他帮忙，他硬是以政策不能出尔反尔为由拒绝跟甘尚武见面。甘尚武对他的不徇私情给予了充分的理解，在董事会上提出将公司迁进马来亚……后来，南顺迁进了他一手创立的八打灵工业区。南顺筹建厂房资金周转困难的时候，他又奉内阁会议之决定关掉了为马共提供经费支持的中国银行，该银行正好是一直为南顺提供贷款的银行，他的命令再一次让这个表弟的公司陷入了空前困境……这一切，甘尚武都没有埋怨他，而是另外想了办法起死回生。他并没有为了树立个人威信拿亲戚开刀的想法，一丝一毫都没有。但是南顺公司的很多同仁都很想不通，各种非议使甘尚武这个“财政部长的表弟”落了一身的埋怨，厂房建下来，李剑桥都心疼地说“舅爹都瘦了一圈”。他是没有办法，作为一名位高权重的政府官员，他必须公私分明、以身作则！

感谢亲情的伟大，给过他那么深刻地理解和支持！银行开业，他马上主动找到甘尚武，郑重表示，他的银行可以为南顺提供任何数额的低息贷款，不附加任何条件。这个“表示”不仅帮了南顺公司的大忙，还完全打消了公司对甘尚武的误会。结果，南顺成了兴业银行的第一个大客户和大储户。

为了弥补国家独立时，自己在支持华文教育方面的缺憾，兴业银行上市之初，他就赠送了一千多万的原始股票给马来西亚高州总会，作为助学基金……

仿佛是从终点又回到了起点，一种完全不同于政治上的忙碌，重新占据了他的生活。

每天清晨五点半起床，是在读书时就养成的习惯，几十年如一日。起床后，打半个小时的太极拳。七点三十分，开始在书房办公，即阅读一些电报之类的工作。上午十一点钟准时到兴业银行上班，一点钟回到家中午餐，然后继续工作。他除了担任兴业银行的董事主席之外，还担任十多间公司的主席，还受英国渣打银行总部的邀请，出任大马渣打银行信托公司的主席，同时有四位秘书为他分担工作。

而这个时候的李孝式，已经是年过六十的人了。

2.“高州人”的“孝式叔”

“敦李，外面又来了个要找‘孝式叔’的……”这天中午，李孝式刚到办公室坐下，秘书洪李玉兰就进来报告说。

“哦……先问问他打赢了没有，打赢了就请进来，输了就让他回去。”李孝式想也不想地说。

“这次不是……打架的，他说是来请您去捧场。”

“捧场？怎么回事？”

“我也说不清楚……是他说不清楚……”洪李玉兰嗫嚅地说，好像有什么难言之隐似的。自从开始有人来找他这个“孝式叔”开始，她这个秘书的工作就总是拖泥带水了，原因是洪李玉兰听不惯土里吧唧的信宜话，而且来人都好像跟敦李沾亲带故的，她又不敢怠慢。

“让他进来吧。”李孝式说，秘书赶紧出去了。一会儿就带进来一个农民模样的华裔老乡。老乡有些局促地站在他的办公桌前，叫了声“孝式叔”就紧张得不知说什么了。

“坐坐坐。”李孝式欠身和蔼地指了指椅子，老乡才犹豫的坐下了，刚坐下来又马上站起来，说：“我是来请孝式叔……请孝式叔去给我们主持挂牌仪式的，我，我叫廖安，您肯定不记得我了……我是从森美兰赶过来的，我们家开了间木材加工厂……”叫廖安的老乡有些语无伦次地说。

“哦，做老板啦？恭喜恭喜哈哈哈……”李孝式爽朗地笑着，他还真记不起这个从森美兰赶来的廖安了，“为什么要请我去主持仪式呢？你知道我早已不是政府官员了，我现在跟你一样，只是一个商人啊。先喝茶，慢慢说……”

洪李玉兰斟了杯茶进来之后就退出去了，在办公室她是难得听见敦李的笑声的，除了那些来找“孝式叔”的人来之外，敦李在办公室虽然对人和蔼，但从来都是不苟言笑的。这也是她从来不敢怠慢那些来找“孝式叔”的客人的原因。

“上次，多得您帮忙，我们才要回了那片森林，我们全家都感激您，一定要我来请您去给我们主持开业仪式，好沾沾您的贵气、财气、福气……”廖安一口气说了几个“气”之后才渐渐变得从容起来，“孝式叔，您想起我来了吗？就是三个月前……”

这一提醒，李孝式就想起来了！

众所周知，所有马来西亚华人自南来伊始，就按各自已有的条件和禀赋占据了适宜自己生存的地方。祖籍福建的人南来之初多数占领码头，开采木材或从事建筑；祖籍海南的人呢都做饭店，海南鸡饭是马来西亚的华人发明的而不是从海南岛传过来的；祖籍高州、信宜等地的人则多开矿和种植；客家人多从事渔业……这是大致的分工，并大都依据这样的“分工”而分布各地。然而，一门生意渐渐做大了，总是难免有地域上的渗透。而如果这种“渗透”没有到足够垄断的地步，特别是与被渗透的地方相同行业势均力敌的时候，较量甚至纠纷就在所难免了。

这个廖安，原本是跟家人一起从伐木工开始，一步步由承包森林到购买森林和地起家的，伐下的木材要运出去，要向外发展，码头是必经之地，久而久之就跟占据着码头，同时也从事木材开采的福建籍的华裔商人发生了利益冲突，始终都难以达成一致意见。福建人天生有做生意的头脑，在大多靠勤劳小富的“高州人”面前，个个都财大气粗。“高州人”呢，因为自己人中出了个“开国元勋”和财政部长，遇到纠纷也从不相让，仿佛真的有人在后面撑腰一般。这样互不相让到一定的程度，就会将事情闹到各自的利益共同体上面去，各自所属的会馆呀什么的就纷纷出面调停，而会馆与会馆之间呢，也有实力的比拼，这样，最后总是弄到了身兼数十个会馆名誉会长或者会长的李孝式这里了。廖安一家差点跟福建籍华裔人打官司的事，就是李孝式出面调停才圆满解决的。他的声望在马来西亚华人中，没有谁不给几分面子,有的甚至宁愿吃点亏也要给他面子。以致于现在,凡是华人之间的问题,只要他李孝式出面,有理没理的都会在彼此包容的情况下迎刃而解。

“有事就搵(找)孝式”,成了所有马来西亚华人,尤其是“高州人”的共识。为了鼓励同乡维护自己的切身利益,也为了华人的大团结和马来西亚社会的繁荣和稳定,李孝式在很多会馆的会议上都强调,不要打着他的旗号欺行霸市,为人处世要处处秉着“我为人人,人人为我”的准则。但是遇到确实侵犯到自己利益的事时,要敢于维护自己的利益,要敢于维护正义,坚决坚持毛泽东先生的“人不犯我我不犯人,人若犯我我必犯人”的处事原则,受到欺负来时要打赢了才找他主持公道。

于是在高州同乡之间,就有了“打赢了吗”的调侃。李孝式也渐渐地成了“高州人”的“孝式叔”。不过,这里说的“高州”并不是指后来地理意义上的“广东省高州市”,这里的“高州”,包括信宜、茂名、化州、电白、吴川、廉江、罗定和广西容县。其中尤以祖籍信宜的居多。

“孝式叔,您就给个面子,去给我们主持挂牌仪式吧,我和我哥哥都加入了高州总会,您是会长,就当是鼓励会员创业……”廖安的请求打断了他的思绪。

“仪式我就不去了,你看我真的很忙。”李孝式笑着指了指办公桌上的一堆文件,“这样吧,我让剑桥代表我去如何?”类似的应酬,很多时候他都是让儿子剑桥替他去办的。

“谢谢孝式叔!”大约是来的时候就没有打算真的请到李孝式本人吧,廖安马上喜笑颜开地道谢。孝式叔的儿子李剑桥也是个知名人物,很多场合他都代表自己的父亲出席是很多人都知道的事。这已经是很了不起的结果了。

而对李孝式自己来说,还有什么比来自民间的尊重和爱戴更欣慰的呢?

“马来西亚高州总会主席敦·李孝式爵士今日接受会员的挽留继续担任主席之职位。虽然敦李在今日假该会会所举行的第三十四届常年大会上以年事高为由,再次请辞,惟鉴于敦·李孝式爵士多年领导有方,劳苦功高,深受会员爱戴,在副总务陈为虔的提议下,全体出席会议的会员起立以示挽留之意……”

这是1983年12月6日的《中国报》一篇标题为《敦李孝式赞扬首相应付经济不景气措施》的文章里的一段话。这段话中的“全体起立挽留”的细节,生动地见证了李孝式在社团及公众心目中的崇高声望。

“父亲每晚10点多才回家,时间表与孩子们的不同,子女很少有几回见到他,父子之间很少有密切的联系,大家很少交流。他退出政治后一心扑在银行及其他商业事务上,但依然还是几十个会馆的会长,有很长一段时间同时兼任40多个组织的领袖。根本没有时间与家人交流。几十年来个个支持他做领导,他说话从不转弯抹角,应承的事情一定做到,一是一,二是二。他连每天的运动都是准时的。两点开会,两点零一分到都会挨骂!独立时,马来人、印度人都来找他出头与英国政府交涉……父亲的一生是忙碌的一生,他过得很尊严很有意义。”在接受笔者采访时,李剑桥先生说起父亲的忙碌时总会这样侃侃而谈,关于他父亲的点点滴滴如数家珍。

3. 大家族

就好像这样:经历了一天的辛劳和风雨,迎来了温馨、恬静、撒满金黄光辉的黄昏。一种无与伦比的成功与崇仰的氛围,笼罩了李孝式人生的最后旅程。他的成功,在一定意义上体现了一种更伟大的成功——一个新生国家持续的稳定与繁荣。这对于他来说,是至为欣慰的。因为无论是政治体制,还是经济模式以及财税制度和金融体系,都在最初的时刻就凝结着他的智慧和心血。他始终自豪的记着,在这个国家的独立声明上,他是唯一一个用中文签名的人。而如今,他的企业王国也正蒸蒸日上,形势一片大好。过去那些波澜壮阔的经历,仿佛都是为了酝酿着黄昏的美好与灿烂,当然还有宁静。

每一天的忙碌之后,与孙辈们闲话家常的时光,是那么的温馨,让人留恋……

在家里,李孝式的权威是绝对的。他所有的子女都已成婚,孙辈也在迅速地增加,第三代中也有好几个结婚了。李孝式经历了两次婚姻,共育有七个子女,二十多个孙子女,个个成才。长子李剑桥,1941—1946 年期间避难在印度,日军投降之后,被他召回来管理锡矿。为了支持他为国家争取独立,放弃了自己留学美国的机会和心爱的初恋女友。锡矿挖完之后,就自己找事做,投资,买下股份管理,做建筑。国家独立后,曾蝉联联盟党吉隆坡燕美区民选市议员,连膺两届联盟党沙叻区民选州议员,也曾担任大马广联会会长。后来被封拿督,任兴业三井证券银行副执行主席、广东雪隆会馆会长。次子李香江一直在英国伦敦生活,曾经担任过法国外交官员。这两个儿子都是他的前妻、苏格兰贵族女子多伦·格林所生。1926 年与第二任妻子关小舫结婚后,育有五个儿子两个女儿,分别是:吉隆、又隆、少隆、雪兰、雪莪、文隆和裕隆。其中,吉隆和又隆都是世界闻名的英国剑桥矿务学院毕业的矿务工程师;雪兰是澳洲毕业的医生,雪莪是澳洲毕业的牙科医生;少隆、裕隆都是名满全马的大律师,裕隆还曾先后担任国家农业部副部长、工业部副部长和国家统一与发展部副部长,连任多年的国会参议员。所有的子女中,长子李剑桥是唯一一个跟他一样学贯中西的。

因为有过妻子不被母亲接纳的痛苦经历,李孝式对每个媳妇都很疼爱。长媳王清金在他最忙碌的岁月嫁入李家,是一名热心公益事业的社会名人,她担任大马红新月会的全国总秘书,长达 31 年。与长子剑桥一起不离不弃始终如一为国家和社会做出了许多贡献。最小的儿媳妇爱莲,克服文化冲突的困难,冲破各种阻力才嫁进李家,对于经历过第一次失败婚姻的惨痛,深刻了解东西方文化冲突的李孝式来说,那份勇气尤令他动容。他最小的孙子,是老幺裕隆与爱莲的三个孩子:福康、福荣和福友,都已学有所成,两个化学师,一个银行家,分别居住在纽约、伦敦和新加坡。而让他特别赞赏的是长子剑桥的两个孩子福华和福娟,无论多忙,每个月都固定一个时间一家人团聚,那种和乐融洽的家庭气氛,仿佛在弥补他们的父亲和爷爷不曾拥有过的家庭欢乐一般,令错过了半辈子天伦之乐的李孝式羡慕不已。当然更多的是安慰。

在马来西亚，大臣在国王陛下接见时必须站着，是一条绝对要执行的规矩，连首相觐见国王时都得站着。然而李孝式却享有坐的特权。皇宫里一年一度为国王举办的生日宴会，总有一张椅子是留给“敦李”的，即使他没有去，那张椅子都会被放在指定的位置，空在那里。

关于这个“坐的特权”，这里有必要强调一下。在帝王时代或者有贵族传统的地方，出现在国王面前的人们，大多没有就坐的权利。如果他们实在想坐下来，就必须取得一些特权。这种特权属于公爵、公爵夫人之类的达官显贵，没有这样的头衔而又想在国王和王后面前有凳子可坐，就只有购买头衔或者攀龙附凤嫁给公侯才有希望。法国人让·克罗德·布洛涅在《西方婚姻史》中写到了一些出身并不显赫的商人或资产阶级，竭力通过嫁娶而挤入上层社会的事，他说这样做是为了取得“在国王和王后面前享有坐板凳权”。法国著名的沙龙女主人、作家德·塞维涅夫人看到没有给新挤入公爵夫人行列的一位女士准备板凳时，就说：“唉！给她一个凳子吧！为了这张凳子，她付出的代价太大了。”所谓的太大的代价，大概是购买头衔花了很多的钱，或者为嫁给贵族以取得头衔搭上了丰厚的嫁妆。这些都是有文字记载的。

1987 年 6 月 15 日，李孝式荣膺最高元首陛下委任主管最高勋衔大臣。

所有经由国家最高元首颁赐的勋衔必需经由他盖章签字后方能生效。邦国倚重之威望至此已达登峰造极的境界了。

尽管一生备享尊荣，功名尽有，李孝式的生活却是简朴的，一直保持着父辈节俭的美德。最让人难忘的是他不爱时髦，不跟潮流。他一辈子总共才置有几套西服和衬衫，都是轮流交替着穿。“裁缝佬要做他的生意都几难，一年都不知道有没有做一套衣服，裁缝店有他这个顾客可能要关门大吉了。”佣人在整理它的衣物时，常常这样跟女主人关小舫开玩笑。他爱喝酒是众所周知的事，中国抗日最艰难的时候，他四处兜售自己的藏酒为祖籍国筹款，也是很多人津津乐道的故事。但对于吃，他也非常讲究，马来西亚华人都吃的猪肉，他不爱吃，他喜欢吃鱼和鸡，而且吃鱼只选斗底鲳和白鲳，鸡也是农家养的鸡才喜欢。

他还喜欢收藏字画，1938 年为抗日筹款时，徐悲鸿专为他画的那幅《破晓公鸡》失而复得之后，一直挂在“式庐”的客厅里。他很珍惜旧东西，办公室里的桌椅，坐了几十年都不换。以致于在很多人心里留下“念旧”的印象。

4. 最后的岁月

黄昏虽然是宁静的，然而，一天的结束却始终还是在云翳和风暴中。

1983 年 9 月，李孝式受中国银行界的邀请，携夫人关小舫访问祖籍国中国。这是他在战后首次回到祖国。因为行程安排得紧，他只在广州会见了妹妹李汝兰和妹夫梁粤翘，相约下次回来一起过中秋节。他没有回信宜，在他的记忆里，自己早已是无家可归的游子，故乡的家早就不存在了，回去即使见到已取得联系的亲戚，也只是徒增伤感而已。当年离开的时候，他才三个月，后来与剑桥一起护送父亲的灵柩回乡，也是来去匆匆，对家乡一点印象都没有。记忆中的亲情，不过是那一张张出自他手的汇票，汇给他只见过照片只有过书信来往的八叔和堂兄弟们。他曾经以一个国家的财政部长的身份写信给广东省侨联，希望这边能帮助他，将他的最需要帮助的亲人、弟弟孝威的遗孀和幼子送出国——这个心愿始终未能实现。当年，他在马来亚的身份是开国元勋、首任财长，而在家乡信宜的身份却是资本家兼地主，是打击和排斥的对象。历史就是如此的不可思议。

他的第一次"回家"，就这样与故乡擦肩而过。

1985年中秋节，他在广州中山大学的校园里，与妹妹妹夫一家一起度过。妹妹家客厅里的录音机，一直播放着一首似曾相识的萨克斯乐曲，他问妹妹汝兰那是什么曲子，汝兰告诉他是《回家》。"回家"两个字刚从妹妹的嘴里说出来，他蓦地就想起了在伦敦的墓地，他失散三十多年的儿子香江吹的就是这支曲子，刹那间思绪纷飞……

就在那一年，他从广州回香港，正准备启程回马来西亚去处理一场牵涉李氏家族成败荣辱的金融危机，却被从广州一路追到香港的故乡信宜侨联的领导赵定芳一行"截住"了。赵定芳为他带来了父亲的墓地和信宜县政府补偿给他家的"季濂居"的照片，向他当面表达了家乡正在兴建华侨中学希望他题写校名的愿望，告诉他故乡的变化，并提出请他回去走走看看的请求。李孝式欣然应允，暂时放下焦急的心，认真地写下了"信宜华侨中学"几个毛笔字，并当即从自己的个人收入中捐出好几万港币，以资助华侨中学的建设，表示等自己处理好手头的事，就带家人回去看看，并继续以家族的名义支持家乡的建设……

可是，一切都没有来得及！

李孝式从香港回到马来西亚，等待他的是一场阴谋和危机：他一手创办的兴业银行，因为股市人为的动荡失去了控股资格，紧随而来的是李家在兴业银行失去了控制权。他的三个儿子李剑桥、李又隆和李裕隆都是银行董事，多年来在某些事情上与银行的一些重要股东意见相左，积怨颇深，是公开的秘密。兴业银行上市后，李家的股权只有三十三点二二个百分点，仅比第二股东、也就是土著股东中拥有最大股权的拿督赛格积的百分之三十二点九多出零点三二个百分点。年轻气盛的李裕隆在1977年出任银行董事总经理之后，大力扩展业务，使银行在短短数年内就崛起为全国的大银行之一。为了加强李家及华人股东对银行的控股地位，李裕隆在没有征求他的意见的情况下，犯了年轻人最容易犯的急功近利的错误，在收购股权的过程中落入了对手的陷阱，最终导致银行二十名最大股东拥有的百分之八十的股权中，土著拥有了百分之四十五，而华人仅拥有百分之三十五，被迫自动放弃控股权。不仅如此，裕隆还被指控涉嫌触犯了经济方面的法律……

身为银行董事主席，又是父亲的李孝式，无法袖手旁观，他是当年剑桥大学的法律硕士毕业生，他用尽毕生所学和全副心力，才打赢了这一生中唯一的一场官司。他终于累倒了！

这是李孝式一生中仅有的四次生病经历中的最后一次。长期的紧张工作和突如其来的变故，还有从不曾戒掉的烟酒刺激，终于在一个已年届85岁高龄的老人身上显示出它们各自的影响。接下来的两年多,李孝式一直在各种病痛的折磨中度过。1988 年 6 月 16 日,已被病痛折磨得形销骨瘦的李孝式被推上了手术台。只有一直伴在身边的妻子关小舫和时刻关心父亲病情的长子李剑桥最明白,这几年来,这个拥有钢铁般意志的强人,一直是凭着一股信念和精神在支撑着。

他重新失声了。病情危急,紧急手术中,不知是医生的疏忽,还是真的有冥冥中的注定,他在手术过程中被感染了！最终在高烧中昏迷了过去。脑力在衰竭,生命在悄悄的远离。无论他多么坚强,生命的本质是脆弱。一家人聚集在他的四周,关小舫和李剑桥一人握着他的一只手,那双手在忽热忽冷之后,终于一点点冰凉。

那是 1988 年的 6 月 22 日,李孝式在病床上抗争了一个星期后,终于在一言不发中与世长辞。离他 87 岁生日还有不到半年的时间。

当他双目紧闭,默默无语地躺在病床上的时候,一直守在他身边的亲人们都以为他已经放弃了一切思维——已经无声无息,无知无觉地进入了永恒的梦乡。然而,也许在那意识的密室里,他还有着自己的种种思绪。他那正在枯涸的心灵,也许重又唤回了昔日的幻影,对那漫长历史中已消逝的种种情景作最后一次回溯——再回再往回,穿过岁月的云烟,直回到那久而又久的往昔——剑河的黄昏——多伦孤单的身影和热烈的爱情;多伦留在写字台上的信;多伦在灯影下的样子;拿着书从门口经过的少女采莲;雪兰莪中华总商会门口装满零钞的捐款箱;蓝姆伽的夜空;伦敦的墓地;黄色的玫瑰;吉隆坡机场路口的鲜花和彩旗;母亲的水烟筒飘出的烟雾拂在他的面上;小剑桥为母亲捏脚的样子;父亲流着血的腿在等着他包扎;式庐院子里的花草和飞翔的鸟儿。

尾 声

汹涌的大海，白色的汽艇被海浪拍打得摇摇荡荡。剑桥、吉隆、又隆、少隆、雪蘭、雪莪、又隆、裕隆等二十多名李家子孙，站在船上，肃穆地看着关小舫将李孝式的骨灰撒在大海上，骨灰象轻烟一样消失在茫茫无情的大海……

之前，李孝式的葬礼举行了三天，马来西亚所有的内阁成员、文武百官都参加了守夜。240人组成的扶柩队在前引导开路，灵车在众人的护送下，经过半山芭富都车站等李孝式生前最喜欢的吉隆坡的地方。沿途万众肃穆，很多人都流下了悲伤的泪水。

三个月后，马来西亚国家博物院举行了《敦李生平事迹展览会》，首相拿督斯里马哈迪医生亲自为展览会主持开幕礼。国家博物院同时出版了《敦李孝式爵士纪念册》，这是国家博物院有史以来，唯一为华裔功臣所出版的纪念册。这本纪念册是非卖品，只有当天出席展览会的贵宾才能获得。

“这个展览会的举行，是为了纪念一个爱国者的史迹，国家非常尊敬敦李为国家奉献的一切，期望藉此展览会，将为社会带来领悟，尤其是年轻的一代，特别是作为领袖的风范与条件。”首相在纪念册的序文中这样说。

马来西亚文化、艺术及旅游部长拿督沙巴鲁汀仄也表示：“藉敦李的事迹，希望年轻的一代更了解独立的辛酸，这可更巩固国人爱国的心……”

李孝式的夫人关小舫在李剑桥的陪伴下参加了开幕礼，这对没有血缘关系的母子，这么多年来一直和睦相处，李孝式忙得顾不上家的时候，李剑桥就是家里的小家长，大事小事关小舫常常都尊重甚至征求他的意见。开幕礼结束的时候，首相握着关小舫的手，说了这样一句话，首相说：“国家亏欠了敦李，敦李为国家付出的贡献是无可偿还的。”

轻轻的一句话，道出了李孝式一生为国为民经历中的无数玄机。

除此之外，为了褒扬李孝式的贡献，国家还把首都吉隆坡建市时第一个命名的街道谐街(Jalan Bandar)易名为“敦李孝式街”(Jalan Tun S. H. LEE)，并且由首相亲自宣布这项决定。

1997年，李孝式的夫人关小舫去世。关小舫的骨灰与她留下的李孝式的一半的骨灰一起，留在马来西亚槟城的千佛寺。千佛寺就在槟城机场到槟城市区的公路旁边，登上千佛寺可以望见整个大海。李剑桥每次去槟城经过那里，都会上寺里去看看，每年的清明节都会去上香。李剑桥与家乡信宜的侨联取得联系后，几乎每年都会回来走走。他第二次回信宜的时候,曾从祖母甘固真的坟墓上捧回一抔泥,带回来与从祖父李季濂墓地上取的泥合葬在一起,并在祖父的墓碑上刻上祖母的名字。他并不是李孝式生前最疼爱的儿子,甚至在很多事情上都与李孝式持相反的意见,但是,他是李孝式所有的孩子中受中华传统文化影响最深的一个,所以,李孝式的身后事,基本上都是他在打理。

(2010 年 10 月 12 日第一稿,2010 年 11 月 23 日第二稿,2011 年 1 月 23 日第三稿,2011 年 3 月 18 日第四稿,2011 年 4 月 12 日第五稿)。

后记一:这是一件偶然的事

写李孝式完全是一件偶然的事。

2009年8月的一天,我应邀送《走进信宜》给曾经支持这部书编辑出版的中兴门业有限公司的总经理江泳先生。《走进信宜》2008年11月就举办了首发式,江泳先生因为工作忙没有参加,为了表达谢意我决定亲自送样书给他,没想到一约就约了差不多一年的时间。

其实除了赠书之外,我还有一件事要请教他的。

《走进信宜》的"信宜名人"栏目里,介绍了一个叫"李孝式"的人物,身份很特殊,居然是另一个国家马来西亚的开国元勋、首任财政部长!在我有限的历史知识里,这样的"发现"太意外了!我问了收集那份资料的编辑,回答更意外:李孝式是英国的"驸马"!再到他的故乡镇隆去走访,不得了,那儿更多的坊间传言则是:镇隆出了个在外国当"总理"的大人物!镇隆很多民国及国民党统治时期的"高官"纷纷浮出水面……再回来一查侨联的相关资料,更了不得:信宜130多万人口,其中就有归侨、侨眷、海外乡亲50多万,这其中又有近40万人是"南洋客"或者"南洋客"的后代!去到信宜的任何一个乡下,随意选出五户人家造访,保准有三户会有海外关系。信宜本来就是中国著名的侨乡!

对于一个外来的信宜媳妇来说,把这些被早有零星记载的史实当成"新发现"本不足为奇。让我觉得不可思议的是,这样的"大人物"在信宜本土除了市志和侨联资料的零星记载之外,居然没有什么看得见摸得着的"纪念物",李家在镇隆老街的"锦纶泰"旧址,我曾经好多次在采风或者人大代表调研的过程中流连忘返,却始终没有知道那座"古建筑物"的确实来历。在马来亚西被封了"公爵"的李孝式,在他的有生之年里,只在为其父送葬时回过一次信宜镇隆……太多的震撼,太多的疑惑,令我对与这相关的一切,欲罢不能!

没想到,我在江总的办公室里一提到"南洋"两个字,江总就指着一个正在他的办公桌后面处理资料的中年男人说:"你问他吧!他是南洋客的'头'。"

"他是……"

"市侨联的江起林主席。你不认识?"

"主席已经是过去时啦!"江主席抬起头笑着打招呼。

"您就是江起林……主席?"

这个名字我太熟悉了！我们还是信宜市下的同乡呢！只是从未见过面而已。

事情的开始就是这样，我从此开始了从江主席身上“挖宝”。越来越多的发现让我最终决定要用一个写作者的方式去记下“李孝式”和“南洋客”，并立即将自己的“创作计划”发送给省作协分管文学创作的专职副主席廖琪先生和一直关心茂名信宜这边文学创作和作协组织发展的原党组副书记吴赤锋先生。然后廖琪副主席又将我的创作计划给了省文学院的熊育群院长，这几位领导兼师长的肯定和鼓励让本以“热血沸腾的”的自己更加兴奋不已。再之后就是只要是为了采访写作这部长篇，省作协的温远辉副主席都积极提供相关方便……

所有的马来西亚的采访对象都由江起林先生推荐、筛选，所有的采访提纲和信件也都由他找人转交。经过半年多时间的准备，我人生经历中的首次出国之旅终于顺利成行。江主席一路陪伴，在马来西亚的吃住问题和交通全部是通过他的老关系老交情解决的。

完全可以这样说：没有江起林先生，就不可能有这部长篇传记的采访和写作。没有省作协领导和师长一路走来的种种鼓励和帮助，就不可能有我的长篇处女作的顺利完稿！

特别是后来，当我在参加茂名市人代会期间，将匆忙写成的部分初稿给同为代表的刘焜祥副市长指导，希望在将来出版时会得到信宜市政府方面的支持时，没想到刘副市长一下子就被书稿的内容吸引了！他立即将情况告诉了分管科教文卫体的封小翠副市长……两位副市长的肯定与支持替我免除了后顾之忧，让我从此可以心无旁骛将所有的精力投入到书稿的续写和修改中去，最终顺利地完成了所有的创作与修正。

后记二:采访手记

马来西亚是天堂。

这是马来西亚小学教科书里的语文课标题,也是我问道"你为什么喜欢马来西亚?"这个问题时得到的普遍答案。

马来西亚,地处太平洋和印度洋之间,由十三个州组成,是一个多种族的多元化国家,也是东南亚国家联盟的创始国之一。全境被南中国海分成东马来西亚和西马来西亚两部分。我们到达的是西马来西亚,位于马来半岛南部,北与泰国接壤,西濒马六甲海峡,东临南中国海,典型的热带雨林气候。海岸线全长4192公里,总面积330257平方公里。人口2700多万,其中华人占百分之二十六左右。

这是我第一次出国,也是第一次走进马来西亚。最深刻的印象是一望无际的原野和蓝得清澈的海水,以及无处不在的寺庙和教堂。还有在首都市中心的写字楼里都能听见的鸟叫声。

马来西亚在地震区附近却没有地震,三面临海却没有台风,海啸、火山爆发等天灾都没有,境内的天然产品非常丰富,是个天然福地,是东南亚的"人间天堂";马来西亚"三大民族,三种文化,一个国家",是相对西方国家而言的远东地区最平安的国家。

其实,走进这片曾经认为遥远而陌生的土地,缘起于中国一百多年前的那场跨国大迁徙……

为了创作自己一手策划的系列纪实文学《南洋纪事》和长篇传记文学《李孝式》,我在朋友的协助下促成了这次难忘的马来西亚之旅。

与土生土长的信宜人相比,我并不够了解李孝式。然而却那么强烈的想为他写传记,也许这里面有着连我自己都不明白的因缘吧。

很多对人类有过卓越贡献的人,都是盖棺后才定论的。

写《李孝式》必需要详细采访的,是他的长子李剑桥先生,知道"李剑桥"这个名字的,都称他"拿督李"。

在此之前,我们从未谋面。

曾经有人在跟我聊起他的时候,用"二世祖"和"往事只能回味"来调侃他。

在风格各异的现代建筑群中,黄颜色外墙的中央大厦怎么看都有股遗世独立的意味。

我们在第七层的724号剑桥控股有限公司的办公室里见到了应约等候的马来西亚皇室拿督李剑桥先生。我跟他握手的时候,他一句风趣的话一下子就将我莫名的紧张和不安缓解了。他说:"女作家很难得啊,你的姓也很少见。"他的随和让我心里暖暖的。

朴实无华的办公室里,处处透着历史的气息。这种感觉是从角角落落里摆放着的黑白照片显露出来的。最吸引我目光的是挂在墙角不显眼的地方的一幅蒋介石亲笔签名赠给李孝式的照片,上面的签名非常工整,相片上的蒋介石一身戎装。

拿督李一边帮我分拣资料一边告诉我,他已在两个月前将父亲的一百四十多箱遗存的文件资料存放到了新加坡,他说,那些资料是马来西亚历史的一部分。我怀着隐隐的失望请求他是否可以将整理好的电子版给一份我,部分的也行。他答应了。

我们在中央大厦旁边的大同皇朝酒店用午餐,我们到达的时候拿督李的兄弟李又隆先生已在此等候多时。拿督李只吃汤面,然后就着一些我们都很喜欢的小吃喝啤酒。他能喝很多啤酒,并且在不知不觉中边喝边跟我们聊起了家常往事,我几乎是如获至宝地打开录音笔……

他讲的那些往事,将是我的《李孝式》最主要的资料来源。

拿督李聊得很投入,时不时以重复的方式述说他父亲的辉煌往昔和传奇经历,还有他亲身经历的那些与马来西亚历史息息相关的场景,逃难中的浪漫往事,女强人式的祖母对他特殊的疼爱,两岁起就杳无音讯的亲生母亲,历尽艰辛寻找到重逢时却形同陌路的亲生弟弟,跟父亲无法像平常父子那样沟通的遗憾和隐痛……

时光在一杯又一杯的啤酒中悄然而逝。

我怀着易感的心绪,在异国的一个角落里,静静的聆听,一位曾经无比陌生的异国王室后裔讲述一位从我的第二故乡信宜出发的传奇人物的历史。

所有的人都保持着安静。直到必须离开。

这次采访之后,在我们于19号从森美兰和彭亨州回来后,我曾多次的单独采访过李剑桥先生。听他回忆他与父亲李孝式爵士一起走过的岁月,一同经历的马来西亚的历史事件。我们渐渐由最初的陌生人变得像相识多年的朋友。他还特地派秘书、司机和跟随李孝式多年的伙计阿明,陪我去李孝式故居"式庐"、锦纶泰和兴业银行旧址拍了很多图片。

拿督李今年87岁了,精神矍铄、健朗、风趣。谈到敏感的话题,他会指着啤酒杯说:"这可不是我说的,是它说的呵呵……"啤酒喝完了,他会叫来老板或者服务员说:"你这杯子是漏的……"在谈到与他的英裔母亲水火不容的祖母时,他会充满怀念的捋起衣袖,露出祖母用藤条鞭打留下的痕迹,说"打者,爱也;爱者,打多两下……"

曾经有一个时刻,拿督李一直背对着我翻找东西,询问之下才知道,他是在为我找他亲生母亲的照片。结果找了很久都没有找到。他告诉我,我们去外地采访的那几天他明明找出来了的。

也许是我跟她还没有缘分见面吧。我安慰他。

令人伤感的沉默之后,拿督李忽然说:"她是个非常美丽的苏格兰女子。"然后翻开手边的英汉字典,给我解释他母亲的名字……

然后我们继续重温那段一个国家从殖民地走向独立的历史,那是一段全世界都没有先例可循的独立史。那是由一位因为有着卓越才华被多国首脑倚重的从中国信宜出发的华人一手促成的,这位华人不仅促成了马来西亚的和平独立,还为这个多元化的国家多种族和平共处和谐发展打下了坚实的基础,也为未来的真正的世界和平提供了很好的范例……而那段真实的历史,因为种种原因正在日益被淡化……淡化之后就是可能的歪曲。它不仅仅属于李孝式,也不仅仅属于马来西亚和海外华人……说起马来西亚,拿督李会充满感情地说:马来西亚是东南亚的"人间天堂",是远东最平安的国家。

采访期间我们还拜访了甘尚武博士,甘老是敦李孝式爵士的亲表弟,已经96岁了,眼睛已经看不见,但在赠给我他的自传《世纪巨变九十回顾》上面签名的时候,摸索着却写得异常工整。他不属于下南洋谋生的"南洋客",是命运将他留在马来西亚的。甘老曾是当年中国"南天王"陈济棠的机要秘书,亲历过许多历史大事件真正见证过世纪巨变的,他回忆了许多与敦李有关的往事,特别是敦李任财政部长时,关闭中国银行和提高肥皂入口税等措施对甘老服务的南顺集团产生的深刻影响,那些经历如今回忆起来,一切就像发生在昨天。甘老说:"李孝式是个公私分明、清廉正直的人,是政治家而不是政客。"在南顺最困难最需要贷款的时候,李孝式因为政治原因关闭了为他们提供援助的中国银行,并且提高关税,不仅没有给表弟任职的公司任何帮助,甚至雪上加霜。直到他退出政坛之后,自己开了银行,才为南顺提供巨额贷款,才带着家人看望年迈的舅舅……

还有童年时,在香港经常去李家拜年的情景,以及英国王储访问新加坡,不坐总督的车坚持要乘坐李孝式的私家车的传奇经历,他都是目击者之一。甘老的回忆,为我的写作提供了许多珍贵的历史资料。

在这次采访中,我还有个非常难忘的经历:就是亲眼目睹了马来西亚的民主选举。

出发之前,我曾答应单位同事一定带马来西亚的特产给他们。毕竟出国一趟不容易。

所有出国前预定的和在马来西亚临时预定的采访,到这个时候都完成得差不多了。原本是打算25日这一天去好好逛逛顺便买些东西的,最起码应该去离吉隆坡市区最近的、由福建商人林梧桐先生前后投资二百多亿马币(**四百多万人民币**)开发的云顶风景旅游区看看。据说那是个会让人感受寒冷的地方。

可是,24日下午,我们访问马来西亚高州总会结束后,万挠高州会馆的陈为德会长和成立于1909年的新古毛高州会馆的叶梦明先生,诚意邀请我们去万挠和新古毛走走,叶先生当即就打电话给正在协助国会议员普选的拿督黎德坤会长,黎会长是马华支会的负责人。盛情难却,就一口应承了。

没想到的是,这次原本是计划之外的访问,却让我亲眼目睹了一场针锋相对的民主选举。那绝对不是政治作秀。

乌鲁雪兰莪——一个相当于中国县级市的地方,那里的一名国会议员因病去世了,需要及时的在当地补选一名上去，酝酿了很久的候选人，最后落在两个人身上。这两个人一个代表执政党参选，另一位代表反对党参选。

拿督梁日明先生送我们到万挠的时候还没有感觉出什么异样，一坐上前来迎接我们的叶梦明先生的车，叶先生就给我们打预防针：一路前往会很塞车，让我们做好晚一些吃午饭的准备。后来我们真的经历了很多次塞车，比约定的时间迟到了一个多小时才到。黎会长为我们预定的酒店也因为塞车无法到达而取消了，结果换成在路边店吃饭。一路上铺天盖地都是拉选票用的党派标志和候选人头像以及简短的标语，还有穿梭往来的载着选举工作人员的宣传车。一边是执政党的，标志是一架天平，标语我没有记下来；另一边是反对党的，标志是一个黑眼圈。我好奇的问叶先生黑眼圈是什么意思，叶先生告诉我，反对党的候选人曾经官至部长，因为反对不合理的国家法令坐过牢，被警察打伤过眼睛……果然，我看到反对党的竞选标语赫然写着："宁可丢官，也要反对《内安法令》(恶法)！"刹那间，心底涌过莫名的肃然之情。

回来后，我特地查阅了《内安法令》的相关资料，原来《内安法令》是马来西亚1960年颁布的赋予警方及内政未经审讯的扣留权，并可无限期延长，这一权力剥夺了扣留者获得法庭公开审讯及法律援助的权利，的确是与法治精神背道而驰，有违基本人权的。

针锋相对的两大阵营，各有大批穿着不同颜色衣服的工作人员啦啦队似的摇着小旗子。执政党穿着红色的衣服，反对党穿着蓝色的衣服。他们井水不犯河水，各自做着争取选票的努力。我真切的感受得到那些围观的、以及等着投票的普通民众热情，那是发自内心的参与和支持的热情，还有他们的文明和理性。

叶先生告诉我们，就在前一天，国家首相和所有的部长都曾莅临这里，部署投票前的种种工作。而这，只是一次小范围的"补选"。

记得拿督李剑桥先生在谈到今天的马来西亚时，曾经形象地以三个人坐在一起讨论问题来比方过民主。到底怎样才算民主呢？允许反对，允许反对的声音与赞成的声音平等的存在，并力求与反对的一方通过理性的协商达成共识。这就是民主。

那天的投票结果，到晚上八点多就出来了。执政党以一千多票的优势，险中取胜。

晚上，拿督刘官金先生和家人特地请我们去乡下吃乞丐鸡，席间大家聊起当天的新闻时议论纷纷：这样的结果，有助于执政党反省和改进，也给了反对党迎战未来换届大选的信心……

看来，马来西亚长久的稳定与和平，是有着很深远的原因的。

感谢生活和写作，让我有了这次神奇之旅。

后记三:李林眼中的敦·李孝式

李林,雪隆广东会馆的秘书,1970 年获得该会董事部录用至今,在身为会馆会长的李孝式身边工作近 20 年。

关于守时

李孝式爵士开会非常准时,从不迟到从不缺席。在他跟随敦李近 20 年的时间里,敦李只有一次因大伤风未参加会议,在会议前半小时打电话给副会长和他,说感冒很重,怕传染给别人,让副会长主持会议……开会的时间通常很短,直奔主题且紧紧围绕主题开展讨论,会上如果有人在发言的时候离题他就会问"你是哪间大学毕业的?"关于这点,李林有个很有意思的回忆:有一次,有两个姓关的董事,是两兄弟,会上讨论着不知不觉就争论起来了,李孝式见状毫不客气地打断他们,问:"你们两位是哪间学校毕业的?"连"大学"都换成"学校"了呵呵……

关于守时还有一个广为传颂的"情节",马来西亚的国父东姑阿都拉曼经常去李家"开会",一些小范围的会议往往就在"式庐"的饭厅里开,这样顺带把李家当成他的"中餐馆"。即便是首相,迟到一样不等,李家到时间都准时开饭。李林说,独立前后的马来亚,因为李孝式的存在,华人的声势真的很大……

关于"认真"

敦李做事非常认真,绝对的讲原则。马来亚独立的时候,会馆买了很多庆祝用的花灯,通常只在过年过节的时候用,用过之后就收进仓库里。有一次,敦李的孩子过生日,在家里举办生日聚会,需要借会馆的灯饰用一两晚。敦李打电话之后又亲自写了张借条,内容是借多少只,用后原样奉还什么的。李林说借条是放他那里保存的,如果找得到一定给我们看看……他说做任何事情都一丝不苟,是敦李成功的原因之一。

关于"荣耀"

敦李是个自视很高的人,进出会馆的时候都是"直出直入"的,很少跟人打招呼,下属见到他也不用打招呼,比如“早晨”、“你好”之类的都不用说。由于他的身份特殊——是马来亚仅有的四位被封“敦”(公爵)的人之一,元首的生日都要留位置给他。

马来亚独立谈判结束的时候,八位在独立条款上签字的“马来亚开国元勋”中,李孝式是唯一的华裔;马来亚独立后自主发行的第一套货币,是由李孝式的签名发行的,那张“00001”号钞票也归李孝式所有。笔者采访李剑桥先生的时候,他特别建议笔者一定要去摸一摸敦李在独立条款上签字用的笔和那张签名的钞票,那两样东西现在都保存在银行的保险柜里,要李家后人中的三个人同时到场才能打开……

现在的英国女王都叫敦李“Uncle”,上世纪70年代的时候,有英国的高层官员访问马来西亚,随意问及李孝式“现在担任什么职务”,答复是“他退出政坛之后就没有再担任政府职务”的时候,来访的官员表示惊讶……之后不久,元首就特地给了“掌玺大臣”的帽子给他,从此,只要是元首封赐的勋衔,都要经过他盖印签署之后才生效。

还有在第二次世界大战的时候,他同时被英国政府和中国国民政府两个国家的首脑委任为上校。还有,当时东南亚最富有的州文莱,其苏丹曾经邀请李孝式前往服务,许诺独立后委任他为国家首相,结果被李孝式婉拒了……敦李有很多“独一无二”的非凡经历。

关于“面子”

敦李随东姑阿都拉曼率领的代表团往伦敦进行独立谈判的时候,英国政府表示没有经费支持他们独立,最后是敦李靠自己的关系向英国财政部争取到3700万英镑(相当于3亿7千万马币)的赠款支持。独立后向文莱贷款,文莱苏丹确定是李孝式任财政部长之后才借了一亿多元,而且公开表明完全是看李孝式的“面子”,他敬重李孝式的才华……李孝式是第一个考获剑桥大学经济和法律双科硕士学位的华人。

还有一个也是被广为传颂的细节:马来西亚独立之前,英国派代表到马来亚,在机场,不坐总督署的车,四处寻找“矮子李”的私家车。据说是因为之前,英国王储来马来亚,自始至终都乘坐李孝式的那辆很一般的“劳力士”车,做代表的不过是有样学样而已。次数多了,大家就记住李孝式的名字了。马来亚的华人也才渐渐知道,他们中居然还有这么一个“人物”……

关于“远见”

凡李孝式担任主席的社团,比如雪隆广东会馆、马来西亚高州总会、雪隆李氏宗亲会等,都有地契、有建筑物等经济实体,与基础建设有关的一切都处理得妥妥当当。相比之下,华人社团中的最高机构雪兰莪中华大会堂建筑物,都没有自己的地契。无论他干什么事情,都是站在很高很远的地方,是真正可以属于“高瞻远瞩”之类的人物。就说他办报纸吧,别人都以地区为名,他倒好,要办就办了个《中国报》……

关于“为族群谋利益”

自从很多马来亚华人,尤其是“高州人”(信宜人)知道李孝式的名字和事迹之后,遇事都找“孝式叔”,那时候的马来半岛,流传着这样一句话:“有钱就找锦纶泰,有事就找李孝式”。

马来亚“紧急法令”时期,李孝式奉命协助移殖新村。他利用自己的特殊身份向当局申请适宜耕种的富饶土地,给当时受到影响的农民种菜、养猪、种稻,比如被围成华人新村的双溪毛糯和梳邦新村,在这些地方若将田地保留到今天的都成了百万富翁。亲自去向政府为农民要土地,现在的很多部长都做不到。

当代人物传记写作范式的一次突破

——简评向梅芳《百年风华——李孝式传奇》

向卫国

当代社会,许多个人和某些文学团体都热衷于所谓报告文学的写作,其目的当然既为帮忙,也为帮闲。所以我个人有一个规矩,一不写,二不读——那些"报告"以及"文学"。这样一来,有时候也会殃及池鱼,比如传记文学,因为从形式到功能都太接近报告文学,所以也少看,当然极少数伟大艺术家的传记除外,比如罗曼·罗兰的三大艺术伟人传、凡高传等。囿于这种个人的偏见,最初当向梅芳女士说她写了一部人物传记,希望我帮她看看,提提意见时,我心里并没有抱太大的希望,以为最多不过一篇放大了一点的"报告文学"而已,只是碍于多年交情,不好推脱。

但是,当我从电脑上打开这部书,慢慢地读下去之后,却发现我这一次是完全错了。这不仅是一部内容上有价值的书,而且它在写作上也别开生面,在许多方面突破了人物传记写作的传统范式,堪称这一领域的一篇力作佳构。

首先,这部传记作品的传主并非当代流行的报告文学或传记文学中所常见的当代改革英雄、劳动模范或者一夜之间腰缠万贯的农民企业家等等,而是一位过去时代的"南洋客",一个终身漂泊异国他乡却又在很大范围内对世界发生过影响的华人楷模。正如作者所指出的,由于历史的原因,在中国近代史上"著名的三次人口大迁徙:闯关东、走西口、下南洋中,下南洋又是规模最大、路程最远的一次跨国大迁徙。"当年下南洋的华人后代现在已经遍布全世界,但他们的先辈在海外漂泊、奋斗的血泪史,却至今不为人知。向梅芳的这部书不仅首次向国内广大读者介绍了一位曾经直接参与一个国家(马来西亚)的创建,多国王室的座上宾,在政治、实业、商业、金融、新闻等方面都取得重大成就的伟大华人英雄,而且通过他折射出千千万万南洋客在异域他乡的血泪史、奋斗史、爱国史。他们最初为了生存而漂泊海外、九死一生;当祖国遭受日本帝国主义的入侵之时,他们又义无反顾地投身于抗日救国运动,为了祖先留下的土地保持完整而不惜牺牲自己的性命;不仅如此,中华民族优秀的传统文化还使得他们在异国他乡也能做到,一方面坚忍不拔地为自己的生存和发展权利而斗争,一方面又善于与他民族和谐相处，共同建造新的国家、新的家园。而所有这些独异而优秀的品格，在传主李孝式身上都得到了充分的体现。作者在他身上不仅倾注了深切的情感，更为难得的是作者首先要有阔大的民族胸怀和深刻的理解能力才能做到这一点。也就是说，我们从这部书，也可以看到作者本人的情怀、学识和修养。

其次，作者通过对一个特殊人物的历史刻画（本文不必去重复人物的经历），透视了中国近百年的历史和现实，表现出多方面深刻的思考和独特的历史认知。关于这一方面，书中有许多精彩的片断可资印证。

比如，当抗日战争爆发，李孝式毅然听从国家的召唤，回国参战，立下了汗马功劳。可是，这样一个爱国将领，当抗战胜利后，他为什么不留在国内继续为国效劳呢？作者认为正是国共两党的内战使他觉得报国终究无门，只好重回马来亚。书中有李孝式与他父亲的知交梁宇皋将军的一番对话，十分精彩：

“您不回重庆了？”见梁宇皋不说话，李孝式又忐忑不安地问。

梁宇皋摇头，“你也别回去了，我们一起回马来亚吧。”

“为什么？现在正是政府需要各种人才的时候……”

“你要去做打内战的‘人才’吗？”

“内战？不是要成立联合政府吗？大家都是这样期待的。”

“中国有过联合政府吗？”梁宇皋今天的情绪特别不对劲，说话用的全是反问句。李孝式却蓦然间想起了自己在剑桥大学写的毕业论文，中国有过联合政权吗？西周的召公、周公二相共同执政的‘共和’算不算呢？国民党可以跟共产党那样“共和”吗？中国的历史似乎从来都是“一山不容二虎”、“卧榻之侧岂容他人鼾睡”……他陷入了令自己不安的沉思中。

自然，这样的对话不过是作者文学式的想象，但它合乎历史的逻辑和后来的事实。一个为祖国不惜牺牲性命的抗日英雄，在特定的历史时期却深感报国无方，最终黯然离国，这样的文字难道仅仅是对历史的一种复述吗？作者不会另有深意存焉？

再比如，马来西亚国从英属殖民地独立的前夕，李孝式代表即将成立的新国家赴伦敦与英国政府进行关于新国家的立宪问题的谈判之前，却得知有马来亚的华人代表团为了争取自身利益，要赴英请愿。李孝式的个人立场当然首先是同情华人的，但他从大局出发，成功地阻止了代表团的请愿活动。在谈判过程中，他又一方面以自己的个体人格力量和知识与逻辑的影响力坚定地否决了马来人无限期享有特权的规定，一方面将临行前国内华人团体给出的允许马来人享有15年特权的底线延长为30年，从而保证谈判顺利地达成了共识，为马来西亚国的独立扫清了最大的障碍，至于此举对他个人可能产生的消极影响，他完全没有放在心上。显然，李孝式的这种政治智慧，完全得益于中国传统的儒家思想。这说明本书作者对此也是深有领悟的。一个伟大的政治家必须既有坚定的原则，又懂得如何进行适当的妥协，正如印度伟大的国父甘地所说，“政治就是妥协的艺术”。所谓“传记”固然首先是一种历史记忆，但它同时也必然是对一种文化的理解和其影响力的见证。因此——

第三，突破“历史”的范畴，上升为文化的影响研究，在文化的意义上理解族人——在这里具体体现为理解所谓的“南洋客”的世界影响力的发生，可以说正是这本书作为传记文学对一般历史性传记写作范式的某种程度的突破。当李孝式的种族基因中的中国智慧与他所接受的西方教育结合起来之后，一颗独特、丰富、创造性的伟大心灵便诞生了。我个人认为，这一点独特的文化领悟正是本书最富有特色的地方，也是将来作者在写作类似题材的作品时，应该着力开采的一座智慧的富矿，尽管这一思考在本书中还只是初露端倪，但已经产生出不俗的成绩。

最后，我想谈一谈本书在艺术构思等方面的独特之处，这也是本书巨大的阅读魅力之所以产生的重要原因。尽管作者在写作本书前已花大力气进行了资料的搜集和整理，但由于题材的特殊（传主是大陆读者，包括作者都十分陌生的海外华人）、时代的相对久远以及空间上的阻隔，作者不可能掌握十分完整的材料，因此作者在构思本书时采用了两个有效的特殊技巧：

一是每一章的构成都把真实的历史叙述与由作者的主观分析、推测、个人感受或他人言论形成的后述性议论结合起来，前者是叙述性主体，后者作为辅助性的文字，实际上是对真实细节的不足所可能造成的某种断裂和理解上的困难进行主观性、想象性补充。这种补充是必要的，因为传记不同于纯粹的文学作品。文学是虚构的结果，读者和作者拥有几乎同等的想象权利，而传记写作中只有作者一个人进行过大量的现场采访，因而拥有一般读者所无法拥有的现场感受和理解与想象基础，作者的领会肯定优于普通读者，可以对读者起到真正的启发作用。

二是作者在叙述许多历史大事件时，由于无法完全真实地再现全部过程，因此采用了某些小说笔法，抓住个别的典型的细节来突出人物性格，避免面面俱到的叙述反而会带来的不真实感。比如，李孝式参加中国远征军赴缅作战历时两年多，其具体经历和全部过程肯定已无法复原；作为篇幅有限的个人传记，也毋须如此这般地纠缠于具体过程。所以，作者通过阅读历史资料，精心选择了一个经典案例，即李孝式是如何巧妙地化解美军军事顾问意图谋刺中国最高领袖蒋介石的绝密行动的。这一案例，可谓一石四鸟：一是向读者揭示了一个惊天的秘密，显示出作者在资料掌握上的独到功夫；二是向读者暗示传主在抗日战争中曾经起到的独特作用和至今不为人知的伟大功勋；三是向读者证明了传主超人的中国式智慧和能力；四是成功地彰显了传主的个人性格和对祖国利益的无限忠诚。书中类似的笔法不止一处，它们一方面弥补了材料上的欠缺（这是必然的），另一方面又增加了作品的文学魅力，从而显示出作者高超的艺术手段。

总之，我觉得这本特殊的人物传记，在写作上是取得了不少新的突破的，其创作成就堪当认真地总结和研究。

2011 年 4 月 11 日

（作者系广东石油化工学院文法学院副院长、茂名市批评家协会主席，著名文学评论家）

为一种大精神立传

——我读《百年风华——李孝式传奇》

李德南

早在去年,向梅芳女士就告诉我,她打算写一系列带有纪实性质的著作,用以再现“高州人”下南洋的历史。我口头上虽说“可以尝试”,心里却有不少忧虑。之所以会有这样的矛盾心理,首先是因为纪实类的文章并不好写。如果所写的事件、人物与作者及其所处的时代过于接近,缺乏足够的距离,那么写下的作品很可能不但没有揭示事件的真相,再现人物的面貌,反倒可能导致对真相的遮蔽,以及对人物的扭曲。特别是在中国这样一个注重人情、普遍听不得也讲不得真话的国家,纪实文学往往不过是歌功颂德的载体。另外,她想要书写的题材涉及的知识面非常广阔,如果作者本身缺乏大胸襟,心中没有足够的笔墨,对历史、政治、文化、经济没有一定的见识,那么所写下的文字很可能是苍白无力的。这种种难度,都会对她的写作构成极大的挑战。可是我又觉得,近几年来,家乡的文化人在文化参与上不够积极,缺乏为自己也为他人寻找出场机会的动力与激情。现在仍然在从事文学创作的不少作家,对文学也渐渐失去信仰,没有大的文学抱负,更缺乏关注大问题的热情。从这一角度而言,我看重向梅芳的努力,也愿意看到她进行自我挑战,作新的尝试。只有敢于付诸行动,我们才有可能谈论成败得失。

我不清楚向梅芳有没有意识到这种困难,心里是否也有类似的矛盾,可是在交往中,我确实能感到这一写作计划所给她带来的激动。为了写作设想中的作品,她曾专程去马来西亚进行采访、收集资料,并且很快就写出了“南洋纪事”系列中的两部著作,也就是《“高州人”在马来西亚》与《百年风华——李孝式传奇》。

读完《百年风华——李孝式传奇》的初稿后,我的担忧减轻了许多,同时也觉得有几分意外和惊喜。在我看来,这是向梅芳写得最好的作品,也是家乡文化界近年在文学创作上“最美的收获”之一。

它首先吸引我的,是书中所征引的丰富的历史资料。我也是信宜人,也一直有兴趣想看看李季濂、李孝式、李剑桥等信宜籍华侨、华人在外打拼的历史。而要了解历史,丰富而准确的历史资料无疑是必不可少的。史学界有一种看法，就是认为历史学就是史料。持这种观点的历史学家特别强调对史料的掌握与辩证。对这种史观，我既持保留态度，也认同它对史料之重要性的强调。传记文学的写作，与历史学著作有很大差异，却也同样需要注意史料的可靠。传记与历史并不是毫无关联的：任何人都只能是在特定的历史中存在，这样的话，作为个人精神史、生命史的传记就不能不涉及个人之外的大历史。作家所用的材料若不可靠，一味地胡编乱造，人物性格演进的线索就难免会破绽百出，人物的精神也无法站立起来。因此，对于向梅芳的这部著作，我首先看重的是它在史料上的价值。

此外，《百年风华——李孝式传奇》不少章节所流露出来的史识，也是我所喜欢的。如果说史料对于历史学这个学科具有重要地位的话，那么对于文学作品而言，史料可能不是最重要的。比史料更重要的，是史识。史料永远是死的东西，如果没有经过作家个人心灵的浸染与重新安排，史料之间的联系就无法建立，写下来的著作也很可能仅仅是材料的堆砌。是贫乏而机械的记录，是远离文学的本性的。缺乏独特的史识，作家也无法有效地与历史中的人物进行精神对话，更无法接近历史本身。因此，一部优秀的文学作品，必定要能以史识来照亮史料。

就史料与史识的关系而言，我认为向梅芳的处理是比较到位的。这部传记，以李孝式一生的经历为主线，带出中国和马来西亚等国家在二十世纪的历史风云。在面向这段历史的时候，向梅芳并不只是机械地罗列事件，而是投入反思的目光。二十世纪的中国与马来西亚有着不同的国情，却面临着同样的使命：成为一个富强、民主、文明的现代民族国家。它们都经受了众多的大灾难，付出了巨大的代价，才找到自身的发展道路，实现从传统到现代的转变。作为这段历史的重要参与者之一，李孝式也被深深地卷入到两国的历史当中。他先后担任马来亚联合邦立法议员兼行政议员、海港铁道部部长、交通部部长等职位，1956 年还作为马来亚代表团成员两次随东姑阿都拉曼赴英国谈判马来亚独立问题，参与宪制的制定。1957 年马来亚宣布独立后，他又出任首届内阁财政部长，任职期间组建中央银行，参与制定财税政策，并首倡“工业建国”、兴建工业卫星城市等，为马来亚持续的稳定和繁荣打下了坚实的基础。作为一名政治家，李孝式对马来西亚的政治与经济影响极大。作为一名海外华人，他在抗日战争期间也身体力行地与中国同胞共赴国难，在阶级斗争如火如荼地开展的年代则被划为资本家和地主。由于政治身份的独特，李孝式的人生也成为我们理解两国历史的一个重要切入点。在这本传记中，向梅芳敏感地抓住了这一点。尽管她所面对的是一位对多数人来说是“须仰视才能看见”的大人物，向梅芳还是能以自己的心灵体悟、精神资源和历史观为凭据，与传主进行精神对话，并在对一些重大历史事件的评价上出示自己的独到见解。她的观点（史识），有的还可再议，予以更为深入的思辨，但毕竟为我们理解这些事件提供了属于作家本人的角度。

通读全书，给我感触最深的是，它不单是在为李孝式这位大人物立传，更是在为他（也包括李季濂等人）身上所具有的那种大精神立传。李孝式不单有学识，有智慧，更有感时忧国、顾全大局的精神。他对祖国、故乡怀有大热爱。他漂流海外，却保留着中华民族的自然情感，从而在中国遭受战争蹂躏的时刻能毫不犹豫地挺身而出。更值得注意的是，李孝式有深厚的民族情感，却不是一个狭隘的民族主义者。他能跨越国界，推己及人，将这种国族情感推向他国、他乡、他人。因此，他既爱中国，也爱马来西亚。在他眼中，祖国不是某个朝廷，不是某个政治集团，而是同胞兄弟，是国民。故乡，也不只是出生地，更是养育和造就其情感生命与精神生命的家园。对于他来说，故乡的意义是多重的，既是地理上的，又是心理上的；既是情感上的，又是文化上的。他不但有拳拳的爱国精神与家园精神，还有深厚的人道主义精神。李孝式曾涉足多个领域，而不管是做人还是做官，是从文（学术）还是从政，都少有萎靡、低矮的样子，而是走大方大正、径直前行的路。他的身上，有个体生命的庄严与光辉，有关怀天下的人生理想，也有儒家持志前行的道德勇气。这些重要的精神面向，在向梅芳的著作中都有鲜活的呈现。

在和向梅芳的交谈中，她曾提到，写作这本书的意图之一，是为李孝式"正名"。我不敢确定她的这一意愿真能得到落实，却看重她的著作在"为一种大精神立传"这一层面上的意义。比之于李孝式的具体身世，比之于李孝式的一得一失，他身上所具有的大精神，也许更值得我们重视。对于李孝式而言，所谓的功名利禄，早已是过眼云烟。即便是大人物，其人生亦难免短促，惟有浩荡的精神可以长存。而在我们今天这个欲望丛生、灵魂受苦的消费时代，也惟有具备此大精神者，才有可能和李孝式一样"自成其大"。

【李德南，男，1983 年生，广东信宜人，在读文学博士、青年批评家、青年作家】

附录一:敦·李孝式(1901~1988)年表

1901年1月9日,即清光绪二十六年十一月十日出生在广东省信宜县梓童坊大路街。

1901年4月,李家迁往广州。

1912年即民国元年,肄业于广州岭南大学附小。

1914年升入广州中学。

1915年转入香港皇仁书院读书,毕业后直接留学英国,以优异的成绩考入剑桥大学就读于三一学院,结识同班同学艾伯特王子即后来的英国国王乔治六世。

1923年获剑桥大学经济、法律两科硕士学位,还被推举为经济学院董事。同年儿子李剑桥出生,同年底,携英裔太太多伦·格林和长子剑桥回香港,在香港银行界服务。其时,他父亲李季濂除了在广州经营丝绸茶叶生意外,也在香港、新加坡、高州、信宜、赤坎等设锦纶泰分公司,兼营汇兑与代办劳工往南洋托运及承包业务。

1926年,英裔妻子多伦因文化冲突与婆婆甘固真无法融洽相处携幼子离开李家。之后,李孝式应其父亲要求赴马来亚,协助经营锡矿。期间认识第二任妻子关小舫(采莲),并与她结婚。

1929年,被英国殖民地政府委任为卫生局委员。

1930年,出任吉隆坡卫生局局长,从此由商场跨入政界。

1936年,发起成立雪兰莪中华总商会,任会长(长达16年之久),同年被选为马来亚中华总商会会长。

1936年7月3日,其父李季濂因车祸去世。他与长子李剑桥一起护送父亲的灵柩回家乡信宜镇隆,这是他一生中唯一的一次回信宜。

1937年,陈嘉庚在新加坡主持华侨筹赈总会,筹义款支持中国抗日。雪兰莪成立筹赈分会,李孝式当选雪兰莪华侨筹赈祖国难民委员会主席,筹得义款一千万元。这笔钱在当时是天文数字。他亦因此获赠徐悲鸿亲笔签名的巨型水墨画《破晓公鸡》。期间一直为中国抗日政府筹款,并为"南侨机工队"提供种种后勤保障。

1938年,发起组织雪兰莪、森美兰、彭亨矿务公会,以及矿商俱乐部,并当选为两个组织的会长,直到去世。

1941年,日军南侵,李孝式临危受命,出任吉隆坡防空总司令,统辖吉隆坡华、西、巫、印约3千人抗日。吉隆坡沦陷后逃亡新加坡,新加坡沦陷逃往印度,在盟军军官学校受训后被派往缅甸作战。奔赴战场之前曾回重庆,面见当时中国的抗日统帅蒋介石,之后奔赴印度蓝姆伽,参与重新打通滇缅公路的抗日战争。他同时被中英两国政府任命为上校参谋,在中国抗日第三战场:缅印战场从事军事联络长达两年半的时间。

1945年9月返回马来亚,受委为战争赔偿委员会委员,建议政府成立华人锡矿复兴贷款委员会,并组织华人矿务总会(连任会长9年)。10月,创办《中国报》,次年2月1日,《中国报》面世。

1948年发起创立马来亚华人公会,曾任副会长兼雪兰莪州分会会长。同一时间当选马来西亚广东会馆联合会主席。

1948年起任马来亚联合邦立法议员兼行政议员。1953年出任马来亚联合邦海港铁道部部长。

1954年出任马来亚联合邦交通部部长,建立马新航空公司,在巴生港口设心码头及增建槟城渡轮服务。

1956年,作为马来亚独立谈判的代表团成员,两次随"马来西亚国父"东姑阿都拉曼赴英国谈判,并参与宪制的制定,马来亚的独立声明上他是唯一一位用中文签名的代表。

1957年8月马来亚宣布独立后,出任首届内阁财政部长。任职期间组建马来亚中央银行,参与制定财税政策,并首倡"工业建国",兴建工业卫星城市等,为马来亚持续的稳定和繁荣打下了坚实的基础。

1959年,因健康原因辞去议员和财政部长职务,后重返锦纶泰,弃政从商。

1965年创办兴业银行,任董事长。后任马来西亚银行协会副主席、马华公会元老参事会主席。曾受英国女王赐封英帝国K. B. E爵士,1959年受马来亚最高元首赐封"敦"勋衔。

1987年6月15日,马来西亚最高元首特任他为主管最高勋衔大臣,其职务为副署最高元首授勋之委任状。邦国倚重,由此可见。

1988年6月22日离开人世,享年87岁。为了纪念他的功绩,马来西亚国家博物院在他去世三个月后,专门为他举办了生平事迹展览会,并出版了《敦·李孝式爵士纪念册》。首都吉隆坡的谐街(Jalan Bandar)在1988年11月19日被国家易名为敦·李孝式街(Jalan Tun H. S. Lee)并由首相亲自宣布这项决定。

附录二:本书参考的图书、资料与报刊目录

内部资料:

《敦·李孝式爵士纪念册》,马来西亚国家博物院 1988 年 11 月出版

《马来西亚政坛名人录》,叶观仕主编马来西亚名人出版社 2002 年 11 月初版

《马来西亚广东人研究论文集》,谢爱萍主编,雪降广东会馆 2007 年 11 月出版

《雪兰莪中华大会堂八十周年堂庆纪念特刊》2003 年

《马来西亚雪隆广东会馆甲子庆典纪念特刊》1999 年

《马来西亚高州总会金禧纪念特刊》1998 年

《马来西亚万挠高州会馆 50 周年金禧纪念特刊》1999 年

《马来西亚森美兰马口高州会馆成立五十周年金禧纪念特刊》2006 年

《彭亨州关丹高州会馆成立十八周年纪念特刊》1996 年

《信宜侨联五十年》2001 年 3 月

报刊文献:

《世界通史》现代卷,徐天新、许平、王红生主编,人民出版社 1983 年第一版。

《世界通史》当代卷,徐天新、梁志明主编,1997 年 4 月第一版。

《南洋商报》1998 年 10 月 26 日至 11 月 4 日,李丽萍采写之《大家族系列之"高州第一爵士"》。

《中国报》1983 年 8 月 31 日刊载的署名丽娟的文章《专访开国元勋敦·李孝式爵士》。

《南洋商报》1985 年 9 月 4 日之"经济新闻"栏目刊载的署名冷眼的文章《兴业银行之创立与股权变动》。

《茂名日报》2000 年 4 月 6 日至 4 月 12 日刊载的"海外茂名人"专栏,署名李丽萍、高山洋的连载文章《海外华裔巨人李孝式》。

《孙中山与庇能会议》,张少宽著,南洋田野研究室 2004 年 5 月出版。

《我方的历史》,陈平著,新加坡 Media Masters Pte Ltd 2004 年 10 月出版。

《大科技·百科新说》,2010 年 5 月 B。

《告别革命》,李泽厚、刘再复著,天地图书有限公司 2004 年 2 月版。

《世纪巨变九十回顾》,甘尚武著,三联书店(香港)有限公司 2007 年 8 月第一版。

《找寻真实的蒋介石——蒋介石日记解读》,杨天佑著,山西人民出版社。

《孙中山全传》,李守鹏、汪鹏生、倪三好合著,江西人民出版社 2009 年 1 月第三版。

《日本军政下的马来亚——3 年 8 个月的悲惨故事》,陆培春著,马来西亚威名有限公司 2005 年 8 月初版。

《马哈迪传》,张永和著,广州出版社 1995 年 12 月第一版。

《马来西亚华文教育发展简史》,郑良树著,马来西亚南方学院出版社 2005 年 2 月第一版。

《"习以为常"之蔽——一个马来村庄日常生活的民族志》,康敏著,北京大学出版社 2009 年 8 月第一版第一次印刷。

《马来西亚热带雨林的交响》,李金兰著,广西民族出版社 2006 年 10 月第一版第一次印刷。

公众网络:

中国侨网

凤凰网(《尊严的代价——中国远征军付出的牺牲》)

马来西亚华人公会中央党校网

厦门大学东南亚研究中心网

红土情网站

豆丁网(《马来亚华人经济研究》)

马来西亚华人研究中心

全球军事网(《被遗忘在丛林中的华人革命》)

感谢辞

总有一些历史不应该被湮没，总有一些人不应该被忘记，总有一些记忆不应该被抹煞……完全基于一种为一代人一段历史一个时代立传的某种“使命感”，从未写过长篇的自己，有些不自量力的开始了生命中最重要地写作:《百年风华——李孝式传奇》的采访创作。

现在，书稿终于顺利交给出版社了，整个人一下子轻松下来。四百多个日日夜夜的辛劳，终于就要看到成果了。

那些一边写作一边查找补充并且求证历史资料的艰辛，一边修改一边寻求出版支持的忧虑，此刻想起来，仿佛就是刚刚还在做着的事情。很辛苦，也很快乐。回首一路走来的点点滴滴，我的心充满了感激。不仅仅感激本书主人公的传奇经历和精神给我的滋养，更感激一路走来的路上，给过我太多帮助、支持和鼓励的师长、领导和朋友。

书稿付梓之际，我首先要感谢马来西亚皇室拿督李剑桥先生，感谢他对我们境外采访一行的热情接待，以及他对相关历史资料的搜集工作给予的全方位协助。

这部长篇的采访、创作和出版发行，得到了广东省作家协会、广东省文学院、信宜市委和市政府、市委宣传部、市委统战部、市财政局、文广新局、外事侨务局、市侨联、信宜新闻中心、档案局、市志办、文化馆及我家乡文化部门湖南澧县文联等单位及其领导同志的帮助和支持，还有茂名市作家协会、茂名市批评家协会等人民团体，和北京东方炎黄文化发展中心、信宜天马山生态旅游景区、西江温泉度假村、广东大雾岭省级自然保护区管理处、中国移动广东有限公司信宜分公司、信宜加州旅馆等企业与湖南作家网、广东作家网、广东精彩博客家园等网站，以及中国驻马来西亚大使馆、马来西亚广东雪隆会馆、马来西亚雪兰莪中华大会堂、马来西亚高州总会、马来西亚森美兰马口高州会馆、马来西亚万挠高州会馆、马来西亚新古毛高州会馆等海外单位和团体的鼎力相助，在此表示衷心的感谢！

感谢广东省作协的廖红球书记在拙作的选题上报的时候给予的肯定和勉励；感谢廖琪副主席对拙作创作计划的支持，并在创作之初就给予很多指导让我在创作过程中避免了走弯路；感谢温远辉副主席对拙作的搜集资料工作和写作提供了种种方便，尤其是他的那句“这个题材拍成电视剧也很有看点”的话，总在创作面临挫折的时候给我无限的信心和勇气；感谢省文学院的熊育群院长对拙作自始至终的关注和指点，并在书稿的最后修改中提出了相当中肯的可操作性意见！此外，我还要特别感谢省作协原党组副书记吴赤锋老师，对拙作的采访、创作和连续五次的修改,他都给予了最耐心的指点和种种帮助,甚至克服手指疼痛的毛病为本书题写书名和序言! 还有广州市作协的张欣主席和原花城出版社副编审樱子老师对初稿的肯定和建议。感谢张火炎副书记和刘显昌主席于百忙之中抽空为本书作序,并对书稿修改及史料求给予的种种指点和帮助;感谢封小翠副市长和刘焜祥副市长对我的创作与工作的肯定、鼓励、关心和扶持。感谢赵定芳老主席在我的写作面临瓶颈的时候,及时提供了自己珍藏几十年的珍贵简报和相关资料;感谢张清远馆长对封面设计稿在修改过程中的种种指点和斧正,并与张习文副馆长一起为本书的采访创作提供种种方便,营造了和谐顺畅的创作环境,感谢他们!

感谢陈炫仪老师于繁忙的教务工作中抽时间帮忙翻译部分英文资料;感谢陈云生老先生完全利用午夜时光对拙作进行文字校对。

感谢本书出品人施晗先生及本书所有编辑、排版、设计人员在书稿付印前付出的心血和汗水……

我还要感谢下列人士,感谢他们接受我的采访,或者为我的采访和写作提供的种种便利。感谢他们提供当年的文件、简报、照片甚至会议记录等极其珍贵的相关资料。感谢他们的无私帮助和殷殷期待。他们是:

黄福春、许木咏、石英、李际平、蔡理、杨克、李科权、杜冬生、晓音、向卫国、陈忠明、吴世煌、古林艺、林子敏、谭杰雄、巫广良、梁耀杰、叶正甫、凌胜、古幸、李晓、吴天民、陆昭明、江起林、聂荣强、杨豪明、彭学玲、张泽宏、谭晓春、赵国华、黄秋华、刘斌、董赛萍、罗陈、邱家盛、覃世旺、阮文杰、梁法、罗绍政、成斌、林永波、江泳、阮雄鹰、李俊颖、黄新、李代文、陈慎光、苏志坚、王强进、邓文凤、李德南、陈浩、孙昌宇、刘尚平、李友余、钟丽红、李汝礼、李汝坤、李立德、雷春蕾、林春、陆火琰、文梅英、刘国华、吴雪梅、戴琼、戴美兰、孙际霞、戴朝霞、向群兰、杨云、吴祖棠、梁启英、李通、伍开显、韩世金、陈琼、黄美芳、文武全

马来西亚华人同胞:何啟文、黄荣文、符之庆、林锦胜、古润金、胡朝栋、梁沾铨、甘尚武、彭忠明、陈亦更、梁日明、林亚兰、温锦昌、梁秀莲、莫天来、曾带群、刘官金、刘观兰、李林、韦晶、周高强、陈水源、黄华生、熊陆明、林亚九、叶孟明、冯天成、冯天来、邱星瑛、胡朝北

我还要感谢的是十年前将我引领到文学路上的陈自昌、成济荣、潘北林、潘大朝、张绍永、李坚、华永健、黄心武、王凤至、陈勋超等老领导和老师,他们都是我的伯乐。

还有我的文化馆同事和作协的同仁、茂名戏剧界的老师、朋友,以及一直站在我身后的家人、亲人,我的妹妹向贵芳、妹夫龚华伉俪,和两个小小年纪就主动分担家务来为我减压并且自告奋勇为我拍"作者近照"的女儿红洪和鹏燕,是他们为我专心写作创造了和谐安静的环境。

感谢你们!

岸,遥远的,甚至没有。但我,有一颗永远无悔的心。

向梅芳 2011 年 4 月 12 日